WIZARD

バフェットの経営術

バークシャー・ハサウェイを率いた男は投資家ではなかった

ジェームズ・オラフリン［著］
長尾慎太郎［監修者］
井田京子［訳］

THE REAL
WARREN BAFFETT
Managing Capital, Leading People
by James O'Loughlin

Pan Rolling

THE REAL WARREN BAFFETT : Managing Capital, Leading People
by James O'Loughlin

This edition of THE REAL WARREN BAFFETT : Managing Capital, Leading People first published by Nicholas Brealey Publishing, London in the UK in 2002 and in the USA in 2003

This translation is published by arrangement with Nicholas Brealey Publishing and permission for this edition was arranged by The English Agency(Japan)Ltd.

監修者まえがき

病めるときも健やかなときも私に力を与えてくれるサラと、私の希望であり喜びである
ハリーとニアムに捧げる

目次

まえがき

本書を書き終えてから最終原稿が整うまでの間に、私は最終確認のつもりで友人のデビッド・クロウザーに原稿を読んでもらった。私の知るかぎりで最も頭の回転が速い彼は本書の内容を正確に理解し、見解を述べてくれた。そのなかのひとつが、次の言葉だった。「信じられない。バフェットはすべてを分かっているんだな」

私が本書を執筆した理由も、まさにそれだった。

私はファンドマネジャー兼株式ストラテジストとして、投資理論や経営者が直面する価値の創造について理解を深めるため、組織論や複雑性理論や行動心理学などについて学んできた。ところがこれらを学べば学ぶほど、バフェットがバークシャー・ハサウェイの株主にあてた手紙に書かれている規律に対する洞察に引きつけられていった。

私が学んだことを、彼はすべて知っていた。私が自分のやり方に組み込もうと苦戦していたことは、すでに彼のモデルに組み込まれていた。私がやっと手掛かりをつかんだことを、彼はすでに実行していた。

つまり、ウォーレン・バフェットはときにはうまくいかないこともあったが、すべてを知っていたということに私は気づいたのだ。このことを確かめるために、私はバフェットの株主への手紙を調べ、その過程でこれらの資料をそれまでとは違った視点で読むことができるようになった。

私が発見したのはバフェットの資産運用とリーダーシップのモデルであり、本書でこれを紹介することによって、私の経験を広く共有していきたいと思っている。バフェットは、私が知識創造と呼んでいる状態を経てこのモデルを手に入れた。そして、そのことについて書いたことで、私も似たような経験を得ることができた。私自身もこの知識創造を経て、世界をこれまでとは違うレンズで見られるようになったのである。そのことをうまく伝えることができていれば、読者の方も本書を読み終わったときには同じ経験を味わうことができるだろうと思う。

二〇〇二年八月、英チェシャー州バーケンヘッドにて

ジェームズ・オラフリン

謝辞

本書は、たくさんの人の協力を得て完成した。感謝の言葉をどこから始めればよいのか迷ってしまう。

まず、最初の感謝はウォーレン・バフェットに捧げたい。彼は、バークシャー・ハサウェイの株主あてに書かれた手紙の引用を許可してくれただけでなく、この作品を称賛し、励ましてくれた。

本書の内容は、バークシャー・ハサウェイの株主総会の記録を含む『アウトスタンディング・インベスター・ダイジェスト』誌を引用できたことで格段に向上した（同誌の引用はOutstanding Investor Digest Inc.［295 Greenwich Street, Box 282, New York, NY 10007、電話212-025-3885、http://www.OID.com/］の許可を得ないかぎり禁止されている）。引用を許可してくれたヘンリー・エマソンと、実際の作業を手助けしてくれたクララ・カブレラにお礼を言いたい。また、ロンドンのブラウン・ブラザーズ・ハリマンの元マネジングディレクターのダンカン・クラークは、かつて私にチャーリー・マンガーについて読むよう勧めてくれた人物で、それが『アウトスタンディング・インベスター・ダイジェスト』誌について知るきっかけになった。どちらも非常に有益だった。バフェットがエマソンの出版物をあちらこちらで投資家に勧めているのもうなずける。今後は、さらに多くの経営者が『アウトスタンディング・インベスター・ダイジェスト』誌の出版物を読むようになることを願うのみである。

本書は、これまでウォーレン・バフェットについて書いてきた人たちの苦労なしには実現しえなかった。なかでもアンドリュー・キルパトリックとロジャー・ローウェンスタインの作品は特に価値が高く、この分野に興味があればぜひ読むことを勧めたい。キルパトリックの『オブ・パーマネント・バリュー』（Of Permanent Value）にはバフェットに関する膨大な情報が提供されており、ローウェンスタインの『ビジネスは人なり　投資は価値なり』（総合法令出版）は、バフェットについて真剣に学びたい人にとっての必読の書と言える。また、ロバート・G・ハグストロームによる『バフェットのポートフォリオ――全米No．1投資家の哲学とテクニック』（ダイヤモンド）と『ラティスワーク』（Latticework）も非常に勉強になる。

一連のバフェット研究の発端となったのは、クレディ・スイス・ファースト・ボストンのマネジングディレクター兼チーフUSインベストメント・ストラテジストであり、『エクスペクテーション投資入門――市場の期待を株価で読み解く』（日本経済新聞社）をアルフレッド・ラパポートと共同執筆したマイケル・J・モーブッシンだった。モーブッシンとはロンドンで面会する機会があり、そのとき彼は名刺の裏に読むべき本のリストを書いてくれた。そこですぐに一番近い本屋に駆け込んだ私は、スティーブン・ピンカー著『心の仕組み――人間関係にどう関わるか』（日本放送出版協会）という本に出合った。この本はモーブッシンのリストには入っていなかったが、彼も勧めるに違いないと思う。そのあとは自然な流れだった。ありがとう、マイケル。

私が勤務するCIS（コーポラティブ・インシュアランス・ソサエティ）の同僚たちも、支援と助言と洞察を与えてくれた（ただし、本書で述べているのは私個人の見解であり、CISやそこで勤務する同僚の見解とは必ずしも一致しない）。まずはUSデスクで働くリンダ・デフォルジュとマーク・マクブライドに感謝したい。また、時間を割いて草稿を読み、手直しして改善してくれた年金ファンドマネジャーのニール・ファンドリー、チーフ・インベストメント・マネジャーのクリス・ハースト、チーフ・インベストメント・マネジャー代理のジョン・フランクスにも感謝している。ファンドリーの助言は大いに心強く、ハーストの支持はとてもありがたく、フランクスの手直しはとても貴重だった。

それ以外にも、次の人たちがさまざまな感想を寄せて本書を完成に近づけてくれた。ロンドンにあるペレール・トッドのダンカン・クラークとジェームス・ベッカー、CISのフランク・マッキャン、ヘンダーソンのグローバル・リサーチ・アンド・ストラテジーでディレクターを務めるルパート・カネギー、PAコンサルティングでPAのマネジメント・グループの株主価値を高める部門を率いるマーク・トーマス、ゴールドマン・サックス・インターナショナルのエグゼクティブディレクターのクリス・マック、ロンドンにあるキャス・ビジネス・スクールのグルナー・ムルドグル博士がそれぞれ有意義な貢献をしてくれたのである。

感想を寄せてくれた人のなかでも、本書冒頭に賛辞の言葉を寄せてくれたハーシュ・シェフリン、アーノルド・ウッド、ボブ・オルセン、ニック・チャーターには特に感謝している。最近仕事で知り合ったニック以外は、面識もないのに草稿を読んでほしいという依頼を快諾してくれた。四人はこのために多くの時間を割き、激励してくれたうえに賛辞の言葉まで寄せてくれたことは本当に励みになった。

そのほかにも、パナゴラ・アセット・マネジメントのチーフ投資ストラテジストで数冊の優れた著作があるエドガー・ピータースは、このプロジェクトの初期段階で駆け出し作家の私を励まし、助言してくれた。また、モルガン・スタンレーのアリス・シュローダーは保険業界に関する洞察を与えてくれ、トゥールーズ大学社会心理学教授のデニス・ヒルトンは彼の講義ノートを送ってくれ、デーブ・クローザーは感想と洞察と励ましをくれただけでなく、プロジェクトの初期に同僚として交わした会話も有意義だった。

本書は、発行者のニック・ブレーリーに最初に見せた草稿と比べると見違えるほど改善している。ブレーリーは一九九九年に荒削りな草稿を受け取ると、クリスマスに子供が肥やしの山を見て「どこかに馬が隠してあるに違いない」とあらゆる場所を探しまわるようにこの原稿に取り組んでくれた。彼にも永遠の感謝を捧げたい。

彼の労力は報われたと思う。彼の編集によって、本書は草稿から一冊の本へと進化した。ブレーリーが大いに貢献したこの作品の最終的な仕上げ段階に入った今、彼の私に対する「責め苦」をやっと許す心境に至ることができた。彼も同じように感じてくれていることを願うばかりである。

また、編集段階で私の草稿に深い理解を示してくれた編集者のサリー・ランズデルにも敬意を表したい。彼女のおかげで本書は格段に読みやすくなっただけでなく、楽しく作業ができたうえに必要時には全力で助けてくれた。本書に間違いや至らない部分が残っていたとしたら、その責任は本書にかかわっただれでもなく、すべて私にある。

最後に、惜しみない努力によって本書執筆のための時間（特に週末の時間）を捻出してくれた妻のサラに感謝したい。彼女は私の最大のファン兼最大の応援団として、私が書いたすべての文章を積極的に読んでくれている。すべての過程において計り知れないほどのサポートをしてくれた妻に唯一対抗できるものがあるとすれば、それはいくつかの単語入力を手伝ってくれた私の子供たち、ハリーとニアムの忍耐くらいだろう。本書は、私が心から愛する彼らの理解がなければ、完成することはできなかったと思う。

第1章　ウォーレン・バフェットの本質

「私が果たすべき機能は二つしかありません。（中略）まず、すでにお金持ちで能力のある人たちに仕事への意欲を持たせること。（中略）彼らはお金のために働く必要がないからです。ただそれだけのことです。そしてもうひとつは、資金を投資することです」――ウォーレン・バフェット[1]

バフェットは、バークシャー・ハサウェイの会長兼CEO（最高経営責任者）として在任した三七年の間に、この会社の価値を年率二五％以上（複利）で成長させてきた。

これほど長期間にわたって成長し続けることは想像するのさえ難しい。そこで、まずはバフェットの記録を視覚的に見てみることにしよう。私の息子は誕生時の身長が六〇センチだった。もしバフェットがバークシャー・ハサウェイを成長させたスピードで息子が成長を遂げたら、三七歳には身長がエンパイアステートビルよりも高くなっていることになる。

つまり、もしあなたに、バフェットがバークシャー・ハサウェイの経営を引き継いだ一九六五年に一万ドルを投資するという先見の明があったならば、今日、それは四〇〇〇万ドルになっているのである。さらに言えば、もし同じ金額をそれよりも九年前のバフェットが投資を始めたときにバフェット・パートナーシップに投資し、これが解散したあとはバークシャー・ハサウェイに再投資していれば、二億七〇〇〇万ドル（手数料差し引き前ならば約五億ドル）という驚くべき額になっていたのである。[2]

一方、一九六五年にやはり一万ドルを、アメリカの大企業の株式に幅広く投資するS&P五〇〇に投資した場合、今日それは一四万四〇〇〇ドルにしかなっていない。これはバフェットのエンパイアステートビルと比較すると、わずか九メートルのビルでしかない。

実は、バフェットは株の銘柄選びによってこのパフォーマンスを上げてきたのではなく、CEOとして社員を率い、資産を運用することでそれを成し遂げてきた。

また、彼は生まれつきこのような才能があったのではなく、それを自分で学び取った。投資を始めたころの彼はたくさん間違いも犯しているし、今でも間違うことはある。ただ、一九七〇年代と一九八〇年代にバフェットは知識創造を経験し、それによって彼のリーダーシップと資産運用のモデルは大きく発展した。

このモデルによって、バークシャー・ハサウェイは投資ビークル（媒体）としてではなく（かってはそうだった）、事業会社としてこの素晴らしいパフォーマンスを持続させてきた。そして、バフェットはこのモデルによってだれよりも優れたＣＥＯになった。本書はこのモデルを紹介していく。

資本市場は、ウォーレン・バフェット（ビル・ゲイツに次ぎアメリカで二番目の金持ち）を目指すことが可能な洗練された舞台を提供してくれる。ただ、ここでは一〇〇の間違いを犯す可能性もあり、そうなれば複利のリターンを得るどころか、成長すらできなくなる。バフェットは、過去も現在もチャンスを見極めることができた。また、過去も現在も誤った判断の多くを回避することができ、間違った場合はそこから学んできた。そして、このことをリーダーシップに組み込むことで、自分の才能を開花させてきた。バークシャー・ハサウェイでは、バフェットの教えを受けた子会社の優秀な経営者がそれぞれの範囲で資産配分を行っているのである。

バフェットは、経営者にはその会社のオーナーのように行動してほしいと考えている。しかし、バークシャーの子会社の経営者たちに、このように行動させることの難しさを知っている。

そこで、バフェットは正しい心構えの人たちと一緒に働くことの必要性を学んだ。そして、それがどういう人たちで、どうすればそのような人たちが見つかるかを見いだした。また、そのような資質を持たない人の行動を変えることがいかに難しいかも学んだ。ここで重要なのは、彼が自分の欲しい人材をバークシャーに引きつけ、欲しくない人は来ないようにする方法を見つけだしたことだった。そのうえで自分の下で働く人たちの永続的な忠誠心を育て、バークシャー・ハサウェイの目標に適合させ、彼がリーダーとして掲げた原則に沿って子会社の経営者たちが責任を持って継続的に取り組んでいくようにする方法を探し当てたのである。

バフェットは、自分の性格のなかにリーダーシップの手掛かりを見つけた。彼の信念体系、蓄えを彼に託してくれた人たちに対する姿勢、誠実さ、高い理想、公平さなどである。これらは、バークシャー・ハサウェイが企業として掲げる理想となった。そして何よりも、守るべき行動規則が上から押し付けられたものではなく、内面に浸透していれば、人は管理しなくても個人の動機によって動くということをバフェットは学んだ。これらの規則が、どう行動すべきかをささやきかける内面の声と同調したとき、人は最高の適合性と勤勉性を発揮する。

バフェットは、経営管理は自主性から始まると考えており、それは資産運用においても変わらない。

バフェットは、会社経営において自分の意思を押しつけることがプラスになるとは考えていない。それよりも、事前に準備を整え、確実に予想することはできなくても必然的にもたらされるチャンスを生かすことができる人に任せればよい。

バフェットは、資産運用における判断は主観を最低限に抑え、最大の客観性を持って下したいと考えている。雑多な情報にのみ込まれそうなとき、バフェットは自分が運用する資産を重要なことと理解できることに選別していく。彼は資産運用に関する判断の大部分をこの範囲で行い、資産運用に関するすべての判断は彼が「コア・コンピタンス領域」（自分が理解できる範囲）と呼ぶ基準に基づいて下すことを勧めている。

ただ、こうすることは慣習とはかけ離れた行動につながることもよくある。そうなると、感情が意思決定の過程をゆがめ、合理的な判断を阻む恐れがある。そこでバフェットは、事前に基盤作りをして、心理的に最も安心できる立場でバークシャーの資産管理に関する判断が下せるよう環境を整えている。

本書では、バフェットの「コア・コンピタンス領域」の構築と、その基盤作りについて多くの分量を割いている。こうすることで、彼は資産を適合すると思うところに、適合すると思ったとき、適合すると思うペースで投資することができる。そして、投資先は彼自身が評価できる対象に限られている。彼は認知力の精度を高め、資産運用の理解を深め、この枠組みを「オーナーのように行動する」という域まで高めたのである。

もちろん本書でも、多くの読者が知りたいであろうバフェットの株を評価するときの原則は載せている。ただ、それは実践者にとって意味のある枠組みの一部として書いたにすぎない。私はプロの投資家として二〇年の経験があるが、本書を執筆して初めてこの枠組みを発見した。それまでももちろん聖杯を求めてバフェットの投資手法を研究はしていたが、幻想のコンピタンス領域に惑わされて間違ったところを探していた。

相対的なアプローチの必要性を認識して初めて、私はバフェットの「コア・コンピタンス領域」の本当の価値が理解できた。そして、この枠組みを手に入れたことで、バフェットの投資スタイルを単純にマネしていたころよりも、はるかに彼に近づくことができた。そして、やっとこの知識を株式ストラテジストとして実践に生かすことができるようになった。幻想を払拭することができたのだ。

そして、私が勤務する金融機関も、それが可能であることを認めた。他人のお金を受託して運用する義務を追求する過程で、投資哲学を広げて投資過程を改善するために、本書で紹介する枠組みを取り入れることにしたのである。本書は、この教えを幅広い読者に向けて紹介するもので、特に株主対策の責任者の役に立つと思う。

この教えは、蓄えを託されることと、理想の企業統治に関する彼の考えを説明するものでもある。

また、本書では企業のオーナーであることの意味についても明らかにしていく。彼の理想を社員を率いるためのリーダーシップの道具として使い、力づくで従わせたり囲い込んだりするのではなく、組織に合う人材を引き付け、その意味で失敗しない買収を行い、行動規則を工夫して原則を組織全体に浸透させる方法である。

こうすることで、企業戦略の役割が明らかになり、バフェットがそれまでの流れに惑わされないためにどのような防衛策を講じているのかも分かる。

本書では、バフェットを絶対に間違いを犯さない神のような人物ではなく、失敗もする普通の人として描いている。ただ、管理職の人たちには、間違いが必ずしも墓穴を掘るわけではなく、むしろより良い意思決定ができるようになるための足がかりになるということも伝えていきたい。

そして、より良い意思決定ができるようになるために、その過程における心理と感情についても説明していく。そうすることで、誤った決定につながる心理や感情を避けることもできるようになる。

本書では、バフェットの信条に沿って経営していくために企業が導入できる一連の規則を処方している。

この規則は今ある慣習を打破し（反逆という意味ではなく）、現実に沿った運営をしたい経営者にとって指針となるだろう。これを読めば、彼がどのようにしてオーナーのように考える株主を引きつけ、そうでない株主を寄せ付けないようにしているのかや、なぜ業績の変動を容認し、そのことに対する心理や感情を抑制できるのかや、どのようにして株主との絆を育み、その絆によって彼らに比類ないリターンを提供しているのかが分かる。

そして何よりも、人と資産運用において、経営者がオーナーのように行動する方法に注目してほしい。物語風に書かれていても、本書は優位な企業統治のための指南書なのである。

バフェットは人々に「自分にとってのヒーローを持つべき」「普通でないことは最高だ」などと助言している[3]。この言葉に宿る精神こそ、資産を運用し、人々を率いる真実のウォーレン・

バフェットなのである。

複利マシン

「われわれはひとつだけ大事なことを知っているハリネズミのようなものだ。もし三％の金利で借りた現金で年率一三％成長する会社を買えば、それはかなりうまくやっていると言える」
――チャーリー・マンガー[4]

一九六五年、ウォーレン・バフェットは正式にバークシャー・ハサウェイの経営を引き継いだ。当時、この会社の唯一の事業は繊維製造で、年間約六億ドルの収益を上げていた。

今日、この会社の業務は保険から靴、フライトシミュレーター、掃除機の製造まで多岐にわたり、そのなかには株式投資も含まれている。簿価の六〇〇億ドルはエクソン・モービルに次いでアメリカ第二位の規模で、時価総額の一〇九〇億ドルはアメリカで一九位、世界では二六位にランクされている。収益は三〇〇億ドルを超え、社員は約一一万二〇〇〇人に上る。

これは本物の巨大企業だが、本社はネブラスカ州オマハにある小さな事務所で、ここにはわずか「一三・八人」[5]の社員しかいない。

もしバフェットがこれまでと同じペースでバークシャー・ハサウェイの成長を維持していけ

ば、今後三四年間でアメリカ経済を吸収してしまうことになる。死んでも引退はしないと、バフェットが語っていることを考えると、これは特に興味深い。

バークシャー・ハサウェイが複利マシンであることは間違いないが、これはどのように構築されてきたのだろうか。

バフェットは、バークシャーを長期間にわたって年率一五％で成長させることを目標としてきた。彼は、「企業の長期収益とは、オーナーが現在から最後の審判の日までに最終的に受け取ることができる絶対的収益の総額」と断言しているとおり、つぎ込んだ金額よりも引き出せる金額が多くなければバークシャーの成長はないということを知っている。[6]そして、複利マシンを構築するためには、二つのことをする必要がある。

まず、リターンが高い事業を所有し、運営する。これは、それぞれの業界で競争力を保つために必要な額以上の現金を生み出すということを意味している。

次に、余剰資金を高いリターンで再投資するチャンスを探し出せば、キャッシュマシンを動かし続けることができる。このことについてバフェットは、次のように語っている。

月並みなROC（資本利益率）の会社に増資して収益を増やしても、優れた経営とは言えません。それならば揺り椅子に座っていてもできます。預金を四倍にすれば、利益も四倍になるのと同じことです。[7]

バフェットは、「内部留保を（中略）生産的に使えなければ、バークシャーの経済状況は急速に悪化する」[8]と認めている。

この現実を見据えて、彼は投資資産配分に注視している。彼は、バークシャーの余剰金を既存の子会社に再投資するのが理想だと考えており、十分成長の余地がある企業を探している。しかし、それができないときは、望ましい特性を備えた企業を探すことになる。

つまり、バフェットが複合的に利益を生み出すカギとなっているのは、現金を生み出す企業から資金を集め、それを別の会社に再投資する能力にある。ただ、余剰資金の再投資にも熟練が必要だが、それには将来も継続的に現金を生み続けるということが重要で、それはむしろリーダーシップの領域なのかもしれない。もし余剰金を集めることができなければ、バークシャー・ハサウェイの複利リターンの仕組みは機能しなくなり、年率二五％や一五％ではなく、平均的な成長しかできなくなる。

バフェットの銀行

バークシャー・ハサウェイの保険事業は、バフェットの複利マシンの重要な部分を占めている。保険金を支払う前に保険料が入ってくる保険会社は、現金を生み出すモデルの中心的存在として理想的だ。さらに、この業界は細分化しているため、個々の企業には十分成長の余地がある。

もし保険会社が将来支払う保険金以上の資金を蓄えておける保険料率を設定できれば、フロート（滞留資金）のコストはゼロになる。この資金は実質的に無利子の借入金なのである。そして、この仕組みが継続できれば永続的に無利子ローンが使えるため、これがバフェットの銀行になっている。

保険業に参入してから三三年の間に、バフェットはバークシャーのフロートを年率約二五％（複利）で運用してきた。この資金は、保険会社に再投資してフロートをさらに増やすか、コストをはるかに上回るリターンをもたらすところに投資するのに使われてきた。そしてこの間のバークシャーのフロートの平均コストは、先に紹介したマンガーの語録とは違ってほぼゼロに近かったのである[9]。

これは驚くべきことで、バークシャーのフロートがバフェットの複利マシンの燃料になってきた理由が分かったと思う[10]。ただ、この燃料を維持するためには、資金コストがゼロ、もしくは非常に低くなければならない。もし保険事業が利益を出していなければ、バークシャーのフロートは、燃料どころか高いお荷物になってしまう。

保険業界は、安いフロートを求めて再投資できるような状況にはない時期が頻繁にある。しかし、彼は保険会社の業績の変動を容認し、フロートは別のところに（ほかの会社の支配権を獲得したり、上場企業の株を買ったりするなどして）投資する。

バフェットが投資するのは現金を生み出す企業で、それが高リターンをもたらす再投資のチャンスにつながる。ただ、このような企業を買う場合には、投資リターンが高くなる価格で買う必要がある。

厳選したいくつかの株を大量に買い、分散投資はしないという彼の行動はよく知られているが、バフェットは、本当に気に入った企業しか完全買収はしない。ちなみに、完全な支配権を獲得するためにはプレミアムを払わなければならないことも多いが、完全に所有すればそのキャッシュフローも一緒に所有することができる。

ここで重要なのは、バフェットがキャッシュフローを所有すれば、それを刈り取って彼が選んだ別の場所に種をまくことができるということだ。彼が買収した企業の経営者に課す唯一の規定は、余剰資金（つまり、企業の維持と成長に必要な資金を差し引いた残り）をオマハに渡すことだけで、それ以外は完全に経営者に任せている。「余剰資金」の定義さえ、彼らに委ねているのである。

当然ながら、完全買収した投資額を複利で増やしていくためには、正しい価格で買う必要がある。さらに、その企業が継続して現金を生み出していくために、買収後も長期間継続して好調を維持していくことを確認しなければならない。しかし、バークシャー・ハサウェイ傘下のさまざまな企業についてそれをするのはかなりの難題と言える。

バフェットが保険会社やそれ以外の子会社の余剰資金を再投資するペースはまちまちで、価格が適正なときは続けざまに行うし、適正でなければほとんど動かず、ぽつりぽつりと投資することもある。また、彼は一つの企業に大金をつぎ込むことが多い。そして、買収する企業がないときは何もしないで現金か低リターンの資産で資金を保有している。このやり方は、バークシャーの業績を変動させてしまうが、それに関してバフェットはまったく気にしていないし、余剰資金をどこに投資するのかについて事前の計画なども持っていない。ただ、単純に自分が理解できると思う業種に関して価格と価値の公式に照らし、投資先を探すだけなのである。

バフェットの複利マシンは、一九六九年に一〇セントの配当金を支払った一回を除いて（「取締役会議の途中でトイレにでも行ったときに決まったのでしょう」と彼は私に語った）、これまでバークシャーの株主に利益を一セントたりとも還元していない（配当の形でも自社株買いの形でも）[11]。その代わりに、彼は資本を一〇〇％投資に回してきた。

失敗の処方箋

「人生における最大の悲劇のひとつは、美しい理論を残忍な事実が殺してしまうこと」――ベンジャミン・フランクリン

物理の法則に従えば、マルハナバチは飛ぶことができない。これは身体の大きさに比べて、羽の面積が小さすぎるためで、彼らはこの羽を急速に動かして上昇に必要な推進力を生み出している。つまり、理論的に言えば、彼らは飛んでいるのではなく、激しく揺れているのである。同じことは、バフェットのマシンにも言える。この分野には基準となる確率があり、金融の法則に従えば、バークシャー・ハサウェイは習慣的なパフォーマンスの低迷に苦しむことになる。

個別で見ると、ベンチャー企業の失敗確率は高い。しかし、それがバフェットの選んだ企業で構成された組み合わせの場合は、成功確率は大きく倍増している。ただ、上場会社であるバークシャー・ハサウェイを従来の方法で経営しても、うまく軌道に乗ることはけっしてなかっただろう。

しかし、マルハナバチと同様、バークシャー・ハサウェイは明らかに飛んでいるし、そのパフォーマンスには針も隠されている。これこそがバフェットのエニグマと言ってよい。まず、これまで言われてきた経験的証拠を挙げてみよう。

●保険業界の魅力は理論上のことでしかない。実際の保険会社は、低コストのフロートを生み出すために必要な引き受けの規律を守っていないことが多い。価格がコモディティー的なこの業界では、緩い料率が各社の利益率を悪化させ、規律ある引受業者でも健全に再投資することができなくなっている。

●多角化が進んだ企業は、非効率なことで有名。人間の力でこれを管理していくのは難しい。

資金が必要な部門とそうでない部門が明らかではなく、その過程で資本が浪費されていく。

●買収による多角化はまったくバカげている。M&Aの大部分は、計画時の期待に応えられない。通常、買収金額は高すぎ、企業を統合しても裏目に出ることが多く、その過程で資本価値が失われる。

●企業の現金を一〇〇％再投資するのはリスクに満ちた行為。競争が激しい環境において、株主がほかの投資先で上げる利益以上の付加価値を余剰資金すべてについて提供するのは、経営者にとって大きな難問である。実際、現金を株主に還元することがリターンを最も高くする場合も多い。

●経営者の裁量に任せるのは危険。通常、彼らは自分の雇い主であるオーナーが設定した方針に従うよりも利己的な関心を優先させる。

●株式市場に投資しても儲からない。ただ、周知の情報がすべて価格に織り込まれているという点では効率的。つまり、魅力的なファンダメンタルズが価格にすべて反映されていない割安な銘柄を探すのには使えない。また、そのような銘柄を継続的に探すことができる人はいない。

●企業が高い目標リターンを設定しているときに、資金を現金や低リターンの資産で保有すれば重荷になる。

ところが、バフェットは昔ながらの企業をマシンの主要部分として選んでいる。しかも、利益率が崩壊していて典型的な浪費事業であり、フロートのコストが高くなりがちな保険会社をマシンの銀行として使っている。そのうえ、彼の保険会社の資産が愚かな同業他社の行動に左右されるにもかかわらず、彼は再投資の大部分を、この業界に頼っているのである。

バフェットは保険会社を中心にして、ほとんど共通点がない多岐にわたる子会社で包み込み、バラエティに富む帝国を築き上げた。帝国の業績は彼の投資リターンにとって不可欠であり、「コングロマリット」が禁句になっている金融業界において、余剰資本の適切な定義こそが最重要項目になっている。

これらのまったく異なる企業を監視するためには、それぞれの指揮官が彼ら自身の目的ではなく、バフェットが設定したただひとつの目的に向かうようにしなければならない。ところが、彼は子会社を経営者たちの裁量にほぼ完全に委ね、バークシャー・ハサウェイの利益は彼らの良心の下にさらされている。

驚くべきことに、この帝国は失敗したと思われた買収によって成長してきた。これらの企業を適切なリターンにつながる価格で買うことは不可能と思われていたし、新しく加わった社員の関心を新しい親会社の目的に向け直すこともできないと思われていた。しかし、バフェットはそれに成功した。

そうでなければ、平凡なリターンの株式市場で銘柄を選ぶことになっていただろう。

そして、買収をしないときは良いチャンスが訪れるまで資金を現金や低リターンの資産で保有しているのだが、ときにはその期間が何年かに及ぶこともある。このような行動をとりながら複利で一五％の利益を維持するのは難しいため、普通ならば規律を守っていくのは大変だろう。

バフェットは、子会社の経営者に自社の資産を最大限利用させることはせず、現金のすべてをバークシャーに還元して彼の裁量で使えるようにしている。

また、彼は幹部を奨励するためのストックオプションという近代的な経営手法のひとつを拒否している。ただ、それによって幹部の意欲が下がるということは起こっていない。

さらに、バフェットはウォール街における企業統治の三つの不文律も軽蔑している。彼はバークシャーの収益成長率を予想することを拒み、投資家に対して予想収益を達成するための経営計画も提示せず、その二つを彩り、多くのCEOが株式市場との関係を維持するための手立てとしている右肩上がりの利益もかたくなに拒んでいる。理論的に言えば、このように投資家向けの広報活動のノルマを果たさないと株の評価は低くなる。しかし実際には、バークシャー・ハサウェイの株価はアメリカのどの主要な上場銘柄よりも効率的に評価されている。長年にわたって最高の株主利益を提供してきたことで、たとえウォール街の要求を拒否した経営でも株価が落ちることはないのである。

そして、彼はこれらのことすべてを、アメリカのビジネス拠点から遠く離れた地で、実質的にひとりで行っている。

ウォーレン・バフェットの進化

子供のころから投資に魅了されていたウォーレン・E・バフェットは、一一歳で初めて株を買った。ただ、私たちが知る現在のバフェットとして最初のステップを踏んだのは、ベンジャミン・グレアムの教えに出会ったときだった。

バフェットが初めて『**賢明なる投資家**』（パンローリング）を読んだのは、わずか一九歳のときだった。これはグレアムが株の価値について書いた独創的な本で、投資家の教科書と呼ばれている。ここには、数学的手法によって企業の株価を分析するという革命的な概念が紹介されている。バフェットは、この本に深い感銘を受けた。それまで彼はファンダメンタルズが自分が売買している株の価値の基になっていることなどほとんど気にとめたことがなかった。そのころの彼は、株価チャートを研究して「あらゆるテクニカル分析のシグナル」を読みとり、情報に耳を傾けていたが[12]、その結果はまさに平均的リターンだった。「グレアムの本を読むまでの私は、頭ではなく感覚で投資をしていました」とバフェットはのちに語っている[13]。

このあと、彼はコロンビア大学のビジネススクールに進み、グレアムの下で投資分析を勉強した。一九五一年に同大学を卒業してオマハに戻ると、父親が経営するブローカー会社のバフエット・フォーク・アンド・カンパニーで働き始め、株式コンサルタントとしてすぐに名を上げたが、その後はニューヨークに戻ってグレアムが共同経営していたグレアム・ニューマンに就職した。[14]

グレアムの理念に賛同する人たちにとって、この時期は投資の黄金期だった。グレアムが教えた「科学」は新しい考えで、市場は極めて非効率だった。見つけ方さえ知っていれば、割安株が大量にあり、若きバフェットはそれを知っていた。

一九五一年の初めから、私のパフォーマンスは上がり始めました。食事を変えたり運動を始めたりしたわけではありません。唯一の新しい材料は、グレアムのアイデアでした。達人の教えをほんの二～三時間学ぶほうが、一〇年間かけて構築した独自の考えとおぼしきものよりはるかに価値があることが実証されました。[15]

バフェットの個人資産はそれから五年間で急増した。彼は、自身の評判を生かして投資家を集め、蓄えた資金の一部を元手に投資会社のバフェット・パートナーシップを設立した。

変革期

このパートナーシップを足がかりに、バフェットはひとりですべての運用を行いながら投資範囲を広げていった。一九六一年、彼はデンプスター・ミルズ・マニュファクチャリングという農場と風車関連の製造会社の経営権を獲得し、会長に就任した。この会社は二年後に売却するが、在籍した二年間は同社の現金を引き出してパートナーシップのほかの投資に当てることができた。誕生したばかりのモデルは、ためらいがちに最初のステップを踏み出した。このためらいは、経営が投資よりはるかに難しいということを発見したからだった。

そのあと、彼はニューイングランドにある紡績会社のバークシャー・ハサウェイで、前回と同じく経営権を獲得した。ただ、今回ははるかに長い付き合いになった。彼はここで単なる投資家から、経営者であり投資家でもあるバフェットに変革を遂げたのである。

事業を軌道に乗せる過程で、バフェットはバークシャーの資本の使用を制限し、残りの資金を株式投資や企業買収に振り向けた。そのうちの一社が、潤沢なフロートがある保険会社のナショナル・インデムニティで、この会社は投資の資金源になっていった。彼の保険業界とのかかわりは、ここから始まった。

このころバフェットは、投資に関する自信と助言者を得た。後者は友人のチャーリー・マンガーで、彼は西海岸から来た弁護士だった。マンガーは、グレアムの保守的な株価評価テクニックにはあまり関心がなく、株の価値は企業の永続的な収益力にあると説いた。もちろん、そのためには経営者に永続的に価値を生み出す能力があるかどうかを査定しなければならない。そこでバフェットは、投資候補の企業に問いかける質問を、バークシャー・ハサウェイの経営者である彼自身に自問してみた。

マンガーの助言はタイムリーだった。投資業界のプロ化がいや応なく進み、グレアムの教えが広まったことも相まって、グレアムが推奨してきた統計的に割安の株はなかなか見つからなくなっていたからだ。バフェットには、マーケットで優位を保つためにグレアムの教えから離れて新しい一歩を踏み出さなければならないことが分かっていた。

ただ、その前にバフェットは買収などで手痛い教訓を得ることになる。そして、このような一時的な困難があちらこちらで複合的に起こっていた。バフェットの投資リターンは全体としては順調だったが、株式市場はその形態が変わりつつあった。成長株の人気が高まり、バフェットの投資スタイルは時代遅れになっていた。さらに、独自の手法で素晴らしい成果を上げる投資マネジャーも増えてきた。バフェットは、生まれて初めてインデックスファンドやライバルのパフォーマンスを上回ることができなかった。

彼はプレッシャーを感じ始めた。これはパフォーマンスが上がらないプレッシャーではなく、投資方法を変えてパートナーシップの需要と要望に迎合するような経営を迫るパートナーからのプレッシャーだった。[16] このころのバフェットは感情的で、居心地の悪さが高じた結果、一九六九年にパートナーシップを解散してしまった。

将来につながる教訓

パートナーシップの資産を処分したものの、バークシャー・ハサウェイの持ち株と会長職は残し、バフェットはこの仕事に専念することにした。まずは買収によって保険業界への投資を拡大し、現場の管理職の仕事の一部を引き継いだ。そして、マンガーとともにグレアムの価値の定義の違いについて熟考することで、彼の手法は完成に近づいていった。このころ、彼には相対的なパフォーマンスを維持するための方法を見つける必要があった。そして、経験から得た教訓から、その方法を発見した。

彼は、それを人の管理と企業の経営という課題のなかに見いだした。永続的なフランチャイズを分析していたときに、経営に関する課題と同じものが含まれていることを発見したのだった。また、同じことは自分の事業の失敗のなかにもあり、それによって投資候補が失敗するかもしれない理由を理解した。さらにこのことは、彼がパートナーの資金を運用する方法と、パートナーが期待するバフェットの運用の間で生まれるフィードバックループのなかにも見いだすことができた。

バフェット自身の間違いや、他人の間違いの観察結果や、彼自身の経験には共通点があった。

これらのことから、バフェットは人間の欠陥に気づき、経営と経営への投資における感情と心理という課題に取り組んだ。

ただ、彼自身がすでにひとりで経営者と投資家という機能を兼ねていた。ここでも、バフェットは自分自身を理想的な教材としてとらえていた。そしてついに、バフェットがバークシャー・ハサウェイを彼自身が描くイメージに形作っていくときが来た。

複合的でこれまでの常識を覆すようなあり得ないモデルこそ、バークシャー・ハサウェイの成体形であり、バフェットは、資本の管理者と人々のリーダーとして大きく成長しようとしていた。

バークシャー・ハサウェイの展望

現在、代表的な企業経営者と言えば、因習を打破する経営で一七年間もGE（ゼネラル・エレクトリック）というアメリカで最も高い評価を受けている企業のひとつのかじ取りを担ってきたジャック・ウェルチだろう。

ウェルチは、大きな任務を続けざまに成功させ、現場の管理職からGEのトップまで上り詰めた。彼はCEOという彼にふさわしい立場にいても本質的には実務者であり、優れた経営力は配下にチームを編成して成果を上げていく卓越した能力に表れている。彼の経営スタイルは、二つの手法で定義できる。ひとつは人材で（彼は自分の周りに内外から「仕事を成し遂げる情熱と意欲にあふれた人たち」[17]だけを集めた）、もうひとつはミーム（ウェルチが発案して設定したアイデアと指示が、これらの人材にウイルスのように広がっていくこと）である。

このミーム（考え方のウイルス）をより広がりやすくするため、ウェルチは部門や役職を超越した「境界のない」組織を構築した。これについて彼は次のように語っている。

私は何においても飛び抜けたチャンピオンだった（中略）私が組織に伝えたいアイデアやメッセージがあっても、それを説明しつくすことなどとうていできない。[18]

しかし、企業と株主の間にも境界はなく、組織内に広がるミームをそのなかにとどめておくことはできない。バフェットは株主について、「企業にはだいたいにおいて彼らが求め、彼らにふさわしい株主が集まるものです」[19]と語っている。

ウェルチは、GEの最重要課題を「すべての部門でその分野のナンバーワンかナンバーツーになること」と定め、「企業として株式投資家に提供すべきことは、景気の良し悪しにかかわらず、一貫して平均以上の利益成長を遂げること」[20]を目指した。

ウェルチがGE内に発するミームは、この目的を達成するための展望を後押ししている。彼は変化に対応するのではなく、それを予測したうえで改革を進め、会社を彼の展望に適合させていく。

つまり、アメリカ最大のコングロマリットを節目ごとに作り変えているのである。そして、平均以上のリターンを安定して上げていくために、GEの戦略的目標を支える四つの主要な取り組みであるグローバル化、サービス重視、シックスシグマ、Eビジネス化にそれぞれ新しいミームを与えて推進している。ただ、それにはたとえCEOであっても現場の管理職時代と同様に実務を細部まで知っておかなければならない。ウェルチは、「X線管の品質から宝石品質のダイヤモンドの導入まで、あらゆるところに首をつっこんでいた」[21]

ウェルチが彼の戦略をうまく実行に移したことは、称賛に値する。彼と同じ目標を掲げて失敗した人たちは大勢いるからだ。節目を予想し、節目ごとに組織を作り変えて平均以上のリターンを安定的に上げるよう励むという戦略はリスクが高く、バフェットならば拒否するだろう。

ジャック・ウェルチとウォーレン・バフェットの経営スタイルの類似点は、明らかだ。バフェットはバークシャー・ハサウェイ傘下にさまざまな企業を集めるに当たり、極めて注意深く同僚となる相手を選び、「素晴らしいパフォーマンスというスリルを味わい、自分の事業をすべて理解している」経営者を探してきた。[22]

このようなタイプの人材を率いていくには二つの方法がある。また、バフェットが自分のものうひとつの機能としている資産運用にもさまざまな方法がある。

動機に関して言えば、バフェットのように干渉しないで自由に経営させる方法がある。バフエットは、経営者自身の意欲を引き出すことを意図して、最低限の行動規範しか定めない。このリーダーシップの原則は、信頼すれば従順と努力で報われるという人間の行動における不変の教義に対する自信のうえに築かれている。彼の言葉を借りれば、「会社経営において最高の成果を上げたければ、優秀な人材のジャマをしないことです」[23]。また、リーダーシップの一端には、信頼に応えたいという気質を備えていない経営者はどれほど「管理」しても望む行動を引き出すことはできない、という点に気づくことも含まれている。

一方、ウェルチのような指揮管理型の経営スタイルならば、「アメとムチを使い分け（中略）高めの目標を設定し、容赦なくチェックを入れて必ず仕事を完了させる」[24]。これは部下を信頼せず、人間が持つ身勝手で監視しなければ好きなことをするという性質を疑うことでもある。

その一方で、バフェットのように包括的なひとつのミームを掲げて企業を運営する方法もある。バークシャー・ハサウェイにおける彼のリーダーシップは、彼の会社を構成する独立した企業を強化するというひとつの考えを前提にしており、それが子会社とそのCEOと株主との溝を埋めている。企業統治のピラミッドと資本配分の上にあるミームは、「オーナーのように行動しろ」である。

もしくは、ジャック・ウェルチ式に節目ごとに改革していく戦略に共鳴する複数のミームを、必要な時期に合わせて発していくこともできる。

どちらの方法も間違いではない。バフェットのように詳細を捨て、人材管理の細かい部分を意図的に監督しないようにする手法は、ときには高くつくこともある。バフェットは、最大の子会社であるジェネラル・リーの契約査定基準の件でこれを経験している。ただ、これとは逆に細部までこだわるウェルチの方法でも、やはり高くつくことはある。キダー・ピーボディーの異常な行動という警告サインを見逃したことでGEは大きな損失をこうむり、ウェルチ自身も恥をかいた[25]（さすがの彼でも同時にあらゆるところを監視できるわけではない）。

ただ、この二つのうち、バフェット方式のほうがより強力である。任せるというリーダーシップ哲学は、資産運用においても実践されており、この考え方によって、バフェットは株主がほかの投資先よりも期待するリターンを提供している。これは、現場の判断に委ねて結果を管理することでもある。

バフェットの「コア・コンピタンス領域（核となる能力）」

「リスクとは、自分が何をしているのかよく分からないときに起こるものです」――ウォーレン・バフェット[26]

バフェットは株主について、彼らはオーナーと同じであり、自分の資産が自分と自分の資産の寿命までリターンを生み出してくれることを期待すべきだと考えている。株主が先見の明がないと嘆く必要はないし、まれに平均以上のリターンを保証する代わりに普段は標準以下のリターンに耐えなければならないような投資ならば拒否してよいのである。バフェットのバークシャー・ハサウェイにおける企業統治には、この考えが反映されている。

この精神はバフェットの資産運用にもはっきりと表れており、彼は自分自身を、資本市場の一部として社会の貯蓄を人々が必要としている製品やサービスに変換させるためのパイプ役だと考えている。その役割を果たすため、バフェットは投資を受けるのにふさわしい事業だけにそれを投入し、ふさわしくない事業には投資を継続するよりもほかの有効な用途に向けるべきだと考えている。この判断を下すために、彼は資産の使い方をほかの可能な投資先すべてと比較しなければならない。このときの対象は、買収したり株を購入したりする可能性がある企業や業界だけでなく、株主自身による有効活用の可能性も含まれている。

バフェットにとって、これは単純な概念であり、彼自身の職務説明書に簡潔にまとめられている。ただ、これにはだれもが同意するわけではない。例えば、権威ある学術書である『ザ・セオリー・オブ・ファイナンス』(The Theory of Finance) は、ウォーレン・バフェットは勘違いをしていると書いている。

この本には、投資を受けるのにふさわしい企業を判断するには資本市場の一〇〇万の目のほうがたった一人の目よりも優れているだけでなく、経営者の資産の使い方を株価によって監督できるという点においても優れている、と書かれている。そしてさらに、この重要な機能は全能である市場に任せるべきだともしている。

要するに、市場は効率的に機能しているというわけだ。

これはバフェットのモデルのあまのじゃくな性質を考えれば、驚くべきことではないのかもしれない。彼は、自身を二つの目しかないワンマン資本市場（一方の目の視力がないチャーリー・マンガーを含めれば三つの目）とみなし、次のように考えている。


彼ら（財政理論の支持者たち）は、市場がだいたいにおいて効率的であることを正しく観察したのに、そこから市場が常に効率的だという間違った結論に達しました。この二つの主張には昼と夜ほどの違いがあります。[27]

バフェット自身も経営者と投資家を兼務していくなかで、学者たちが効率的だとする仕組みを信じて行った資産配分が基本的に間違いだったことを目の当たりにし、苦労してきた。理論的には正しくても、実践ではまったくの間違いだったのである。そこで彼は方針を変え、このような間違いはなくなった。

つまり、人材の管理においてバフェットがジャック・ウェルチと違う点は、資産運用においても違っている。バフェットは情報を得たうえで実利的に現実を受け入れ、許容しているのである。「私たちは、理にかなう何かが起こることを期待し、そうなったときに行動します」[28]

バフェットは、バークシャーの幹部を率いるに当たって人間性という不変の法則に敬意を表し、資産運用の避けられない条件である不確実な状況で判断を下すという現実も受け入れている。彼がリーダーとして人間の本性という不変の要素を許容し、彼がバークシャーのために設定した目標にみんなが向かっていると感じるとき、彼はバークシャーという複雑な運営環境で資産運用者として機能している。ウェルチが安定性を目指し、彼の株主も彼の原則に賛同している一方で（実際、GEの評価はそれに依存している）、バフェットは不確実性を容認したうえで長期的に平均以上の成果を目指している。

もちろん、バフェットでもチャンスがいつ、どこで、どのように現れるのかは分からない。ただ、チャンスは必ず訪れることと、そのときにそれを見極める方法と、そのうちのどれを評価しなければいけないかと、それを活用するために自分はどのような立場をとるべきか、ということは分かっている。それができるのは、彼がバークシャーの資本をコア・コンピタンス領域のなかだけで管理しているからなのである（**図表1**）。

資産運用を重要かつ自分が理解できることに限定することで、バフェットは自分自身を制御している。彼は経済と行動の不変の法則を見つけてそれをこの社会に応用している。彼は、不確実な状況で判断を下さなければならない場合の基準を熟知している。また、コア・コンピタンス領域を厳密さと誠実さをもって定義し、境界線を定めている。もし間違ったときはその原因を突き止めることができるため、そのあとは判断基準を修正することもできる。彼の意思決

図表1　コア・コンピタンス領域

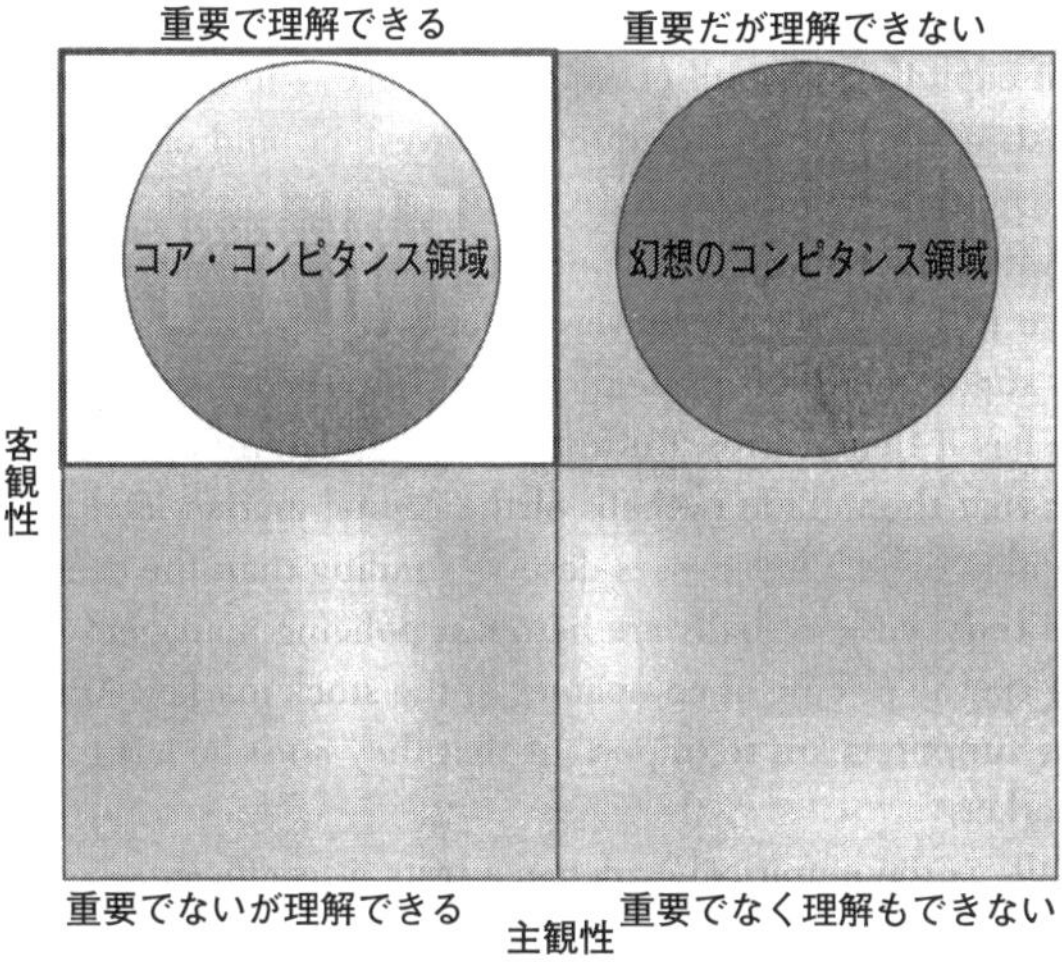

定は進化しているのである。

コア・コンピタンス領域を持つことで、バフェットは客観性を持つことができる。この範囲に限定することで、彼は正確な予測を立て、価格と価値の方程式を使った判断を下せるからだ。こうすれば、彼には幅広いメニューからチャンスを選び、チャンスが訪れるまでゆっくりと待つという贅沢が与えられるだけでなく、その間資金を浪費しないという規律も守ることができる。彼はこの方法をとることで、自由な気持ちで資産運用を行うことができている。

バフェットの「コア・コンピタンス領域」は、彼と株主の間に信頼関係を築き、彼はこの信頼によって慣習を拒否する自由を得ている。客観的なコントロールは、コントロールができている感覚ももたらす。このことは、感情バランスを保たなければならないときに重要な意味を持つ。彼は、このような心理面と感情面の防護策をいくつも重ねて、コア・コンピタンス領域を補強している。そしてその結果、オーナーらしい行動をとることができるようになった。

バフェットは、コア・コンピタンス領域を支える判断基準を宗教的とも言える熱意を持って守っている。この枠組みには、効率的な資産管理の要因が組み込まれている。これらの基準は理論を精製したものであり、それに異論がある経営者はいないだろう。

なかには、彼のマネができる経営者も少しはいる。ただ、それはマネをしたいからではなく（そうであればいいのだが）、無知だからでもない（彼らは無知ではない）。この理由はむしろ、不確実な状態で判断を下すという油断ならない行為の性質にある。

バフェットのモデルはよく知られているが、その逆（幻想のコンピタンス領域）は避けなければならない。バフェットにとっての宇宙の延長線上にある幻想のコンピタンス領域では、彼が求めているのとは逆の方法で資産管理が行われる。ここでは主観が支配し、感情が先に立つのである。この幻想のコンピタンス領域にいると、重要だが理解できないものを「理解した」ようなつもりになってしまう。

幻想のコンピタンス領域によって運用された結果は、簡単に予想がつくだろう。それでもこれを簡単に避けることはできない。幻想のコンピタンス領域における私たちの思考の働きを考えると、ここでは失望から学ぶことが難しいからである。

バフェットは、経営者兼投資家として進化していった過程で知識創造を経験し、そのとき二つのコア・コンピタンス領域の違いが明らかになった。彼のコア・コンピタンス領域には、不確実な状況で判断を下すときによくある間違いに対する洞察が含まれている。これは彼自身が多くの間違いを犯してきたから分かることで、そうでない部分は他人の間違いから学んでいる。人間が間違いを犯すことは避けられないため、バフェットは自分の思考回路を修正し、幻想のコンピタンス領域の心理を取り除くことで本物のコア・コンピタンス領域を確定した。そしてそのあと、この原則に忠実な資本配分のモデルをデザインした。

これこそが、バフェットに「隠された」秘密なのである。

本当のウォーレン・バフェット

バークシャー・ハサウェイという生きた彫像のなかにウォーレン・バフェットの本質を見ることができることに私は感謝したい。

ただ興味深いのは、多くの人がバフェットというと投資家としての彼しか思い浮かべないことで、悲しいことだが仕方がない。

バフェットの株式市場における華々しい成功や銘柄選びにおける賢明さと比較して、本質的な価値が安定的に上昇しているバークシャーの非上場子会社についてはあまり知られていない。そしてさらに重要なことは、彼が子会社から吸い上げる安定したキャッシュフロー（リーダーとしての大役）についてもほとんど知られていないことである。

そのため、これまでバフェットについて書かれた本のほとんどは、彼が株式市場で見せる魔術の秘密を解明することについてのみ費やされてきた。これらの本は、何らかの形でバフェットの教えと厳守する原則を説明しようとしてきた。

しかし、この不十分なアプローチは重要な点が欠けており、バフェットと彼について学びたい人たちの利益に反している。バフェットの本質は、単なる投資家をはるかに超えた存在であり、バークシャー・ハサウェイの成功の理由が彼の優れた銘柄選択力だと考えるのは大いに間違っている。

私たちが答えを必要としている質問は、「バフェットが投資で成功した秘訣は何か」ではない。それよりもはるかに大きく見ていく必要がある。

私たちが聞きたいのは、「バフェットがどのようにして失敗するはずだったモデルを明らかに優れたものに変換させたのか」ということなのである。

金融論の教義とは違い、バークシャーの取締役会がこのモデルを規制したり、成功を左右したりすることはない。これは幸運なケースだ。取締役会には必死な投資家の関心を代弁するために活動していくという役割があるが、これに効果がないことは証明されている。たとえそれが合理的な審議ができる基準に達していたとしても、規模が小さく、役員の経歴や経験が多岐にわたり、独立しているからだ。バフェットも、「CEOのボスである取締役会が自己評価を下すことはほとんどない」と語っている。[29] 株式市場が統治機能を果たすという考えもあるが、こちらも投資の配分の過程で規律が守れていないケースがよくある。バフェットも、取締役会は「平均以下のパフォーマンスを説明するために、まれに開かれる程度」[30] で、「愉快で何もしない取締役は、職を失う心配がない」[31] と語っている。バフェットは、彼ひとりの力でありそうもないモデルを比類ない成功に変え、その報告責任を負っているのである。

バフェットは、バークシャーを企業経営の既定的な理想に向けて引っ張っていくのではなく、実践的な解決策を選択した。グリーンスパンＦＲＢ（連邦準備制度理事会）議長の「企業統治の状態は、ＣＥＯの性格を反映している部分が大きい」[32] という言葉があるが、バフェットの場合は誠実さがそれに当たる。彼は、「ＣＥＯは尊敬され信頼されたいと願っているが、そうなるのは彼らがそれにふさわしくなったときであり、そうなるべきです。ＣＥＯに、『独立した』取締役や、利害の対立がまったくない監視委員会や監査役は必要ありません。ＣＥＯは、正しいことさえしていればよいのです」[33] と語っている。

＊＊＊＊＊＊＊＊＊＊

本書は、次のような構成になっている。

第1部。

第2章では、バフェットが初期のころに経験した経営の苦労や、そこからの教訓、彼のリーダーとしてのモデルと資産運用のモデルの両方をもたらした知識創造、そしてさらにはバークシャー・ハサウェイの企業統治においてオーナーのように行動するという彼の考えについて紹介していく。

第3章では、バフェットが自分の考えをここぞというとき、つまり彼が望む人材の動機づけをするときに実践していく様子を説明する。バフェットの分散化した経営スタイルの全体像と、彼が注意深く経営上の選択を行うときに重視する点についても説明する。

第4章もバフェットがどのように買収を成功させ、新しく加わった経営者からバークシャーのオーナー重視の精神を引き出すのかを説明していく。

第5章ではバフェットの原則が保険業界で実践されている様子を解明していく。ここでは、現場レベルの資本の配置という難問や、彼の解決能力を証明するリーダーシップなどについて見ていく。

第2部――「資産運用者」では、ウォーレン・バフェットが発するオーラについて述べていく。

第6章は、失敗など縁がないと思われているバフェットの人物像を描いていく。彼は実際には間違いを犯すこともあるが、そのときには反動的に変化に対応することができ、それを積極的に人事に反映させていく。

第7章では、バフェットの間違いが彼の成功に影響を及ぼさない理由と、彼がその間違いから学べる理由を説明していく。ここでは、バフェットの「コア・コンピタンス領域」について詳しく述べ、この構築に不可欠な要素を段階ごとに紹介していく。また、彼がコア・コンピタンス領域とほかの構造的な機能を組み合わせ、バークシャー・ハサウェイのパフォーマンスを維持するための判断を下すときに不可欠な心理面と感情面の防護策を確保していることも見ていく。

第3部──「オーナーのように行動するために」は、バフェットの資産運用モデルをオーナーのように行動するための枠組みに変えるユーザーマニュアルになっている。

第8章では、このモデルの主な機能を実践的に紹介している。これは、上場会社の経営者にとって、経営の指針となるだろう。

第9章では、バフェットがコア・コンピタンス領域を守っている理由を、彼の手法とは逆の「幻想のコンピタンス領域」に注目して説明していく。これを読めば、株主や株式市場との関係を築いていくときに気をつけるべき落とし穴が分かるため、これもまた上場会社の経営者にとって指針になるだろう。

第10章では、バークシャー・ハサウェイの将来について、ウォーレン・バフェットがかじ取りをしていてもいなくても今後同社が直面する問題について述べていく。

第1部

人々のリーダー

第2章　バークシャー・ハサウェイと組織由来の旧習

「合資会社の取締役は、自分の金というよりも、むしろ他人の金の管理人であるわけで、これを自分の金のように用心深く見張ってくれることはとても期待できない。（中略）そのため、このような会社の業務運営に怠慢と浪費が常にはびこることは必然である」――アダム・スミス[1]

「私にはフットボールをする才能もなければ、バイオリンを弾く才能もありません。ただ、たまたま社会的な見返りが大きい仕事に向いていました。（中略）私が生まれるのがもう少し早ければ、おそらく動物の餌になっていたでしょう」――ウォーレン・バフェット[2]

一九六〇年代初めに銘柄選択で大成功を収め、過去二〇年間の投資家生活のなかでも最高の時期を迎えていたウォーレン・バフェットは、企業経営者としての自分の将来の役割について構想をふくらませていた。それ以来、今日に至るまでバフェットは比類ない経営者としてその役割を果たしている。

彼の構想は、企業の経営において、オーナーのように行動するというものだった。

そのために、彼は自分の経営者としての役割を、自分のコア・コンピタンスのなかにおけるチャンスのなかから、最低限のリスクで最高のリターンを生み出すものに資金を投資することと、株主が自分のお金を扱うのと同じ気持ちで行うことと定義した。そして、もし株主が別の場所で上げることができるリターンを達成できなければ、その資金を返還するとした。

つまり、彼は自分自身を普通のCEO（最高経営責任者）のように、繊維メーカーや菓子メーカーや保険会社やソフトウエア会社などを率いる人間とはみなしていなかったのである。このとき以降、彼は投資資産の配分者になった。

ほかの道はなかった。そして、そのためにはバークシャー・ハサウェイの子会社の経営者たちが、彼の考えに同意していることを確認する必要があった。

これは簡単に聞こえるが、実はそうではない。

バークシャー・ハサウェイではバフェットがオーナーと経営者の両方を兼ねているため、両方の利害が完全に一致しているという点では簡単である。

ただ、バフェットはバークシャーの最小株主でさえ同等のパートナーとみなしており、自分のためだけでなく、彼らの代わりとしても経営を担っているという点ではそう簡単ではない。

さらには、バークシャーが所有する子会社の経営者たちに莫大な権限を与えているという点もそう簡単ではない。つまり、彼と子会社の経営者の関係は彼と彼の株主の関係と同じで、経営者たちはバフェットに代わって経営を行っている。

そして最も簡単ではない点が、産業革命以来広まった企業を所有する株主と企業を運営する経営者の分離という考えである。これによって、どのようにすれば経営者に企業のオーナーのように行動させることができるのか、という未解決の問題が残った。

アダム・スミスは、一七七六年にすでにこの考えを発表している。スミスは、人間が本来持っている欠陥を考えれば二者の利害を一致させることは永遠にできないし、経営者は彼らが請け負っている株主の利益よりも自分の利益により熱心に取り組むはずだと運命論者的に固く信じていた。

そして彼は正しかった。

最近の企業統治を見ても、この問題が解決されたという話は聞いたことがない。少なくとも大部分においてはそうだろう。バフェットでさえ、自ら人間の本性についていくつかの教訓を得るまではそうだった。彼のオーナーのように行動するという決心は、彼が経営者の椅子に座った途端に行き詰まった。このとき彼は、それまでの彼には見えなかったある力学に気づき、それを「組織由来の旧習」と名づけた。これは彼にとって「最も驚くべき発見」だった。[3]

組織由来の旧習

「チャーチルがあるとき言いました。『建物はそれを造った人の質を映し、そこに住む人々は建物の質に影響を受ける』」——ウォーレン・バフェット[4]

バフェットは、組織由来の旧習について、次のように例えている。

①ニュートンの慣性の法則が示すとおり、組織はどんな変化に対しても抵抗します。
②時間があるかぎり業務が増えていくように、資金があるかぎり事業計画や買収も具体化していきます。
③リーダーの要望は、たとえそれが愚かな仕事であっても、部下が用意する利益率や戦略分析によって正当化されます。
④同業者の行動は、拡大戦略、買収、幹部の報酬など何でもマネしたがります。[5]

そして、さらに次のように語っている。

ビジネススクールではこのような問題の存在すら教えてくれず、仕事を始めてからもこれを直観的に理解することはできませんでした。頭が良くて経験があるまともな経営者ならば当然、合理的な経営判断を下すものだと思っていましたが、そうではないことが徐々に分かってきました。むしろ組織由来の旧習が現れると、合理性は衰えていく場合が多くなります。[6]

ジャック・ウェルチがGE（ゼネラル・エレクトリック）において「すべての部門でその分野のナンバーワンかナンバーツーになる」[7]という独創的な改革をしたように、バフェットもバークシャー・ハサウェイの将来の経営に関して重要な結論に達した。バフェットは、これは「組織の力学」であり、「金銭の問題や愚かさが企業をこのような方向に導くのではありません。このことはかなり誤解されています」[8]と語っている。

これらの旧習についてバフェットが驚いたことは、彼が銘柄選択で大きな成功を収めていた時期に、この問題が現れるきっかけになる企業のファンダメンタルズにはあまり関心を払っていなかったことからも分かる。当時の彼の保有期間は、このことに気づくのには短すぎた。

バフェットは、この先も競争力を維持してインデックスファンドやほかのファンドを上回り続けていくためには、手法を変えなければならないことに気づいた。しかし、これはバークシャーが繊維業界で主導的な地位を目指すというような単純なことではない。組織由来の旧習は、企業の規模や業界での位置づけにかかわらず存在するからだ。

持続的な優位性を維持するために、バフェットは組織由来の旧習を自分自身で認識する必要があった。株を一時的に持つだけでは、組織由来の旧習が悪化していくだけだということを認識しなければならなかった。彼が経営する会社でも買収した会社でも投資した会社でも、継続的に価値の創造という概念に注目し、組織由来の旧習はその障害になるということに気づかなければならなかった。そしてこのことを、彼のすべての活動において考慮しなければならなかった。

経営者になる前の初期のころは幸先の良いスタートを切ったバフェットだったが、彼が学んだ方法は持続性がなかった。そこで、何かもっと耐久性のある方法を見つける必要があった。そして彼はついに組織由来の旧習という問題を探し当て、このメカニズムが人間の本性にかかわることを突き止めた。そのうえで、彼は自身の役割が企業の経営者とその所有者の溝を埋める存在となって資産をすべての所有者が経営者に対して望むように配分することだという結論に達し、それができる地位に就いたのである。

幸先の良いスタート

若いバフェットを魅了した投資の世界だが、当時の株式市場にはインサイダー取引が横行していた。株価は不正操作が頻繁に行われ、現在のような株価分析はまだ存在していなかった。

しかし、ベンジャミン・グレアムが株価評価と銘柄選択に関する理論を展開し始めた一九二〇年代末から一九三〇年代初めごろ（株価評価の数学的観念を確立したころ）、状況は変わり始めた。

これまで見てきたとおり、バフェットは一九歳でグレアムの『**賢明なる投資家**』（パンローリング）を読んで、その革新的な内容に衝撃を受けた[9]。一九五〇年に、彼はコロンビア大学に入学し、グレアムが教える安全分析の講義を受講した。バフェットにとってグレアムはヒーローであり、のちにグレアムが経営する投資会社に入ってからはメンターだった。のちにバフェットは「ベンは、父以外で私に最も大きな影響を与えた人物です」[10]と語っている。

株価評価に注目する人が少なかった当時は、これに注目した人にとっての黄金期だった。グレアムに株価評価の原則を叩き込まれたバフェットは、入手可能な企業データを貪欲に調べていった。

数字に独特の強さを持つバフェットは、この分野でも抜きん出ていた。幼なじみのボブ・ラッセルとドン・ダンリーは、バフェットが子供のころに二桁の数を言うと次々と掛け合わせたり、都市のリストを見せると次々に人口を当てたりしていたと語っている。しかも答えを出すのが速かったという[11]。グレアム・ニューマンにおいて、グレアムは暗算でデータを処理していく伝説の経営者だったが、それよりも速くて正確なバフェットは同僚たちを驚かせた。

彼は完璧な記憶力によってすべての会社の統計データを記憶することができたうえに、頭の回転が速いため、そのすべてを分析することができた。こんなことができるのは彼しかいない。バフェットはこの能力を使って株を追跡し続け、適正に評価されるのを待ち、割安になったら値上がりする前に素早く買っていった。[12]

メンターとしてのグレアムの教えとバフェット自身の才能によって、その効果はすぐに現れた。グレアムのクラスを卒業した一九五一年から、グレアムの合名会社を辞めてオマハに戻った一九五六年までに、バフェットの個人資産は九八〇〇ドルから一四万ドルに増えていた。これは年率に換算すると複利でなんと約七〇％になる。[13]

彼はこの高利益を多くの人が買いたがらない株に投資することで実現した。実際、父親が経営するブローカーのバフェット・フォーク・アンド・カンパニーで短い期間働いていたとき、若いバフェットのアイデアは周りから反対されることが多かった。

株価があまり割安になると、みんなはたいてい何か悪い材料があるに違いないと思う。バフェットでさえ話がうますぎると思うほど安いときもあった。[14] しかし、彼は気にしないで、ブローカーとして彼のアイデアを勧め続け、投資家として保有していった。反対にあっても彼の姿勢は変わらず、自信を持って周りの者とは違う意見を主張することも多かった。彼はこの比較的新しい手法を完全に信頼していた。

バフェットの確固たる自信と計算機のような頭脳の組み合わせは無敵だった。グレアムの本を読み、彼の下で勉強する前のバフェットのパフォーマンスが平均程度だったことは、彼自身が認めている。しかし、ブローカー時代の彼は生まれながらの投資家のようだった。妹のロベルタは、「兄はそういう遺伝子を持っているのだと思っていました」と語っている。[15] 自分にぴったりの仕事に就いた彼は、文字どおり幸先の良いスタートを切った。

投資資産配分者の誕生

評判が高まって投資家が集まるようになると、バフェットはそれまでに蓄えた資金を使って三つのファンドを設立した。これらはのちにバフェット・パートナーシップに吸収されることになる。三つのファンドは、彼が唯一のマネジャーとしてすべてを決めていた。時は一九五六年、これが二六歳の彼にとって、変貌を遂げる最初のステップとなった。

一九六一年、バフェット・パートナーシップはデンプスター・ミルズ・マニファクチャリングの過半数を取得した。この会社は、統計的に割安で、まさにグレアムの戦略どおりの投資だった。のちに彼はこの会社の会長に就任することになる。ちなみに、グレアムはファンドマネジャーが投資先の企業で大きな影響力を持つ地位に就くことに反対はしていなかったが、当時、ファンドマネジャーが会長になることは画期的なことだった。

ただし、バフェットは自分をファンドマネジャーとはみなしていなかった。彼は、デンプスターが低リターンの事業に多大な投資をしていることを発見した。もし会長としてこれを改善すれば、浮いた資金を風車の道具や農機具の製造に配分できる。そして、その利益をさらに高リターンの投資、つまり、もし経営者が資本を返還したら、オーナーが選ぶような資産に回すことができる。

ここに投資資産配分者が誕生した。この洞察に至った経緯は、次章で説明していく。ただ、この奇妙な混合型経営者は、誕生してすぐに殺されかけた。新たな役割を得て行った最初の作戦が、失敗に終わったのである。

組織由来の旧習に直面して

それでも彼はこの会社でかなりの利益を上げた。ただし、それは彼では「歯が立たない」問題に対処するために新しい経営者を就任させてからのことだった。経営者は、社員が自分の福利ばかりを追求するのではなく、経営者や株主や会長が設定した目標に沿って仕事をするように圧力をかける必要があった。[16] バフェットも最初は自らそれをするために定期的にこの会社に足を運んだが、製造ラインに余計な人員を割く余裕がないにもかかわらず、人員削減と在庫整理はうまくいかなかった。

短い期間だったが（この会社の株は一九六三年に売却している）、これがバフェットと組織由来の旧習との最初のかかわりだった。このとき彼は、展望を持つことも大事だが、短期投資とオーナーのように行動する経営者になることには大きな違いがあることを発見した。企業を所有することと経営することの間の橋渡しをすること、つまり経営者に大株主のように行動する動機づけをすることは、彼が新しく見いだした立場において不可欠な要素だった。ただ、既存の人材の関心をバフェットと同じ目的に向け直すことは簡単ではなかったため、彼は持ち株を売ることにした。

その一年前から、彼のパートナーシップではニューイングランドの繊維会社であるバークシャー・ハサウェイの株も買い始めていた。そして、一九六五年には経営改革を提案できる量の株式を保有していた（ただ、会長に就任したのはそれよりもあとだった）。

バークシャーとデンプスターには、警戒すべき類似点があった。投資判断のもともとの根拠が統計的に割安な株価だったことと、両社とも低リターンの業界に属していたことである。それ以降、バフェットの立場は利害関係がある投資家から積極的なオーナーへと進化していった（ここにバフェットが必然的に引っかかったワナについて最初のヒントがある）。ただ、両社には重要な違いもあった。

バフェットは、バークシャーでは正しい資質を持つ管理職を置くことに注意を払った。これは、彼が管理しなければならない人材ではなく、バフェットが一緒に働くことができる個人的資質を持った人材で、それがケン・チェースだった。バフェットはチェースを高く評価し、彼の本質である組織の目的に沿って行動する意欲を信頼していた。誠実なチェースとの関係は、そのあと数多くの子会社の経営者とかかわる先駆けとなり、彼らの動機づけをするときの原型となった。

また、別の会社のかじ取りでは、かつて個人の利益のために株主に不利益な行動をとっていたものの、そのあとは従順になった経営者がいたが、この問題に深入りして、ただでさえ経営が難しい業界の問題を上積みする必要はないと決意したケースもあった。そして、繊維会社には再投資せずに経営を維持する最低限の投資だけを行い、それ以外の利益を別の高リターンの投資に回した。勤勉なチェースが右腕となり、オーナーのように行動するというバフェットのモデルの基盤が固まりつつあった。ここでも、彼がしていたことは資本の分配だった。

彼は、経営者としてどれだけの資本を繊維製造に向けるのかを決定し、オーナーとしてチェースの行動を監督することで経営上の関係を維持し、投資家として会社の現金をさらに高いリターンが得られるところに配分した。「これは、投下資本と、そこからの収益と、将来生み出される資本の相互関係にほかならない」とバフェットは語っている。[17] ただ、理屈は簡単でも、なかなか計画どおりにいくものではない。

バフェットは人材管理の問題を解決したかに見えた。確かに、チェースがバフェットの望むとおり業務運営に専念したおかげで、バフェットはオーナーとして煩わされることなく経営を把握できていた。ただ、彼は経営者と投資家として行う資産配分で、まだ間違いを犯していた。

繊維業界に巻き込まれる

「これが大変なビジネスだということは分かっていました。（中略）当時は傲慢か無知かのどちらかだったのでしょう。私たちはたくさんの教訓を得ましたが、あえてここで学ばなくてもよかったとは思います」――ウォーレン・バフェット[18]

バフェットは、バークシャー・ハサウェイの経営を引き継いだ途端、同社の運営に苦戦することになった。この会社には、どのような逆境においても繊維業界に固執する元の所有者シーバリー・スタントンの影響力が非常に色濃く残っていた。

バフェットは、すぐにスタントンがこのような経営をしていた理由を理解した。スタントンの決意やこの業界で用いられるＲＯＣ（資本収益率）と関係なく、実は彼のほうがむしろバークシャーの困難に引きずられていたのだった。

バフェットがこの会社を買ったのは単純に割安だったからで、スタントンの執拗な買い戻し要求に応じて一九六四年には売却しそうになったときもあったが、彼が価格をごまかしているかもしれないと考え、これを拒否した。マンガーによれば、「二人の主張する価格差は八分の三ポイントで、バフェットがバークシャーを手元に置くことができたのは本当に単なる偶然だった」。[19] しかし、二〇年後の一九七〇年代半ばに、バフェットが低リターンを理由に初めて繊維業をやめることを考えたときも、彼はまだ価格にとらわれていた。

それまでの間、以前より大きくなったバークシャーの価値をさらに大きくするという熱意に対する脅威は明らかだった。もし繊維事業が最低限のリターン率も維持できなかったり、資本を消費し始めたりしたら、リターンを複利で運用していくという彼の目的の妨げになる。それならば、今のうちにもっと高利回りで安全な投資に切り替えておいたほうがはるかによい。

実際、一九六九年にバフェットが共同出資者に対してこの事業の見通しの低さについて警告したときからこの問題はすでに明らかになっていた。[20] しかし、彼は苦しみながらもなかなかこの問題に着手せず、バフェットとほかの所有者にとってはそのことによる機会費用が膨らんでいった。

それまでの間に、バフェットは繊維事業の経費削減をある程度は進めてきた。しかし、彼はこの投資が必要なリターン率を生み出さないことに不本意ながら気がついていた。

例えば、一九七八年に、バフェットは株主に対して「当社は、何年か前に繊維業を拡大する目的でニューハンプシャー州マンチェスターにあるウォンベック・ミルズの買収を決定しました。統計的に見てあらゆる点でこの会社はかなり割安でした。（中略）しかし、この買収は間違いでした。懸命に対処しても、問題が次から次へと起るからです」と報告している。[21]

それでも、バフェットはこの事業を維持する理由を探そうとした。例えば、相乗効果が期待できるというのである。「ウォンベックの買収は確かに間違いでしたが、大失敗というわけではありません。同社の一部は、バークシャーの装飾部門にとって付加価値となっています」[22]

しかし、これはやはり大失敗だった。相乗効果があったとしても、失敗事業にさらに資金をつぎ込むことを正当化するほどではとうていなかった。

組織由来の旧習ののろい――ワナ

バフェットの問題は、彼がすでにこの事業に深く関与していたことだった。彼は、以前に下した決定にとらわれていた。

彼は目標どおり、資金を集めて繊維業以外のところに投資しようとしたが、それはできなかった。そのうえ、一度かかわってしまうと、なかなか抜けられなかった。かつてスタントンがそうだったように、多少形は違っても、バフェット自身が組織由来の旧習の犠牲になっていた。繊維業界へのかかわりが容赦なく増えるにつれて撤退は難しくなり、彼は組織由来の旧習の力学から抜け出せなくなっていった。

スタントンのバークシャー・ハサウェイに対する姿勢に影響を受け、バフェットにも自分はこの事業を伸ばす使命を負った「繊維マン」なのだという観念――経営者の自己認識としては珍しくない考え――が植え付けられた。自分は社員との関係を思いやり、大事にする温情あるビジネスマンだとみなすようになっていたのである。彼は幹部や社員が企業の所有者としての彼の希望に沿った努力や誠意を示してくれれば、それには報いたいと思った。一度この事業にかかわってしまうと、抵抗を抑えるためにはそこでうまくやっていくしかない。

しかし、一九八五年に赤字が累積すると、彼もこれ以上自分を欺けなくなった。バフェットは株主に対して、繊維事業を閉鎖するという苦しい判断を下さなければならなかった理由を説明した。この時点で、彼は人生の三分の一をこの業界で過ごしていた。当時、彼は次のように書いている。

ケンとゲーリー（経営陣のひとり）は繊維事業を成功させるために知恵を絞り、精力的かつ創意的に尽くしてくれたことを強調しておきます。継続的に利益を出していくために、二人は製造ラインや機械構成や流通経路を改善してきました。[23]

彼は、実質的に自分を偽っていたことも認めている。

最終的には何もうまくいきませんでした。もっと早く撤退しなかった責任は私にあります。（中略）一九八〇年以来、二五〇の繊維工場が閉鎖されました。これらの会社の所有者が、私が知らない情報を持っていたわけではなく、彼らはただ客観的に処理しただけです。私はカント（哲学者）の教え――「知性は感情に仕えるもので、その奴隷になってはいけない」――を無視して自分が信じたいことを信じてしまいました。[24]

資産配分において、失敗事業に深く関与してしまうと、ある危機が生じる。事業の立ち上げに重い責任を感じている人は、間違いの責任を負っておらずその力学に巻き込まれてもいない人に比べて、予算編成でより多くの資金をつぎ込もうとする傾向がある。[25]問題が一掃されても、在職者の気持ちは残っている。彼らは、以前の間違いを正当化するチャンスを探してますます深く関与しようと決意する。それが自分を欺いていることに対する一時的な救いになっているからだ。チャーリー・マンガーは次のように言っている。

あることに深く関与したとしよう。労力も資金もつぎ込んだ。すると、深入りすればするほど一貫性の原則によって「うまくいくはず。あと少し頑張ればうまくいくはず」と考えるようになる。ここでやめたり、再考したり、「そこまで固執する必要はない」と言ったりすることができない人は、いずれ破綻する。[26]

スタントンの場合は、一貫性の原則が彼を投資でリターンを上げることに駆り立てた。バフェットの場合は、自分自身の展望を維持するためだった。これがワナなのである。

どちらの反応も、企業経営における本能的なもので、そこが経営と投資資産配分の違いでもある。バフェットは、一九八五年（バフェットが繊維事業を閉鎖した年であるのは偶然でないこともない）にバーリントン・インダストリーズの結果について素晴らしい分析を披露している。

一九六四年、売り上げが一二億ドルのバーリントンは繊維事業の継続を決断しました。一九六四～一九八五年に同社は三〇億ドルの設備投資を行いました。（中略）これは、一株当たり六〇ドルの株価に対して、二〇〇ドル以上の投資額になります。この設備投資の大部分は、経費削減と拡大を目的にしたものに違いないでしょう。繊維業にとどまることを表明している同社にとって、今回の資本投資の判断は極めて合理的なものだと考えられます。

ただ、同社は二〇年前と比較して売り上げも売上利益率も株主資本もはるかに落ちています。（中略）株価も下げ、（中略）一九六四年の株価は、六〇ドルを少し上回る程度です。その一方で、ＣＰＩ（消費者物価指数）は三倍以上に上がっています。つまり、一株当たりの購買力は一九六四年末の時点で三分の一に下がっているのです。（中略）株主にとってこの破滅的な結果は、失敗事業に知力とエネルギーをつぎ込むとどうなるかを示しています。[27]

この時点で、バークシャー・ハサウェイの経営においてどこで間違いを犯したかを自覚できるようになっていたバフェットは、バーリントンの経営陣の間違いも正確に指摘することができた。彼もバーリントンと同じ道を歩んできたが、規模ははるかに小さかった。いずれにしても、いや応なく当時の状況にのみ込まれてしまった結果だった。

企業のオーナーとして、バーリントンの繊維業界にとどまるという判断は明らかに間違いだった。これは明らかに組織由来の旧習の力学が影響しており、バフェットも同じワナにはまっている。理論的には逆でも、バフェットは自分の戦略の失敗を認めるのを恐れ、それまでの方針（それが彼の自己認識の一部となっていた）から逸脱することを恐れ、それまでの自己欺まんに正面から向き合うことを恐れた。

彼を目覚めさせたのは、組織由来の旧習という目に見えない力が基本的な人間の本性に働きかけて周囲のエネルギーを消耗させる、という発見だった。

シケモク投資

「道端に落ちているひと吸い分しか残っていないシケモクでは満足な一服はできませんが、ただ同然であれば、そのひと吸いをすべて利益に変えることができます」――ウォーレン・バフェット[28]

バフェットは、組織由来の旧習が見えなかったことを傲慢か無知のせいだとしている。外から観察したかぎりでは、どちらかといえば後者が原因のように思える。バークシャー・ハサウェイを引き継ぐ前のバフェットは、株を買って長期間保有するのではなく、一時的に持っていただけだった。彼の繊維業界における問題点が、恐怖心に正面から向き合わず論理に反してそこから逃げ出そうとしたことならば、この問題は彼が長い間グレアムの教えに行き詰まっていたことと相まってさらに悪化していった。

グレアムは、株価評価に将来の収益力を織り込んでいたが、バフェットは将来の価値の創出よりも貸借対照表上の資産を重視していた。バフェットが投資を始めたころは、有形資産の価値と比較して割安で、ほかの投資家がこの差に気づけば株価が上がる銘柄を探していた。彼は、この手法を「シケモク投資」と呼んでいた。

ただ、このような投資の問題点は、その会社の経営者が投資資産配分者のように行動してもしなくても、バフェットの利益にはまったく関係がないということだった。彼は、株価が売られ過ぎで極めて安くなったときに買い、ほかの投資家がこのことに気づくのを待った。そして、みんなが気づいて株価が適正価格まで上昇すると、彼は株を売り払うため、組織のなかにあるかもしれない力学などとは無縁だった。

シケモク投資は、ある時点をとらえたスチール写真のようなデータに基づいて株価を分析する能力に頼った戦略だった。反対に、企業の経営は動画を制作し、監督し、演技するような能力が必要になる。ひとりが練った構想を別の人が演じ、判断を下す場面では人間の役者がアニメキャラクターに扮して、今の会社やデンプスター・ミルズで経験したような問題行動に直面したりする。

必然的に、シケモク投資を行っていても、組織由来の旧習を予期したり管理したりできるようにはならなかった。このため、彼は株を一時的に持つのではなく、もっと関与を深めて企業を所有し、運営していこうと考えるようになった。ワナにはまる典型的なパターンである。

バフェットは、のちの一九七七年に、当時の未熟な投資分析の欠点について次のように語っている。

バークシャー・ファイン・スピニング・アソシエーツとハサウェイ・マニュファクチャリングが一九五五年に合併してバークシャー・ハサウェイ・インクが誕生しました。一九四八年、（中略）同社の税引き後利益は約一八〇〇万ドルに上り、社員は一万人を数えました。（中略）当時の実業界において、この会社は経済の中心だったのです。（中略）しかし、一九五五年の合併で総売上高が五億九五〇〇万ドルに上った同社も、その一〇年後には損失が一〇〇〇万ドルに達していました。一九六四年には工場も二つに縮小し、自己資本は合併時の五三〇〇万ドルから二二〇〇万ドルまで減りました。つまり、単年度の業績を見るだけでは適正な事業の内容など分からないということです。[29]

また、彼は株主に対して、自分の手法の間違いを認めたこともあった。

あなたの会長は、飲み込みが早く、わずか二〇年で良い企業を買うことの重要性に気がつきました。それまでの間は、「割安」の会社を探しており、残念ながらいくつか見つけてしまいました。私に与えられた罰は、農機具メーカーと業界第三位のデパートとニューイングランドにある繊維メーカーで経済性について勉強することでした。

ケインズも私の問題を認識していたようで、「新しいことをするよりも、古い考え方から抜け出すほうが難しい」と言っています。私は、自分の先生の教えの大部分がこれまで（これからも）あまりに価値があることばかりだったので、そこから抜け出すのが遅れてしまいました。[30]

しかし、彼にとってヒーローであるグレアムの教えとの不一致を認めることの痛みはまだ終わっていなかった。バフェットもグレアムも、どちらかと言えば価値の査定に関してはまだ甘かった。価値の創出も耐久性がある進行中の過程であり、貸借対照表で見て割安の企業でなくても可能だということを認めることは、バフェットをかき乱すのに十分だった。

実際、バフェットがスチール写真の話をした一九七七年までに、彼はこのことについて学んでいた。ただ、まだ完全に把握できていたわけではなかった。彼が何気なく語った組織由来の旧習は実はとても正確だったが、まだ漠然と気づいていただけではっきりとは見えていなかったし、その仕組み（何を信じたくて何から逃れたいか）もまだよく理解できていなかった。これは、彼の言う「無節操なのか、バカなのか」という問題ではなく、人間の本性に対する理解と自分の人間性に対する認識が不足していることから生じていた。

経営者になったバフェットが投資家として享受していたパフォーマンスを維持するためには、これらの欠点を理解し、修正しなければならなかった。

ただ、バークシャー・ハサウェイという大企業が経営にあえいでいたわけではない。この時期のバフェットの最大の失敗は、怠慢だった。一九七〇年代の大規模な弱気相場で優れた企業が本当に割安になっていたのに、それを買って保有しなかったのだ。もしこのとき買っていれば、バークシャーの利益率は今よりはるかに高くなっていただろう。ただ、彼はほかの投資先（主にナショナル・インデムニティ）の余剰資金を集めてほかの割安株に投資していたため、それらの値上がりに伴ってバークシャーの価値も上がっていた。それと比較すれば、間違った指令（一番深刻なのは繊維業から抜け出せないでいること）の数は「比較的少ない」と言っている。[31]

この時期を抜けると、バフェットはこれまでのように自分自身が煩わされる会社を買収したり投資したりすることはなくなった。そしてバークシャー・ハサウェイの経営方法も変わっていった。何かが彼を変えたのである。

バフェットは、一九七〇年代の大部分において、保険会社を買ってそのフロート（現金）を株式市場に投資してきた。この時期、彼は経営と業務の両方の役割を担い、バークシャーの会長でありながら保険会社の引受人としてリスクも引き受けていた。一九八二年、彼は業務部門をマーク・ゴールドバーグに引き継ぎ、保険の引受人をやめた。そしてバフェットは、保険会社のフルタイムのCEOに就任した。彼の株主への手紙には、魅力的な会社が売りに出ていないか探しているという文言がある。翌年、バフェットはオーナーズマニュアル（株主の手引き）を発行した。これは、彼がバークシャーの株主との間にどのような関係を築きたいかと、彼が子会社の経営者たちに順守してほしい目的を記したものだった。バークシャーは次々と買収を進め、非常に有名な完全子会社が増えていったが、このほとんどはバフェットが保険会社以外の業界から見つけてきた会社だった。

バークシャーはコングロマリットに変わっていった。ただ、これは普通のコングロマリットではなかったし、バフェットも普通のリーダーではなかった。バフェットにしては珍しい集中的な活動と行動の変化からは、彼が自分の脳の働きについて洞察を得たことが分かる。彼はかつての間違いをピンポイントで指摘し、バークシャー・ハサウェイの新しい青写真を思い描くなど、自己認識ができる人間に劇的に変化していた。

もしかしたら、彼にはもともとその能力があり、きっかけを待っていただけなのかもしれない。その証拠に、彼は一九六九年にバフェット・パートナーシップを解散している。

自己認識の勝利――パートナーシップの閉鎖

一九五六年から一九六九年にかけてダウ平均のリターンが七・四％だったのに対して、バフェット・パートナーシップの資産価値は年率二九・五％（複利）で増えていた。[32]一九六〇年後半は投資のイケイケ時代で、成長株が登場し、株価は月まで届く勢いだった。そして、投資マネジャーは大金を集めていた。

指数の動きが必ずしも理論的ではないことだけが理由ではないが、バフェットは毎年指数を上回るパフォーマンスを上げることはできないと分かっていた。そして、そのリスクはそれまで以上に高まっていた。そのことを念頭に、バフェットは一九六七年に、それまでのダウ平均を年率で一〇％上回るという目標を五％に引き下げた（または運用している資産の価値を年率九％増加させることのどちらか大きいほう）。[33]

株式市場の「熱狂」は続き、パートナーからのプレッシャーが大きくなるにつれ、バフェットは落ち着かなくなってきた。パートナーたちは、バフェットが指数やほかのファンドマネジャーのパフォーマンスを楽々と上回るのに慣れてしまっていた。ところが、このときはほかの投資家たちが破格のパフォーマンスを上げているのを傍観するという立場に立たされていたからだ。もちろんバフェットもかなりのパフォーマンスを上げてはいたのだが、それでも彼らは損をしたような気分になっていた。そして、この「損」に対する反感が、イケイケ投資に参戦しろというプレッシャーにつながった。しかし、バフェットは投資家として断固たる態度で、次のように語った。

私は、自分がロジックを理解できるこれまでの手法をやめるつもりはありません。たとえそれが簡単に手に入る大きな利益を見送ることになったとしても、自分が完全には理解しておらず、実践して成功したこともなく、資本の相当額を永遠に失う可能性がある方法を使うつもりはないのです。[34]

そしてバフェットはパートナーシップを解散してしまった。これは、株式市場を股にかけて活躍してきた彼の見事な行動だった。しかし、彼にすれば群衆に混じって知らない手法を使うことや、信頼できる理論がない方法を使うことなど考えられなかった。そこで、この問題に直面したとき、彼はよく考えて責任をとった、つまりこの問題を排除したのである。

彼が内面の不一致について、これが自然発生的なもので現実を見るレンズをゆがめるかもしれないと認識していたのかどうかは不明だが、バフェットはすでに自分の行動を観察し始めていた。

初歩的な自己分析によって、私は全力で努力しなければ私に資産を託してくれた人たちに公表した目標を達成することはできないことが分かりました。[35]

ここには、バフェットが名前は知らなくても先約という心理的な力に気づいていたことを示すヒントが見える。彼はすでに目標を下げ、責任を減らしていたが、それでも自分自身とパートナーに対して誠実でいるためには、この世界にいるかぎり全力で突っ走ってマーケットや同業者に後れをとらないようにしていなければならない。しかし、重しが外れて彼が価値だと考えていた値が無意味になってしまった株式市場において、それは危険なことだった。そこで彼は身を引くことにしたのだった。

マンガーの影響

「私はグレアムの教えに従って割安株を買っていましたが、チャーリーはそれだけではダメだと言って軌道修正してくれました。（中略）グレアムの限定的な見方から抜け出すには強力な力が必要でしたが、それがチャーリーの知性でした」――ウォーレン・バフェット[36]

バフェットに内省的な傾向があったことは間違いないだろう。彼は、この時期にすでに精神の働きや特定の行動をもたらす原動力に注目していた。ただ、まだその全体像は見えていなかった。

このままパートナーシップを続けた場合の落とし穴は分かっていた。しかし、この洞察をもってしても、バークシャー・ハサウェイやシケモク投資を続けることや、組織由来の旧習のメカニズムに関して心理的に同様の落とし穴があることは分からなかった。これは、まだ自分の内省の枠組み――ひとつひとつの要素を結び付けるリンクで、彼の行動全体を解明する分析システム――が出来上がっていなかったためだろう。

そこに、その枠組みを持った男が登場した。チャールズ・T・マンガーである。バフェットより八歳年上のマンガーは、バフェットにも引けを取らない非凡な人物である。バークシャー・ハサウェイの成功に対する彼の貢献は計り知れない。人によっては、偏屈で横柄で傲慢なマンガーをかんに障ると感じるだろう。彼が若いころにオマハからカリフォルニア州に移ることを決めたことについて、経済的にはオマハにいたほうが楽だったし、バフェットやピーター・キーウィットのような著名な実業家ともっと早く知り合えたかもしれないと言いつつ、「そのほうが彼らももっと成功したかもしれない」と付け加えるのを忘れない。[37]彼の友人のリック・ゲーリンは、「彼はよく『私が正しい。君もバカじゃないからそのことはいずれ分かるさ』と言っていた。（中略）そして実際に、彼が正しいことが多かった」と語っている。[38]

しかし、その自信満々の態度が、グレアムの教えに固執するバフェットをそこから引き離すことにつながった。バフェットとマンガーが初めて出会ったのは一九五九年で、二人は非公式ながらすぐに一緒に仕事をするようになった。つまり、バフェットがバークシャー・ハサウェイの経営とグレアムから「逃れる」ために苦しんでいたとき、実は「西海岸の哲学者」の友人の教えが始まっていたのだった。[39]

今日、「投資前の評価基準に安全域を含めること」という原則を除いて、バフェットはグレアムの株価評価の手法から完全に脱却している。そして、その代わりに永続的な事業を探している。企業が生み出す価値、例えば、想像力やサービス、ブランド、販売力、経営力、固有の利益率、成長機会を開拓する能力によって継続していく企業である。なかでも、彼は会社のオーナーのように行動できる経営能力に価値を見いだしており、それには貸借対照表上の資本の使い方が参考になるが、その使い方から必ずしも結果を推測できるわけではない。

この大きな変化をもたらしたのがマンガーだということを、バフェットもきちんと理解している。マンガーは、グレアムの理論にはあまり関心がなく、先に挙げた資質を備えた「良い会社」に投資したいと考えていた。

株式市場の効率が高まってくると、バフェットやグレアムが探すシケモク銘柄はなかなか見つからなくなっていった。そのうえ、バークシャーの規模が拡大したことで、たとえシケモクが落ちていたとしてもそれが全体のパフォーマンスを向上させるほどの一服にはなかなかならなくなっていた。さまざまな偶然が重なり、まさにぴったりのタイミングでバフェットはマンガーの影響を受けたのだった。

マンガーの手法には、企業の将来の経済性にかかわる要素の分析が必然的に含まれていた。このなかには、例えば経営者の株主に対する姿勢や経営者の資質と企業文化、業界の競争力などといった要素があり、それらはバフェットがまさに経営者として直面している問題だった。

マンガーには、問題を逆にして見る癖があった。彼は、「何がうまくいくか」ではなく、「何がうまくいかなくなるか」を考え、どこに間違いが起きそうかを特定するのに全力を注いでいた。特に経営さえしっかりできていれば万全な企業に関してはそうだった。

バフェットもその影響を受け、やがてその効果が現れた。自分の間違いを分析し、他人の間違いを理解し、それを間違いを繰り返すバークシャー・ハサウェイの経営問題と比較することで、バフェットは知識創造を迎えるに至ったのである。

そして、最後の仕上げがマンガーのメンタルモデル（物事の見方や行動に大きく影響を与える固定観念や、暗黙の前提）の枠組みだった。

マンガーのメンタルモデル

神経生理学者のウィリアム・カルビンは、「特に知的な人の多くは、一度にたくさんの考えを『素早く』処理できるようだ」と言っている。[40] これこそマンガーである。バフェットは、初めてマンガーに会ったとき、彼の頭の良さに強い感銘を受けた。のちにバフェットは、「チャーリーは特別な訓練を受けたわけでもないのに、直観で投資についてこれまで出会っただれよりもよく理解していました」と語っている。[41]

マンガーは知識を得ることが大好きで、それを追求することが彼の原動力になっている。彼は、「新しいことを学んだとき、それが重要なことで、もし使えれば自分やほかの人たちの役に立つと思うとワクワクする」のである。[42]そしてマンガーは、その知恵をただ蓄積するだけでなく、応用することができる。

マンガーは、金融論にとどまらず、あらゆる分野の本を読み、すべてにおいて「理由」を追求していく。ただ、彼はやみくもに読んでいるわけではなく、自分のメンタルモデルの枠組みに沿って知識を体系的に取得していく。このモデルを使うことによって、彼は膨大な知識から知恵を引き出すことができるのである。マンガーは、知恵について次のように語っている。

第一のルールは、バラバラの事実をつなぎ合わせようとしても何も分からないということだ。事実は理論の枠組みに当てはめていかなければ、使える形にはならない。[43]

マンガーは、数学、生物学、化学、物理学、経済学、確率論、進化論、行動心理学などの分野のモデルを組み合わせた「理論の格子」を構築している。ちなみに、ここに挙げたのは、ほんの一部の主な分野でしかない（すべてを挙げれば一〇〇くらいの分野になるが、特に重要なものがいくつかある）。彼は自分の周りの世界を観察してそれをこの格子のフィルターにかけて選別し、すべてのことを解釈している。

マンガーは、解析問題、仮説、問題点にかかわる情報、経験、データなどすべてのことを、自分のモデルのなかに存在する規則や法則や関係や啓発性や拒否すべきものに該当するかどうかと考える。そして、これらが彼の世界に表現の場を与えられると、それが彼の認知を秩序づけ、浄化し、強化する。マンガーにとって、この選別作業こそが、知識を知恵に変える過程なのである。

だからこそ、彼がバフェットと出会ったとき、初めての分野だったにもかかわらず、マンガーの投資に関する資質が伝わったのだろう。バフェットが話すと、マンガーは自分のモデルに沿ってコメントしていく。投資の過程でカギとなる原則や規則や関係性が自然に浮かび上がり、それがマンガーの世界にあるものならば会話のなかで雑談と分離される。そして、マンガーは自分の枠組みから引き出した推察で素早く基本的な金融論を組み立てていくのだ。これは一度の会話でバフェットに感銘を与えるのに十分な能力であり、実際にバフェットは大いに感銘を受けた。

バフェットはマンガーについて、「チャーリーは三〇秒で本質を見抜くことができる」と評している。[44]

行動心理学から見た組織由来の旧習

マンガーが自分のモデルのなかでもっとも価値が高いとみなしているのが心理学で、人間の行動を理解するために重要な心理学の原理を二〇ほど暗記している。

彼は、心理学から得た教訓について次のように語っている。

あなたの脳は回路などが不足しているから――無意識のうちにいつも近道を行こうとするため（中略）ある特定の状況になると、認知機能障害を引き起こし――カモになる。[45]

言い換えれば、人間は偏見や経験則や感情を判断に組み込むようにできている。しかし、それが必ずしも適切な結果をもたらすわけではない（特にその仕組みに気づいていない場合は）。つまり、マンガーは組織由来の旧習の背景にある力学を正確に見抜いていた。

人間は太古の時代から、生き残ることと自己の利益を最重要課題として忠実に守ってきたが、当時は資産を効率的に配分する必要がなかったため、その認知機能障害から組織由来の旧習が生まれた。そして、この太古の思考のなかには、以前のやり方を踏襲しないことに対する恐怖、言い換えれば、それまでの自己の定義から逸脱する恐怖と間違いを認めることに対する葛藤がある。必死で生き残ろうと努力してきたなかで、このような行動をとれば何とか踏みとどまることができ、最後には成功するチャンス（遺伝子を残すこと）まで残されていたからである。自分の認知装置の限界と、それ以上にほかの人たちの限界を認めると、バフェットの資産配分に対する構想は洞察に満ちたものになった。彼はすでに次の事実をつかんでいた。

●経営者として社員にただ命令しても、彼らがそれに従うことは期待できない。何か別の方法、つまり別の形のリーダーシップが必要だ。彼らを動かすには、彼らが自らの動機で動くようにし向けなければならない。

●事業にかかわると、もともとの思考とは乖離して自己の利益を重視した独自の力学が生まれる。

●経営者の雇い主の心理的要求は、彼らに代わって経営している経営者の手法によって変わる恐れがある。

●バフェットの投資対象となる間違いを繰り返す企業も、かつて彼が経験したのと同じ問題を抱えている――人事管理、自己の利益や成長とオーナーの利益との関係、さまざまな動機を持つ株主の期待に対処することなど。

しかし、今ではこれらの事実はただひとつのことを指している。ついに、これらの経験が役に立つときが来たのである。

枠組みが出来上がると、バフェットは知識創造を経験した。これが彼に投資資産を配分するときの人間の状態の特質について圧倒的な理解をもたらし、その状態における思考の前では経済理論など放棄されてしまうということが明らかになった。組織由来の旧習のメカニズムが浮かび上がってきたのである。

バフェットは、この問題は知性とは関係ないと結論づけた。これは考え方や思考回路の問題であり、投資資産配分の判断をどのような動機に基づいて下すかということなのである。今日、効率的市場仮説の支持者たちが、バフェットは単に運が良かっただけだという非難をバフェットが喜んで認めるのはそのためである。

何千人もの投資家がいるなかで常に割安株を買い続けることなど一人の人間の力でできるわけがない、という見方が多数を占めるなかで、バフェットの実績に注目した学者たちは、彼は統計的アノマリーだと結論づけた。『ライアーズ・ポーカー』（パンローリング）の著者であるマイケル・ルイスは、彼らの意見の基となった原則を次のようにまとめている。「バフェットが金持ちなのは、ランダムなゲームがたまに大きな勝ちをもたらすからだ」[46]

たくさんの熟練プレーヤーが長期にわたって投資していれば、だれかが連続して驚くべきパフォーマンスを上げる可能性はあるだろう。それがたまたまウォーレン・バフェットだったということで、彼はラッキーなだけだ、というのである。学者たちも、バフェットの実績を見たほかの人たちと同じ間違いを犯した（これが単に投資家としての成功だとみなしたこと）にもかかわらず、バフェットはそれに賛同した。
ただ、学者たちの見解とは少し違っていた。彼は次のように言っている。

私はついていました。速く走ることはできませんが、活発な資本主義経済の下で成功するための特別な知見が備わっていました。[47]

バフェットは、彼自身がどう感じているかを調べて、そこに問題があるということが分かった。彼は、この自分の思考の間違いを認め、それをしたことで、投資資産配分において同じ間違いが何度も繰り返されていることに気づいた。そして、もしこれが誤った決断によるものならば、唯一の解決方法は、マンガーのメンタルモデルの枠組みを使って脳の回路を修正するしかないと考えた。

マンガーの枠組みは、すべての情報を彼の脳を経由させて一〇〇程度あるモデルから成るフィルターを通過させることで機能する。[48]今では、バフェットも行動に移す前にこのフィルターを使ってあらゆることを確認している。脳への通常ルートは、分析の近道や組織由来の旧習に固執してしまいがちだが、このフィルターのメカニズムを使うと、マンガーいわく「さまざまなことが少しずつ組み合わされることで認知を強める」。[49]これらのフィルターは、バフェットのあらゆる場面のあらゆる判断において彼の経験則となり、どの情報に注目してどのように処理すべきかを教えてくれている。

投資資産配分に携わる大部分の人とは対象的に、バフェットはこれに適合した。彼は、「私は実業家である分、優れた投資家になれたし、投資家である分、優れた実業家になれました」[50]と明言している。そしてさらに、「私は進化しました。猿から人間になる道のりは（中略）スムーズではありませんでした」[51]とも言っている。しかし、今ではこの仕事にぴったりと適合している。

そうするなかで、もし企業経営においてオーナーのように行動するという彼の展望が達成できるならば、組織由来の旧習が定着しない組織を作らなければならないということが明らかになってきた。そのためには、彼自身と幹部社員の動機が同じ目標――企業が使う資本に対する利益率を測定して、ほかのあらゆる機会と比較することと、株主とのフィードバックループを拒否するのではなく強化していくという目標――に向かっているようにしておかなければならない。

次章は、バフェットがこれをどのように達成したのかについて説明していく。

第3章　リーダーシップと資産配分

「四五年前に、ベンジャミン・グレアムが投資において途方もない結果を得るためには途方もないことをする必要は必ずしもないと教えてくれました。のちになって、同じことが企業経営にも当てはまることを発見して驚きました」――ウォーレン・バフェット[1]

「賢く制御できている状態は、まるで制御していないか自由にさせているように見える。だからこそ、賢い制御なのである。賢く制御できていない状態は、外部から支配されているように見える。だからこそ、賢く制御できていないのである」――老子[2]

バフェットが、ほかの企業にはないバークシャー・ハサウェイの強みについて語ったり、投資の助言をしたりするときに、株の評価方法に関する話は出てこない。

彼はバークシャーの強みについて、「いくつか有利なことはありますが、一番は私たちが戦略的な計画を持っていないことです」と語っている。[3]

バークシャー・ハサウェイの業績については次のように言っている。

これらの数字は、一九六五年にでっちあげた基本計画によって達成したものではありません。当時の私たちは、自分たちが何を達成したいかは分かっていたのですが、具体的にどのような機会がそれを可能にするのかは分かっていませんでした。当社は今でも組織化はされていませんが、時間の経過とともに、業績は伸びると期待しています。（中略）ただ、その方法を記した計画はありません。[4]

この分野に特化した企業であるCPSのスティーブン・シュナイダーは、戦略計画とリーダーシップは表裏一体だと指摘する。そして、戦略とは「将来優位に立つために組織の位置づけをする過程」であり、企業に影響を及ぼす内外の要素を深く理解していなければできないことだと定義している。また、「リーダーシップとは、戦略の効果を高める武器」で、そのためには「説得力のある議論を明確に伝えることによって、ほかの人たちがそのメリットを理解し、行動しようとする」ことが必要だという。[5]

株式を公開している企業の会長が戦略計画を持たないと明言するのは、非常にまれなことである。シュナイダーの定義に従えば、計画を持たない会長にはリーダーシップをとるための基盤がないため、リーダーシップを放棄していることになる。

同様に、バフェットは将来の計画も持っていない。普通ならば、不明瞭な分野で部下を率いていかなければならない立場にあれば、このようなことは怖くてできないだろう。

経営者や社員だけでなく、人はみんな戦略計画が示す見通しを求めている。反対に、みんな不確かなことを嫌いそれを懸命になくそうとする。だからこそ、文化が発達してサバンナに代わる新しい居住地を獲得すると思考回路が進化し、「情報がない場所の脅威を排除するため」に直感的に地図を作ってその土地の地形を把握しようとしたのだとスティーブン・ピンカー（心理学者）は言っている。[6]

戦略計画は、企業の経営者や社員にとって不確かな将来に道しるべを置いていくという役割を果たしている。計画は、企業を方向づける。社内的には社員にそれぞれの役割や、どこを目指し、そこにどのように行くのかを伝えてくれる。また、社外的にはその進捗状況を示し、その企業が営業している市場の形成を助け、需給を計画的に操作して経営者の希望に沿った形にしていくなどの影響を及ぼすことができる。

つまり、シュナイダーの言うとおり、戦略計画はリーダーシップの手段なのである。そして、不確かなものに感じる恐怖を嫌うという私たちに備わった性質を制御するメカニズムでもある。私たちは、この計画を支配することで不安を克服しようとする。ところが、バフェットはこのような手段を持たないことを宣言している。不確実なことに直面しても、彼は、社内も社外も支配しようとは考えていない。

もちろん彼は、長期間にわたってバークシャー・ハサウェイの価値を年率一五％ずつ増やしていくという明確なゴールを持っている。ただ、それをどのように達成するかということについて、あらかじめイメージを描いたり、社員に特定の方法を示したりすることはない。

バークシャーでは、将来どのような業界や事業に参入するかという見通しはありません。（中略）それよりも、所有したい企業の経済資質と経営者の資質（一緒に仕事をしたいような人物かどうか）に注目し、その両方を備えた企業が見つかることを期待しています。[7]

バフェットは、企業の環境や計画、予算、予想、管理（命令によって過程や社員や結果を管理すること）などは単に不確実なことに対する恐怖をほかの恐怖に置き換えているだけだと考えている。この感情は、一カ所に押し込められると、太古の行動規則に従っていない恐怖という形で噴出する。このことが、戦略の予期しない障害なのである。

バフェットにとって、戦略計画は組織由来の旧習の始まりであり、これによって経営者は資産配分者としての展望を奪われたりなくしたりすると考えている。

そこで、彼は自分の展望を持ち続けるため、自分の組織から戦略計画をなくした。そうすることで、この力学が組織を乱す前にそれを抑えこみ、オーナーのように行動することに集中できている。

バフェットは、企業の経営と子会社の経営者の管理に関して、彼の立場にあればほとんどの人が執着する支配ということをやめてしまった。戦略的に見れば、バークシャー・ハサウェイは動きが鈍いし、バフェットは子会社の経営についてほとんど何もしていないように見える。しかし、彼も子会社の経営者たちも、オーナーのように行動することが仕事だという視点を失ったことはなく、そのことがこの手法の裏づけになっている。

＊＊＊＊＊＊＊＊＊

組織由来の旧習の動きを阻止する

「二五年間にわたって実にさまざまな企業を買って経営してきましたが、チャーリーも私も企業の難問を解決する方法はいまだによく分かりません。ただ、そういう問題を避ける方法は学びました」――ウォーレン・バフェット[8]

「私の経営手法は、実際の経営を通じて出来上がっていきました。（中略）ウォーレンと彼の実例からは、ほかのだれからよりも多くを学びました」――チャック・ハギンズ（シーズキ

ヤンディーズ）[9]

バークシャー・ハサウェイのなかで組織由来の旧習の問題の影響を最小限に抑えるために、バフェットはその動きを抑えようとしている。これまで見てきたように、そのための主なメカニズムは戦略計画を立てないということだった。彼は次のように語っている。

年率一五％の利益を上げるためには（中略）いくつかの大きな案件が必要です――小さい案件では無理です。パートナーで経営を統括しているチャーリー・マンガーも私も現在そのような案件を持っていませんが、これまでの経験から言えば、それがときどきふいに現れるのです（これを戦略計画と呼ぶのはどうでしょうか）。[10]

安心を得たくて戦略計画に固執する人や、戦略計画に沿って行動する人にとって、バフェットのような考え方は不安を煽る。バフェットは、不確実な状況にあっても支配することを放棄する。彼は、バークシャーで驚くほどあいまいな経営をしている。実際、彼は活動的というよりも無関心に見えるし、人に何をすべきか明確に指示したり、どうしたら目標を達成できるかを教えたりすることもない。彼は、環境に積極的に働きかけるのではなく、環境に対応している。彼が何かを管理しようとするとはとても思えない。

そこに動きはないのである。

組織由来の旧習が活発になるためには、その影響を組織全体に絡めながら広げていくための基盤がなければならない。そして、その基盤が戦略計画なのである。

企業の戦略計画は、社員に一貫性を維持しなければならないという責任感を植えつける。これらの計画は、それ以外に資産を使える可能性を排除することと、成長路線に向かうこと（たいていそこには自己の利益がある）に関して対立を生む。バフェットが、自分が選んだどの企業への関与も拒否している理由はそこにある。

以前に子会社に関与してこのような状態に陥ったことがある彼は、同じことにはならないと決意して次のように語っている。

当社は鉄鋼会社ではありません。製靴会社でもありません。何をしている会社でもないのです。保険業界では大きな地位を占めていますが、それにすべてを捧げているわけでもありません。私たちは、特定の道を行けと命令するつもりはありません。だから、資本を道理にかなう投資先に移すことができるのです。[11]

投資資産を配分する会社と組織由来の旧習

「組織由来の旧習の問題を無視して高くつく間違いをいくつか犯したあと、私はその影響を最小限に抑えるようにバークシャーを組織し、経営してきました」――ウォーレン・バフェット[12]

「資本を集めて道理にかなう投資先に移すこと」にこそバークシャーの存在理由がある。資本配分において特定の配分先に関与しすぎないという決意があれば、実際には保険を引き受けていても、菓子を製造していても、パイロットを訓練していても、本当の仕事が資産配分だということを見失うことはない。

そして、このことが次の理由にもなっている。

チャーリーも私も決まった方向に進んでいく必要はないと思っており、（中略）それよりもこの会社のオーナーにとって何が有意義かという基準で判断を下しています。そのときに必ず、自分が考えている方法と私たちに与えられたたくさんの機会を頭の中で比較しています。（中略）このように比較する習慣は（中略）事業を拡大することしか考えていない経営者にはない規律です。[13]

これまで見てきたように、バークシャー・ハサウェイにおける子会社への関与が、支配することではないという理由はここにある。「私たちは、この会社を好きな分野に拡大していくことができます。私たちの領域は、歴史や構造や概念に束縛されることがありません」[14]

もし企業の経営者がこのような考え方を取り入れ、それを続けることができれば（現在の関与の仕方では最も難しいことかもしれないが）、それまでよりはるかに効率的に資本配分ができるようになるだろう。しかし、残念ながらこのような考えを持つＣＥＯ（最高経営責任者）はほとんど（あるいはまったく）いない。バフェットは次のように言っている。

ＣＥＯが毎年、自己資本の一〇％に当たる収益を一〇年間留保していれば、運転資本の六〇％以上を事業に配分していることになります。[15]

しかし、と彼は続ける。

社長の多くは、資産配分が得意ではありません。ただ、彼らの力不足は驚くことではないのです。社長になる人は、販売や製造や技術や管理など何らかの分野で優れていたか、社内の駆け引きがうまかったことでその地位まで上り詰めた人が多いからです。しかし、ＣＥＯになれば新しい任務として資産配分の決断を下す必要が出てきます。ところが、これは重要な仕事であるにもかかわらず、彼らにはまったく経験がないかもしれないし、簡単に極められることでもありません。大げさに言えば、才能のある音楽家の最後の舞台がカーネギーホールでの演奏ではなく、FRB（連邦準備制度理事会）の議長に指名されるような話です。（中略）その結果、アメリカの実業界では数多くの無意味な資産配分が行われています（だからあちらこちらで「リストラ」が行われているのです）。[16]

資産配分は彼らがすることではない。もちろん、資産は彼らが管理している人材や製品、販売、研究開発、工場と機械などのDNAではあるが、それは基本的に目には見えない。モノやプロセスというのは、実際に手で触ることができるものなのである。彼らの経営者としての役割はそのことを前提に定義されており、その妥当性を検証するのも彼ら自身であることから、彼らに都合がよいようになっている。

経営者の報酬（彼らのエゴではない）が企業の規模に比例していることを考えれば、彼らが長くその地位にいると倒産リスクの低さやストックオプションを持っている場合にはそれを行使する可能性が大いに高まり、彼らの利益は成長戦略という決意で示される。自分の役割に対するこのような見方は、単に人間の本性がなせることなのである。

バフェットの洞察――企業の救世主

「毎年、年末におけるバークシャーの株主のうちの九七％は年初にも保有していた人たちです。彼らこそが救世主です」――ウォーレン・バフェット[17]

投資家から経営者へと変わっていったバフェットは、普通とは違うルートでトップに就いた。そのため、彼は経営者の機能について昔も今もまったく新しい洞察を持っている。投資家として彼が直面する課題は、可能な機会のなかから価値があるものを探し、そのなかで最高のリターン（リスク調整後）を提供するものを買うことである。

投資家は、割引現在価値が最も安いものを買うべきであり、その会社が成長するかどうかや、収益が変動しているのかスムーズなのかや、現在の収益や簿価と比較して割高か割安かということはまったく関係ありません。[18]

バフェットは、投資家として資本を抽象化、つまり資産を用いて生み出されるキャッシュフローの現在価値としてとらえる習慣が身についている。この抽象化は子会社の経営者にとっても有効で、彼らも事業をこの基準で評価する習慣がついている。バフェットは、子会社の業務管理から物理的に離れることで、ジャック・ウェルチ方式を学んできた経営者たちにとっては当たり前でないこの知的な視点を得ることができた。この見方をＣＥＯという機能に持ち込んだバフェットは、経営者でも鉄鋼会社の幹部でも保険会社の幹部でもなく、投資資産の配分者になった。

バフェットは自分自身を資本市場――資源を経済のなかで最も効率的に使えるところに配分するための場――の一部分だと考えている。実際、自己相似的に言えば、彼自身がワンマン資本市場であり、彼のコア・コンピタンス領域のなかで最も有効利用できるところに投資資産を配分している。

彼は自分が管理している投資資産について二つの特性を認めている。

①代替が可能。投資資産は確かに何らかの活動に結び付いて形となるが、バフェットは対象の肉の部分ではなく、ＤＮＡを見ている。つまり、彼の関心は対象そのものではなく、配分したすべての資金が生み出す結果にある。もしかしたら、ほかの対象のほうがより良い結果を生み出すこともあるかもしれない。

②バフェットは、投資先から生み出される結果を株主（このなかにはもちろん彼自身も含まれている）に代わって管理している。彼は、自己の利益を保険の引き受けや小型装置の製造ではなく、ほかの人たちの蓄えを運用をすることに見いだした。彼は、資産を彼に預けてくれ

る人たちのために、バークシャーで資産配分することで大事に運用している。

バフェットは、長期間バークシャー・ハサウェイに投資すれば、株主は「稼いだお金をすべて使ってしまっても、自動的に蓄えができています」と言っている。

バークシャーはすべての収益を留保することで、株主に代わって「貯蓄」し、この蓄えを使って会社や証券を買っています。より安く買うことができれば、バークシャーのオーナーたちの間接的な貯蓄プログラムの利益は増えていきます。[19]

これが、企業経営においてオーナーのように行動するということなのである。

経営者の多くは、このような視点を持っていない。もし彼らが投資資産配分者としてマーケットに何らかのかかわりがあるとすれば、彼らは資金を投資して運用をするべきであるが、実際には彼ら自身のためにその金を浪費しているのである。ＣＥＯの多くは、株式市場について、自分の本来の仕事――組織由来の旧習に従って事業を拡大すること――を複雑にするだけの厄介なものと考えている。なかには、投資資産配分のことなどまったく考えていないＣＥＯもいる。

ジャック・ウェルチが考えるＣＥＯは、バフェットのそれよりも変化に富んでいるかもしれないが、明確さと焦点とさらに大きな目標感が欠けている。

ＣＥＯという仕事はバカげている。頭の中では、目標をこえること、荒っぽいこと、楽しいこと、法外なこと、狂ったこと、情熱的なこと、永久的なこと、ギブ・アンド・テーク、夜まで続く会議、素晴らしい友情、高いワイン、お祝い、手入れの行き届いたゴルフコース、実社会で下す大きな判断、危機とプレッシャー、浮き沈みの繰り返し、何本かのホームラン、勝つことの興奮、負ける痛みなど、さまざまな考えが渦巻いている。[20]

見方によっては、投資資産配分もこのなかのどこかに含まれている。ただ、ＣＥＯが企業の救世主だという考えは絶対に入っていない。

実際、ＣＥＯの役割に関するバフェットの見方とウェルチの見方を比べると、冷戦の最盛期にある新聞が掲載した記事の話を思い出す。あるジャーナリストが、アメリカの大統領とソ連の書記長に、別々にクリスマスには何が欲しいかと尋ねた。翌日、一面に載った見出しは次のようなものだった。

ブレジネフはクリスマスに世界平和を望み、カーターは籠いっぱいの砂糖漬けの果物を望む

これは見方の違いであり、大局観の違いであり、自分を文脈のどこに置くかの違いである。そして、バフェットが戦略計画を持たない理由もここにある。それを追求することで、彼も投資資産の配分において見通しを失うリスクを負うことになるからである。関与すると引きこまれてしまう。バフェットいわく、「素晴らしい展望を求めてベンチャーに投資することは、大手企業の株主にとって毒になることが多いと思います」。[21] そのため、バフェットは資産配分のあらゆる過程で立ち止まってベンチャーとそれ以外のすべての可能性を比較している。

●特定のベンチャーを先に決めておけば、ワナに陥るリスクはない。
●最初の結論はそれを支持する理由を探しても強化されないが、それ自体の正当性と相対的なメリットがあるかどうかは常に問われている。
●それをやめても彼のなかで不一致は起こらない。なぜなら、それ以前に決めた資本配分というさらに大きな目的が優先されるからである。

展望をリーダーシップに変えていく

「彼はやる気にさせるのがうまい。信頼してくれるから、成果を上げようという気になる」

――ビル・チャイルズ（R・C・ウイリー・ホーム・ファーニッシングス）[22]

バフェットは、バークシャー・ハサウェイにおいて彼とマンガーの仕事は二つしかない、と言っている。

一つめは、能力があってすでにお金持ちで（中略）金銭的な理由で働く必要のない人たちが仕事を続けるように仕向けることで、（中略）二つめは投資資産を配分することです。[23]

バフェットが最初に挙げているのが子会社の経営者の動機だということに注目してほしい。彼が目標としている「オーナーのように行動する」ためには、リーダーとして戦略的影響力を行使して、みんながこの目的を順守するようにしなければならない。そのためには、組織の幹部が、バフェットが資産配分をするときと同じような考えを持って行動するようにしたいのである。

バフェットは、もし子会社の経営者をオーナーのために懸命に努力するように仕向けることができなければ、それは彼が経営者として適切な機能を果たせていないということだと考えている。

そこで、理想の経営者になるため、バフェットはリーダーシップの手段としての戦略計画を拒否した。ただ、彼が何の手段も持っていないわけではない。それは、企業の経営者と株主をつなぐかけ橋になるという願いのなかに含まれている展望なのである。

見通しを明確にする――オーナーズマニュアルというミーム

「社員には、もし自分のしたことが明日の地元の新聞に載った場合に、それを妻や子供や友人が見ても恥ずかしくないかどうかと考えて行動してほしい」――ウォーレン・バフェット[24]

この理想を支えるバフェットの哲学はバークシャー・ハサウェイにおける彼の行動や株主とのやりとりのなかに広く行きわたっている。彼は、「オーナーのように行動する」というミーム（高いところからの指令）を組織全体に広めている。これは彼の発言や行動に示されているだけでなく、子会社の経営者のために作成した行動規範にまで明記されている（これについては後述する）。

彼がこのミームを抜き出してまとめたのが、バークシャー・ハサウェイの「オーナーズマニュアル」と言ってよいだろう。面白いことに、この文書は繊維業界で苦戦していた一九八三年までの年次報告書には掲載されなかったが、それ以降は毎年掲載されている。このなかで、バフェットは他人のお金を受託するうえで指針となる原則を明確にしている。

主な原則を挙げておく。

①「株式会社という形をとっていても、私たちはパートナーシップという姿勢で運営していま

す。チャーリーと私は、株主がオーナーパートナーで、私たちが経営パートナーだと考えています。（中略）私たちは、バークシャーが子会社を所有しているのではなく、株主がバークシャーを通じて子会社を所有しているのだと思っています」

②「私たちは、バークシャーの経済的重要性を規模ではなく、一株当たりの成長率で評価しています。（中略）私たちの報酬や事務所の大きさは、バークシャーの財務基盤とは連動していません」

③「経営者の『欲しい物リスト』に、株主のお金を使うことはありません。（中略）株主のお金を使うときは、自分のお金を使うときと同様に、株式市場で直接買う場合の価値と十分比較したうえで実行します」

④「私たちは、結果に対する崇高な思いを定期的に確認すべきだと思っています。留保利益が堅実かどうかは、預かった一ドルに対して一定期間後に少なくとも一ドルの市場価値を株主に還元できるかどうかで査定します」

⑤「事業の価値を評価するときに重視されるプラスやマイナスを強調すると、株主に対して率直な報告ができなくなります。私たちの指針は、私たちが株主の立場だったら知りたいと思う事業に関する事実を伝えることで、私たちにはその義務があります」

バークシャーの「業務の幅広い原則」を株主に説明するために、バフェットはオーナーズマニュアルに子会社の経営者に順守してほしい原則の事例を載せている。

本質的な動機

「もし報酬がなかったとしても、チャーリーと私は今の楽な仕事を喜んで続けるでしょう」
――ウォーレン・バフェット[25]

「彼の最大の強みは、子会社の経営者に好きなように運営する自由を与えていることだ。そうすれば、彼に責任を押しつけることはできない」――ラルフ・シャイ[26]

オーナーズマニュアルは、多くの企業で見られるような宣伝用のくだらない文書――実際にはほとんど失敗に終わるＣＥＯの「志向」を販売部門が理想的に代筆したもの――ではない。これは、バフェットの行動の本質であり、彼が過去に努力してとってきた行動と、将来も間違いなくとるであろう行動が記してある。

バークシャーの経営に関して言えば、このことが企業統治において確固たる優位性を持っており、それはほかの公開企業とは比べものにならない。そして、これが企業の救世主としてのバフェットの誠実さを示している。

ドナルド・ラングボートは、「多くの社員が会社の誠実さの指針が不誠実だと考えていれば、その会社は便宜上言っているだけだと考えてよい」[27]と書いている。こうなると、リーダーは支持を得られない。もし社員がみんな同じ考えを支持しているとすれば、それは現在の支配メカニズムが望ましい行動を推奨しているからで、社員たちが自分を信じて行動しているからではない。しかし、ロバート・チャルディーニは次のように言っている。

> 支配されている人は、（中略）望まれる行動をしていると自覚しているとき、自分は自然にそのような行動をとっているのではなく、支配者に威圧されているからだと考える。そして、自分は自らのために望ましい行動をとることにはあまり関心がないと思ってしまう。（中略）そのため、彼らは支配が及ばないところでは、望ましくない行動をとる可能性が高い。[28]

本質的な動機――正しいと信じて特定の行動をとること――がなくなると、努力をしなくなるし、適合性も低くなる。そこでバフェットは、子会社の経営者たちにその逆のやり方で臨もうとしている。経営者たちが、自分の行動に対して精神的な責任を負ってほしいと望んでいるのである。

バフェットは、経営者たちにどう行動するかを教えるのではなく、彼らの内面から来る声に敬意を払ってほしいと思っている。そこで、バフェットは彼らに「オーナーのように行動しろ」とささやきかける声を植え付けた。

チャルディーニは、このように動機づけをした場合の効果について報告している。[29] まずはジョナサン・フリードマンが行った実験を見ていこう。何人かの男の子にそれぞれいくつかのおもちゃを与え、そのなかのロボットで遊んだら痛みの伴う罰を与えると伝えた。すると、フリードマンがそこにいる間、男の子たちはそれを守った。しかし、六週間後に同じ部屋に行ってみると、フリードマンがいない間、男の子たちのほとんどがロボットで遊んでいた。外部から押し付けられたルールは守られないのである。

次に、フリードマンは別の男の子たちにも同じルールを伝えた。ただ、今回は「ロボットで遊ぶのは間違っているから」という理由を付け加えた。このときも、彼らは最初指示を守っていた。ただ、前回と違ったのは、六週間後もほとんどがこのルールを守っていたことである。

この違いは、後者のグループのルールが内面から出ているということで、男の子たちがロボットで遊ばないと決めたのは、彼ら自身がロボットで遊びたくないからだった。男の子たちは、彼ら自身の責任で行動していたため、フリードマンやそれ以外のだれかが行動を監視して外からのプレッシャーをかける必要はない。また、ロボットで遊んでほしくない理由を説明してあるため、フリードマンも彼らを信頼することができる。マンガーもこれと同じような見方をしている。

どんな質問にも「なぜ」と答えるモデルに知識を次々と入力していけばさらに良い考えが浮かぶように、質問を受けたときには必ず「なぜ」と答えていれば、彼らはそのことをよりよく理解し、より重要だと考え、従う可能性がより高くなる。[30]

子会社の経営者に内面的な行動責任を負わせておけば、バフェットは管理するために現場にいる必要はなく、彼らは自分で自分の行動を管理する。バフェットの「管理しないこと」によって、子会社の経営者が本来持っている動機が育っていき、好循環が生まれるのである。

バフェットの分散モデル

「シーズキャンディーズを買収したことにおける私たちの貢献はただひとつ、この会社に口出しをしなかったことだろう。この会社を買ったとき、同社はすでに素晴らしい文化と素晴らしい商標と素晴らしい評判を確立していた。私たちの貢献は、これをダメにしなかったことだ。多くの人たちがこの会社を買っても、きっとダメにしてしまっただろう。彼らは、親会社が何でも一番よく分かっていると思っているから失敗するのだ」――チャーリー・マンガー[31]

バークシャー・ハサウェイ全体の本質的価値を年率一五％で増やす目的で子会社を経営して

いるバフェットは、子会社の経営には介入しない。バークシャー・ハサウェイには、管理のための正式で具体的なメカニズムは存在しない。その代わりに、バフェットは手綱を離している。彼は必要なときにはいつでも頼れる意見番であり、求められれば助言もする。チャック・ハギンズ（シーズキャンディーズ）はバフェットについて次のように語っている。

彼がいつでも相談に乗ってくれることは素晴らしいことです。彼は、自分が直接かかわっている会社でうまくいったことや間違ったことを調べるだけでなく、直接関与していない会社についても調べ、学ぶべき教訓があればいつでもそれを教えてくれます。[32]

バフェットは常に協力的だが、「コーチに向かって『百パーセント力になるから勝つか引き分けろ』と声かけをするフットボール部のＯＢのようにはならないようにしています」とも言っている。[33] 彼は行動を指示するようなことはしない。この哲学を貫くため、子会社の経営者が助言を求めれば、バフェットは自分の解釈を伝えたうえで、最終的な判断は経営者に任せている。

彼が子会社の経営者に唯一望むのは、「その会社が一族の唯一の資産だというつもりで運営し、それを次の世紀も続けること」[34]だとしている。ただ、そうしていることを「オマハに来て説明したりする必要はないし、バークシャーが予算を承認したり設備投資について意見したりすることもない」と約束している。[35] バークシャーには、子会社が順守したり貢献したりしなければならない中央集権的な予算制度はない。バフェットいわく、「私たちが長年所有している重要な子会社の経営者の多くは、オマハに来たことがないばかりか、会ったことさえない人もいます」。

「私に相談してほしいのは、退職年金の変更と特に大規模な設備投資だけです」[36]（バークシャーの資本に影響が及ぶ程度の規模のプロジェクトであれば、バフェットの資本配分の手腕が生かせるから）とバフェットは経営者たちに伝えてある。

バフェットのオーナーズマニュアルは、主要な社員を正しく方向づけるのに十分な内容が含まれているが、それ以上の拘束はしない。そして、このマニュアルの完成後、バフェットはグランドデザイナーとしての役割を避けるようになった。彼がこの高い理想を運営レベルでどのように実行するかについて、細かく指示することはない。その代わりに、それをするための最低限のルールだけを提供する。彼は、バークシャーが目標を達成するための境界線を緩く定義し、達成するために有効な環境を作り、あとは成り行きに任せている。重要なことは、こうすることで結局は子会社の経営者がバークシャー全体の目的に順守する方法を自分で探すようになることなのである。

バフェットいわく、子会社の経営者たちは、「本当の意味で任されている」[37]

ボイド

私たちの周りには、バフェットの経営モデルとは正反対の手法（命令と支配）があふれているため、彼の固執しないスタイルは無謀にも見える。ミッチ・レスニックは次のように指摘している。

私たちはトウモロコシ畑のきれいな列を見ると、それは農夫が植えたものだと正しく推測する。私たちはバレエを見ると、ダンサーの動きは振付師が考えたものだと正しく推測する。私たちは、家族や学校のクラスなど社会のシステムに参加するとき、権力や支配権が中央に過度に集中していることが多いことに気づく。[38]

例えば、アリの巣や鳥の群の行動を見ると、この複雑な行動パターンはリーダーの集中管理によるものだと考える。ところが、このパターンはそれぞれの個体の相互作用によって決まっており、それぞれは簡単なルールに従って行動しているだけなのである。

この原則は、クレイグ・レイノルズが一九八七年に作ったコンピューターのシミュレーションプログラムによって科学的に解明された。[39] このプログラムは、障害物のある環境に自主的に動く個体（ボイド）の群がいるという設定になっている。それぞれの個体は、物理の基本法則に加えて次の三つの簡単なルールに従うものとする。

①ほかのすべての個体や障害物と最低限の距離を保とうとする。
②近くの個体と速さを合わせようとする。
③前進しながら近くの個体が集まっているところの中心に向かおうとする。

驚くべきことに、このプログラムを動かしてみると、ボイドの群は鳥の群と非常によく似た動きを見せた。つまり、鳥たちの行動は、個体の相互作用から生まれていたのだった。彼らは自己管理されていて、基本計画や中央管理がなくても効果的に機能することができる。言ってみれば、指揮者がいなくても交響曲を奏でられるオーケストラなのである。彼らは、明確な指示を出すルールがなくても、群を作ることができる。

そして、これがバフェットの経営モデルなのである。

最小スペック――バフェットの分散アプローチの巧みさ

「ＧＥには頭の良いリーダーがたくさんいるのだから、それぞれの市場を細かく規定すれば簡単にナンバーワンかナンバーツーになれると言われた。（中略）一五年近く、各市場でナン

バーワンかナンバーツーになるためにせっせと働いてきた。ところが、今になってこの連中が、私の最も基本的なアイデアのひとつが足かせになっていると言っている」――ジャック・ウェルチ[40]

クレイグ・レイノルズは、ボイドを使って簡単なルール（個体に対する最低限の行動指示）で複雑な行動を作り出すことができることを証明した。レイノルズがボイドの行動を支配する三つの簡単なルールをデザインしたように、バフェットも子会社の経営者に対して彼が最低限の形にデザインした外部の行動規則を課している。

オーナーズマニュアルの原則は、組織由来の旧習とは逆の行動を引き出すことで、バークシャー・ハサウェイの株主には自分のお金をほかに使うこともできるということを踏まえて目的を設定している。つまり、バークシャー内で資産配分を受けるためには、収益要件に見合っていなければならない。正しい行動規則があれば、バフェットは自信を持って子会社の経営者の自由に任せておけるのである。

そこで、バフェットはジャック・ウェルチと同じワナに陥らないように、子会社の経営者が自己管理によってバークシャー・ハサウェイのオーナーの関心に見合う行動をとるようなルールを注意深くデザインした。このルールには、次のようなことが課せられている。

①報酬は、行動の内面的責任を負うという原則に沿っている。
②自己の利益は、成長ではなく資本収益率を志向する。
③子会社は最適な資本を全額維持して、超過分をバフェットに送る。
④子会社の経営者が問題を抱えていても、そこに資本を投入しない。

しかし、これらのルールをデザインするに当たってバフェットはレイノルズよりさらに一歩上を行った。彼は人の本性に目を向け、行動を支配する生物情報、つまり私たちの脳の回路の力を借りたのである。経営者たちにどのように行動するかを伝える代わりに、バフェットは彼らが自分の思考回路を使って行動するように仕向けた。こうすることで、彼は本当の最小スペックを確立した。

バフェットの「思考回路を使って飛ぶ」モデルには、経営者に対する細かい指示は含まれていない。また、バフェットの目的を経営者に強制的に負わせるものでもない。経営者の行動は完全に「自然に任せている」のに、それが人間が持てる最も強力な動機を引き出す。外部から強いられたルールに従うのではなく、内部からの力、それがバフェットがバークシャー・ハサウェイ内部に育てようとしている本質的な動機なのである。

うわべだけを見ると、バフェットは子会社の日々の経営にはほとんど干渉していないように見えるが、実際には常に空気のようにかかわっている。ここで重要なのは、支配するのではなく、個体と個体の置かれた環境の相互作用を仲介することなのである。

最小スペック――努力に見合った報酬

バフェットは、報奨制度に関しては非常に慎重で、会社を買収するとその部分だけは変えることが多い。彼はこのことについて、「バークシャーでは、報酬について資産配分と同じくらい筋の通った扱いをするようにしています」[41]とコメントしている。

それくらい大事なことなのである。

バフェットが経営者たちの本質的な動機に頼ってオーナーズマニュアルを順守させるのであれば、まずはそれが正しい行動であることを明確にし、人間の自然な問いである「それは自分のためになるのか」に答える必要がある。これを可能にしているのが、「正しい」行動を適切に（場合によってはかなり）報いる報酬制度である。経営者は自分の行動に内面的責任を負うという原則に従えば、この報酬制度のなかで自分のために努力することが最大の原動力となる。だからこそ、経営者たちは組織のなかで自分が影響を及ぼすことができる部分の成果に対してのみ報酬を受けることになるとバフェットは語っている。

経営者の個人的な成果に関係なく、支払いにむらのある制度を歓迎する経営者もいるかも

しれません。（中略）しかし、そのような制度は企業にとってムダであるばかりか、経営者の集中力も奪うことになります[42]

経営者は、ほかに優先事項があると集中力を失う。同僚により大事なことを任せても、彼らが企業全体のパフォーマンスにかかわるボーナスをもたらしてくれることを知っているからだ。このようにただ乗り行為をする経営者には、ほかにも問題がある場合が多い。

このような傾向を未然に防ぐため、バフェットは次のような制度を導入している。

それぞれの専門分野で目標を達成した主要な幹部に報いる報奨制度では、もしシーズキャンディーズの業績が良くても、バファロー・ニュースに報奨金は出ないし、逆も同じです。（中略）報酬を決めるときは、大きなニンジンを約束したいと思っていますが、その経営者が統括する分野に直接関連している結果かどうかは確認するつもりです。（中略）また、勤続年数や年齢などといった要素が報奨金に影響を及ぼすべきではありません（中略）二〇歳で打率が三割の打者は、四〇歳で打率が三割の打者と同じ価値があります[43]

バークシャー・ハサウェイでは、自分で種をまいた分を収穫する。

ちなみに、ＧＥのジャック・ウェルチはこれとは反対の方法をとった。彼もバフェットと似た制度として「成果を上げれば、たとえ会社全体の業績は悪くても、その分の報酬は払う」と明言した。[44] 理由も理にかなっている。ただ、バフェットが作ったような報奨制度で、ウェルチが求める行動は得られない。ウェルチは、「もしすべての事業をアイデアの宝庫にしたければ、その方針を強化するような報酬を出さなければならない」[45]と言い、「トップ五〇〇人と共有するという考えを強化するための全社的なボーナス制度」[46]も取り入れた。

しかし、これは新たな脅威とチャンスに対応して変化を管理し、経営と会社の形態を変えていくことを意味している。ウェルチが報酬制度を変えた理由はここにある。彼は次のように言っている。

評価方法も変えなければ時代遅れになる。市場の状況は変化し、新しい事業が発達し、新しい競争相手が出てくる。私は常に「われわれが望む行動を評価し、報いているか」[47]と自問している。

バフェットにはそのような心配がない。もし報奨制度を頻繁に変える必要があるとすれば、それは報奨制度のほうが間違っている。資本収益率が二〇％以上に上り、それをすべて再投資しているバークシャーならば、四～五年ごとに見直しがあってもよいところだが、この会社で評価し、報いるべき行動はたった一種類しかない。それがオーナーのように責任を持って再投資を行うということなのである。

最小スペックニ――資本収益率に基づいた報酬とリスク

バフェットは、経営者に努力に見合った報酬の支払いを約束し、その評価方法も伝えてある。評価は彼らの事業範囲の拡大ではなく、彼らの事業で使った資本の収益率が対象となる。

バフェットは、経営者たちに事業を維持するための正しい資本額を教えたりはしない。それは、外部支配の押し付けになるため、その額は経営者に決めさせる。ただ、次のように付け加える。

業務に投資する資本が大きくなると、（中略）追加資本に対しては高い金利を課しますが、放出する資本に対しても同様に高い金利を支払います。[48]

バフェットは、利益率が上がる可能性がある事業には喜んで資金を提供する。彼は新しく子会社を買うと、経営者にこう言う。「今日は何をすると思いますか。これまで取引のあった銀行との関係を切ってもらいます。これからは私があなたの会社の銀行になります」[49]。もし彼らが外部資金を返済しなければならないときは、それもどこかの仲介業者ではなくバークシャーが行うことを約束する。彼は、提供する資本に実際にかかるコストを請求するが、それはこの資金をほかに投資した場合に得られる収益に対する機会費用となる。「資金が簡単に手に入ると、規律に反した判断につながる傾向があります」と彼は言う[50]。

つまり、経営者の成果はそのために使った資本との関係でのみ評価し、経営者の自己の利益もこの基準で定義されることになる。バークシャーの非保険事業が予想可能な利益を継続的に上げていくことが、同社の保険事業における大きな競争力になっていることを考えれば、このような仕組みは不可欠と言える。バフェットはこのことについて次のように言っている。

保険会社の投資運用において、多額の課税所得が繰り返し発生することが分かっているのは、他社にないメリットです。これは、ほとんどの保険会社にはできないことです。ところが、バークシャーの保険会社は、さまざまな分野の非保険子会社から多額の課税所得が流入するため、自信を持ってこれを予測することができます[51]。

通常、保険会社は経営を支える資本の大部分を高格付けの債券に投資しなければならない[52]。しかし、バフェットならばさらに高金利の投資先を探すことができるため、業界水準を上回る投資利益を得ることが可能になる。

ただ、バークシャーの経営者には高い資本収益率を達成すれば報酬が約束されている一方で、リスクも課されている。

例えば、もしラルフ・シャイ（スコット・フェッツァー）が追加資金で素晴らしいリターンを上げることができれば、彼にとってやってみる価値はあります。追加資金で得た収益が一定水準を上回れば、彼のボーナスは増えるからです。ただ、バークシャーのボーナスは二方向に設定されていて、もし追加投資した分の利回りが標準以下であれば不足分はラルフとバークシャーの負担となります。このような二方向の設定にしておけば、ラルフは自分の事業で有利に使えない分をオマハに送るメリットがあります（それも大いにあります）。[53]

上場企業が経営陣と株主を連携させるために、ほぼすべての給与制度を公表するということがはやっています。私たちにとって、連携とは、上向きのときだけでなく、上下どちらの状況においてもパートナーでいることを意味しています。しかし、「連携」計画の多くは、「表が出れば僕の勝ち、裏が出れば君の負け」（どう転んでも損はしない）といったたぐいの巧妙な形になっており、この基本的な合意すらできていません。[54]

しかし、バークシャーでは経営者たちが「本当にオーナーの立場に立っています」。[55]報酬をリスクにさらすというのは重要な概念である。繰り返しになるが、バフェットはどれくらいの資本を使うかというルールを押しつけることはしないが、経営者が自分の経営を自分のために行う（つまり損失を回避する）ことを信頼していると彼らの内面の行動規則に語りかける。損失回避は人間の思考回路から切り離すことができない要素で、これによってテレビ番組の「クイズ＄ミリオネア」ではほとんどの出場者が正解の分かっている問題だけに答えようとする。

最小スペック三——報酬は努力と能力に応じて受け取る

経営者は権限の範囲内で上げた成果に対する報酬を受け取るという原則に従って、バフェットは「成果」も適切に定義されるよう配慮している。つまり、評価範囲が名刺の肩書と見合うようにしている。

バフェットは、才能に対して偏見を持っていない。経営者の成果を見るときは、それをむやみに経営者の資質のせいにするのではなく、むしろ彼らがたまたま運営している事業の質を考える。そのため、多くの人が犯す間違い——優秀な経営者が苦労してやりくりして素晴らしい成果を上げた企業よりも、ファンダメンタルズの力で素晴らしい成果を上げた事業のほうを報いる——は起こらない。後者のように、経営者の才能よりもむしろ彼らが置かれた状況による成果で評価を下すと、それを不公平に感じた経営者がバークシャー・ハサウェイのためではなく、自己の利益のために行動し始める危険がある。

これを防ぐために、バフェットは成果を次のように定義している。

成果は、事業が置かれている経済状況によって変わります。経営者のなかには、自ら生み出したわけではない追い風に乗っている人もいれば、避けることができない向かい風と戦っている人もいます[56]

バフェットは、それぞれが経営する企業の難しさに合わせて報酬制度を決めているため、子会社との「契約書の内容は事業の経済的な特性に合わせて変えています」[57]このような視点を持つことで、彼は難しい環境下で「奮闘」している「優秀な経営者」[58]の成果を認め、報い、奨励することができる。バークシャーの経営者たちは能力に応じて報酬を受け取っており、過去には業績が劣る事業の経営者でも「あらゆる点で儲かっている事業の経営者と同じように優秀」[59]だと評価されていたケースもあった。バフェットが個人と環境を分けて考えることによって、バークシャーの経営者たちは意欲をそがれることがない。

最小スペック四――立ち止まっていることが必ずしも負けではない

資本収益率に基づいた報奨制度とボーナスにリスクも伴う制度によって、子会社の経営者たちは成長ばかりを求める偏った考えを自然に捨てることができる。拡大戦略を排除しているわけではないが（拡大によってリターンが上がることもある）、通常はこれが利益率の高い戦略とは言えないし、バークシャーにとっても経営者にとっても高くつくことになるかもしれない。

彼はこのことを、報奨制度の二つの点において強化している。まず、拡大戦略におけるストックオプションの仕組み（長く務めることで報酬を得て、会社が拡大すればそれがさらに増える）を考慮した結果、オプションを絶対に使わないことにした。バークシャー・ハサウェイでは、長く務めていれば運良く大きな利益が得られることを目指して拡大するということは奨励されていない。

二つめに、バフェットは「基準を上げてさらなる成果を求めることはしない」[60]。言い換えれば、与えられた業界の与えられた状況で素晴らしい仕事をしてボーナスを得たのであれば、翌年にその判定基準を厳しくするようなことはない。経営者たちは最高速度で前進すればいくらでもメリットがあるが、立ち止まっていてもその状態で素晴らしい成果を出していれば失うものはない。毎年ハードルを上げていくＣＥＯの下では、経営者が「確定した」利益の一部を翌年のために取っておいたり、今年の利益を抑えて来年のボーナスにつなげようとしたりするような行動を促すリスクがある。

最小スペック五――余剰資金をオマハに送る

バフェットは、余剰資金の意味を明確にして、それを彼に送ることを義務づけている。バークシャーにおける余剰資金とは、自力で利益を得られるすべての可能性を追求したあとに残った資金で、それを手元に置いておけば損失が生じる恐れがあるものを指す。

これは非常に単純なルールだが、非常に強力でもある。

バフェットは、余剰資金の活用が経営において最も欠けている部分だと考えている。通常、経営者は自分たちを投資資産配分者ではなく経営者だと考えているため、組織由来の旧習を呼び込むことになる。バフェットは次のように観察している。

資金をオマハに送ることによって、経営者たちは事業から生じた現金を活用する責任を負っているると直面するさまざまな誘惑に気を取られないですみます。[61]

言い換えれば、バークシャーの余剰資金の配分を支配することで、バフェットは組織由来の旧習に影響を受けやすい経営者から資金を吸い上げて、そうでない経営者（順応してそうなった人）に渡すことができる。

最小ルール六――損失を悪化させない

それでは、本当に困っている経営者はどうなるのだろうか。すでに困難な課題だと認められていてもどんどん悪化しているとしたらどうなのだろうか。

バフェットはバークシャー・ハサウェイ内でその人たちの地位を保証している。彼は恐ろしく信義に厚いのである。詳しくは次章で述べるが、あらゆる手を尽くして子会社を手に入れるバフェットは、業績が悪いという理由でそれを放棄してもっと良い事業に乗り換えるようなことは通常しないと約束している。「ジンラミーのような経営（毎期ごとに最も期待できない事業を切り捨てるようなこと）は私たちのスタイルではありません」[62]とバフェットは言う。また、子会社の経営者たちには、「バークシャーのリターン率をほんの少し上げるためだけに、通常の利益率を下回った事業を閉鎖するようなことはしません」[63]と伝えている。これも後述することだが、彼は成果を短期間で判断しないし、永遠に成功し続けることなどないという可能性、いや予想は、企業（経営者を含めて）の買収価格にすでに織り込んである。

バークシャー・ハサウェイで地位を保証されている苦戦する経営者は、損失について熟考し、実質的に彼ら自身の奨励プログラムを採用するか以前の基準と比較した相対的な評価を受けるが、困り果てた人にありがちの、トントンを目指して賭け金を上げるようなことはしない。ハーシュ・シェフリンが言うところの「トントンに戻す」（損切りしない）[64]を絶つため、バフェットは経営者たちが危険が迫ったときの人間の自然な反応（その結果を避けるために慌てて進むこと、この場合は問題の場所に資本をつぎ込むこと）に負けないように気をつけている。それをして彼らが助かるということはないからだ。[65]

バフェットは問題を抱えた人に、「損失を出したのと同じ方法で埋め合わせをする必要はありません」と反論する。[66]

本質的動機が集まる組織

「契約書は利益の継続を保証することはできません。私たちは（中略）あなたの言葉が頼りです」——ウォーレン・バフェット[67]

バフェットがオーナーとして子会社の経営者たちと距離を置いているのを見て、エコノミストたちは彼に、経営者たちの利己的な性質を警戒してバフェットの目標であるオーナーのように行動することを順守させるように仕向けるべきだと勧めた。そうしなければ、彼らは自己の利益を追求するようになると言うのである。

しかし、バフェットは、経営者たちが自ら進んで毎朝会社に向かい、指針の範囲内で目の前の仕事にどれだけ自分自身が関与するか決めることができることを知っている。[68]

バフェットは、経営者たちの利己的な性質に訴えるよりも、彼らを信頼し、公平に扱うこと（そもそも最小スペックに含まれているが、何よりも重要なことは公平であることと、それを経営者たちが公平だと感じること）に加えて勤勉さ、誠実さ、そして努力に報いることで、彼らが本能的にそれに応えてくれることを望んでいる。そうすれば、彼らのなかにある協力的な気持ちを引き出すことができるからだ。

そのため、バークシャー・ハサウェイでは、雇用契約（たいていの会社では関係を確立し強要するための手段）が存在しない。バフェットは、このような契約は経営者たちを支配するために使われるつまらない代物だと考えており、契約書を信用していない。

バークシャー・ハサウェイでは、経営者たちにかなりの自由裁量が与えられており、バフェットが設計した彼と株主の間の社会的な契約（オーナーズマニュアルに定めてある）が法的な契約の代わりを果たしている。これは、バークシャーの株主が行使できる制裁的な強制措置を前提としたものではなく、経営者たちは本質的な動機によって行動しているのだからそれを信頼して彼らの努力に任せるという考えを基にしている。

バフェットにとってうまくいく動機メカニズムは、彼が統括している人たちにとってもうまくいく。「私たちのオーナーとしての基本的な目標は、私たちのオーナーが私たちにしてほしいような行動を私たちも経営者に対してとることです」[69]。つまり、彼が株主から自由を与えられているのと同じように、彼も子会社の経営者たちを自由にすることで、多くの企業で問題となっているオーナー支配を積極的に切り離し、リーダーシップの分散スタイルを追求している。

こうすることで経営者の自尊心を育て、自由に経営することで自己決定力が増していく。すると、彼らはバフェットが肩越しから監視しているからではなく、オーナーのように行動するということが正しいと信じているから自分から望んで仕事をしていることを示すことができる。これが、本質的な動機を集めるメカニズムであり、バフェットは彼らの言葉を信頼することができる。[70]

反対に、本質的動機を締め出す命令システムは、支配メカニズムが強化されると共に従順性が下がるという悪循環を生む。ただ、これがうまくいく場合もある。例えば、ＧＥでは命令に従わなければ解雇されるため、プレッシャーが大きくて管理された環境でも成長できるタイプの人材を選ぶようになっていった。このようなシステムでは、上級管理職が部下を監視することが大きな仕事になっている。

しかし、バフェットにはこのような心配がない。バークシャー・ハサウェイで、通常の経営手法を放棄したとき唯一残したのが信頼と公平さと相互依存に基づく支配だけだった。逆説的ではあるが、これが経営者たちの忠誠心を生み、ごまかそうとするずる賢さ（エコノミストやそれに似た考え方をする経営者が心配するようなこと）ではなく、彼の希望である満足したいという意欲を持って仕事をする方針に従わせることになる。これは驚くことではない。信頼や公平さや相互依存は、アフリカのサバンナから発生した人間の組織が受け継いできた社会的なつながりと同じ基盤を形成している。人間社会も、協力と交換と進歩することを最善の解決策として発達してきた。

見返りはコンプライアンス

「私はすべての株主が誇りを持てるような会社を目指しています。そうする義務があると感じています。新聞に悪いニュースが載るような会社を経営したいとは思いません」——アル・ユールチー（フライト・セーフティー・インターナショナル）[71]

組織由来の旧習は、企業のなかで最も抵抗が小さいところに活路を見いだそうとする。この活路は通常、経営者が拡大路線を目指すときなどを狙ってくるが、バークシャー・ハサウェイではバフェットが関与すると決めた相手に示す忠誠心がこの動きを封じている。

ただ、バフェットでもこのことについてはときどき間違いを犯す。二〇〇一年一一月九日の株主にあてた手紙では、思慮が足りなかったデクスター・シューの買収について、売却が遅れた理由を説明している。

残念ながら、デクスターはアメリカとプエルトリコにおける靴の生産を終了しました。当社には優れた労働力がありましたが、競合他社がほかの地域で享受している一〇分の一の賃金の前に撤退を余儀なくされました。この決断には合理的に必要とされる以上の時間がかかってしまいました。この問題が最初に明らかになったとき、私が不愉快な事実に直面

するのを嫌ったため、株主の資金の相当額を失ってしまいました[72]

最初にバークシャーの繊維事業に進出してこの種の間違いを正したあと、バフェットは「忠義の問題」を排除してきた。彼は、永続的に価値を生み出すか少なくとも最低限のリターンを生む事業を経営している人にのみ関与することを約束することで、株主のためにオーナーのように行動することと経営者のために温情のあるオーナーとして行動することという内面の葛藤に対処している。このまれな感情は注目に値する。

バークシャーの業績に貢献しないという理由で事業を見捨てることはしないという誓いにもかかわらず、収益見通しが規定のリターン率に達しない子会社は、配分額が厳しくなる。ただ、それはバフェットが直接決めるのではなく、その会社の経営者自身がバフェットの最小スペックに直観的に順守してそうするのである。

最も重要なことは、バークシャー・ハサウェイでは良貨は悪貨に駆逐されないということである。子会社の経営者の報酬は経済状況が反映され、逆風のなかでもはうまくやっていけるように、またうまくやっていると感じられるように最小スペックはデザインされている。また、彼らがバークシャーのオーナーの望むように行動するという本質的な動機を持っており、それは物質的な利益よりも重視されている。

それがどれくらい徹底されているかを示そう。それまでに投資してきた例と遜色ないリターンが得られる投資先が尽きた経験がある経営者は、自分の領域が小さくなっていき、経営者としての能力が生かせず苦しむことになる。しかし、バークシャーで規模を気にする人はいない。バフェットは、二〇〇〇年にはパートナーシップ解散後にバークシャー・ハサウェイを買収して以来初めて、数年間「基軸となる事業」に資金を投資せず現金のまま寝かせておくという経験をしたが、彼は投資先の企業が「①存続はしているがほとんど利益を上げていない、②規模は縮小したのに大きな損失を出している、③売上高が買収時の五％まで落ち込んでいる」[73]と報告した。それにもかかわらず、二〇〇〇年の株主にあてた手紙では、「過去三六年間、バークシャーの主要な子会社において自発的にほかの会社に移った経営者はいない」と自慢している。[74]

これがコンプライアンスである。

バフェットは、バークシャー・ハサウェイの企業文化として、子会社の経営者たちが株主の利益のために行動することで満足を得るという環境を作った。これは、経営者たちが組織由来の旧習がもたらす誘惑を見送っても満足を得られるという非常にまれな文化なのである。こうしておけば、将来、バークシャーの子会社で長期間有利に使えない資本が、自己の利益のために行動する経営者によって流用されることはないだろうし、それが有効利用できる人にわたることも間違いないだろう。例えば、バークシャー最大の子会社であるスコット・フェッツァーのＣＥＯであるラルフ・シャイは、買収価格の二億三〇〇〇万ドルに対して、在職した一五年間に一〇億三〇〇〇万ドルをバフェットに送金した[75]。また、シーズキャンディーズのチャック・ハギンズは、一九九九年までに税引き前利益で八億五七〇〇万ドルをバフェットに送金したが、同社を一九七二年に買収したときの価格は二五〇〇万ドルで、それ以降追加的な資本注入はほとんど行われていない[76]。

バフェットと社員の間の契約における相互依存的な性質は、このような結果をもたらしている。そして、これによってバフェットは彼らを自由にさせておける。子会社は最小スペックに導かれてバフェットが設定した方向に進んでいく。これは外部からの強制というよりも内面からわき起こった行動という部分が大きく、彼らに備わった本質に突き動かされ、その本質と調和し、それが公平と受け取られる（それによって努力に報いることになる）。すると、これは社員を自由にさせておけることにつながり、それが分散経営の頼みの綱である本質的な動機を育てることにつながる。その結果、バークシャー・ハサウェイの社員は、規則で明確に指示されたわけでもないのにバフェットの下に集まってくる。

これが老子の言うところの賢い制御、つまりリーダーシップなのである。

次章では、バークシャー・ハサウェイの規模が拡大し複雑化していくなかで、バフェットがどのようにして買収先をリーダーシップのモデルにぴったりと一致させ、問題を増やさずに有効性を高めているのかを見ていく。

第4章　買収を成功させる

「自分に投資資産配分の能力（みんなが持っているわけではない）がないと気づいたCEO（最高経営責任者）は、部下や経営コンサルタントや投資銀行に助けを求めます。チャーリーと私は『助けた』結果を何度も見てきましたが、結局のところ資産配分の問題は解決されるよりも大きくなっていることのほうが多いように感じます」――ウォーレン・バフェット[1]

「バークシャーの慎重に計画された買収戦略は、電話が鳴るのをただ待つことです」――ウォーレン・バフェット[2]

バフェットは、子会社の経営者が送ってくる余剰資金を使って次のどちらかのことをしている。株式市場に投資するか、できれば企業を完全買収することだが、これは簡単ではない。このことについて、彼は次のように言っている。

経営者の多くは感受性の強い子供時代の記憶が抜けきれていないようで、美しいお姫様がヒキガエルにキスをしたら魔法が解けて素敵な王子様の姿に戻ると信じています。その結果、彼らは自分の経営力というキスによって買収した企業の利益率に魔法をかけることができると思ってしまいます。（中略）これまでたくさんのキスを見てきましたが、魔法はほとんど効かなかったようです。[3]

実際そのとおりで、魔法に対するキスの成功率は低い。少なくともキスをしようとしている人が思っているよりもはるかに低い。

多くの研究が、M&Aをしても株主の価値を高めることができない確率は六〇％以上に上るということを示している。さらに、二つの会社が一緒になれば主導したほうが相手の資産価値を破壊する可能性が高い。また、資本収益率が経営者の一番の目的でない場合でも、買収は彼らの期待（経費節減、収益や利益率の向上など）には沿わないことが多い。それどころか、このことが事業全体に深刻な害を及ぼすこともよくある。

つまり、株主の蓄えを買収に充てるということはバフェットにとって分が悪い賭けになるはずだが、彼はひるまない。

彼は「大事なことは優れた企業を適正な価格で一〇〇％買い取ることです」と語り、バークシャー・ハサウェイの経済的価値を上げる大きな要素は、ほかの企業の買収だとしている。[4]それには、優れた会社を見つけて適正な価格で買うだけでなく、その会社を見つけたときの魅力的な成果が続くことも確認しなければならない。後者は、多くの買収が失敗するポイントとなっているため、バフェットもしっかりと確認する必要がある。

そして、彼はそれをやっている。バフェットが買収を行うときは、企業自体とその経営者が一緒に働きたい人物かどうかを注意深く選び、受け入れ準備を整え、適正な価格でこの合併が完了するようにあらゆる手を尽くし、多大な忠誠心と彼の目標を共有するという合意を引き出す。

バフェットは、買収で支配権を獲得するときも投資をするときも、同様の準備をする。彼は対象の企業の適正な価値を判断しなければならない。株式市場への参入で彼の手法は注目を集め、この分野に次の三つの特徴をもたらしたことでも知られている。

①感情を排除して分析する能力。「知能指数が一二五以上あれば、投資の成功と知能指数に相関関係はありません。普通の知能があれば、あと必要なのは衝動をコントロールすることで、みんなこれで投資に失敗しています」

②価格に対する規律。「ルール一は損失を出さないこと、ルール二はルール一をけっして忘れないこと」[5]

③フランチャイズ事業にのみ投資する。バフェットは経済モデルを査定するとき「フランチャ

イズの持続性を見ます」。「私にとって最も重要なことは、その事業の周りにどれだけ大きい堀があるかを見極めることです。当然ながら、大きな城の周りにピラニアとワニがいる大きな堀があるような企業が好きです」[6]

投資家は、バフェットと言えば企業を丸ごと買収すると思っているが、これは株価指数をアウトパフォームする銘柄を選ぶよりも失敗確率が高いということを見落としている。これが簡単なわけがない。買収を成功させるのは株式市場に投資するよりもはるかに複雑で、さらなるスキルが必要になる。そのうえ、すでに知られているバフェットの能力もさらに修正していかなければならない。彼自身も、これは「途方もなく難しい仕事で、株を安く買うよりもはるかに難しい」[7]と認めている。

企業の支配権を買収するときには何に注目するのか、という質問にバフェットは次のように答えている。

ファンダメンタルズが良い事業については真剣に考えます。相手が信頼できる人ならば買うことも考えます。そして、支払う価格についても考えます。[8]

本章では、これらの点を一つずつ取り上げ、企業買収を成功させるための難問がどこにあり、バフェットはそれをどのように解決し、すでに有名な特性をどのように修正しているのかを詳しく説明していく。

費用とサービスの高い壁と深い堀

「経済が常に激しく動いているところに要塞のようなフランチャイズ企業を築くのは難しいため、多くの場合、これが高リターンを生む事業のカギとなります」――ウォーレン・バフェット[9]

「堀の幅を広げ、永続的な競争力を構築し、顧客を喜ばせ、コストは容赦なく削ります」――ウォーレン・バフェット[10]

バークシャー・ハサウェイの繊維事業で身をもって得た教訓から、バフェットは買収する事業の経済性を最も重視するようになった。

彼はもう繊維業界に対してバークシャー・ハサウェイを買ったときのような幻想を抱いてはいなかった。競合他社の製品と差別化できない製品を売っていることも、競合他社がたくさんあることも、資本さえあれば参入障壁がないことも分かった。つまり、この事業で最高の資本収益率を上げたとしても大したことはないということを理解した。もし先手を打って、例えば最先端の工場と機械に投資したとしてもそれは一時しのぎでしかなく、長期的に見ればこの支出のメリットはそう長くは続かない。むしろ、競合他社の圧力によってこのメリットは低価格と高品質という形で顧客が受けることになる。

経済ジャングルの法則に従えば、高い資本収益率はいずれ平均に戻る。事業が持続的な競争力を持っている場合を除けば、「並はずれた利益を上げることができるのは、コストが低いか、製品やサービスの供給が少ない場合のみ」[11]とバフェットは語っている。つまり、バークシャー・ハサウェイの繊維事業で繰り返し行われる設備投資は競争力の手段ではなく、事業を継続するためのコストにしかならない。

それでも、彼は先進的な経営によって、ファンダメンタルズの劣化を防ぎ、ぎりぎりのところで差をつけられると信じていた。

しかし、バフェットもやがて経済的に魅力のない事業は最も優れた経営者をもってしても改善できないことに気づき、次のように言っている。

私自身の経験と他社のケースを数多く見てきたことから分かったことがあります。素晴らしい経営実績（経済的なリターンで見て）をもたらすのは、どれくらい効率的に漕いだかではなく、どのボート（企業）に乗ったかによるところがはるかに大きいということです。[12]

彼はこうも言っている。

ここから三マイル以内のレストランのうち、五年先も同じ名前で営業している店はほとんどないでしょう。うまく経営できなければ報奨はありません。だから私は最初から優れた事業を買うことにします。[13]

これ以降、バフェットは繊維業界とは反対の経済的特性を持った事業を買収先として探すようになる。特に、持続的な競争力、つまり営業を続けるためのコスト（競争力を維持するためにかかる設備投資の水準）が低い事業に注目している。

競争力が持続する企業は、バフェットが求めているリターンを生み出す。資本が少なくても高い利益率があることと、維持費が低いことから生み出される余剰資本は、同じ業界（またはそれ以外）の成長チャンスに再利用できる。

この分野で名高い彼だが、マンガーの啓示を受けて以来、永続的な競争力を持つ企業で特定のタイプの競争力を保持している企業を探すようになったと言われている。バフェットは「フランチャイズ」を次のような製品やサービスを提供する企業だと定義している。「①必要または望まれている、②顧客が似たような代替品はないと考えている、③価格統制の対象にならない」[14]

フランチャイズの特性を持っている企業は「一〇年後、二〇年後にも途方もない競争力を持っていることはほぼ間違いない」[15]ため、世間ではバフェットが所有したり投資したりしようと狙っていると噂される。これらの企業は、バフェットを引き付ける切り札的な資質を持っている。「フランチャイズは経営力がなくても耐えられます。無能な経営者はフランチャイズの利益率を下げるかもしれませんが、決定的な打撃を与えることはできません」[16]

ただ、バフェットが一部の株式を所有している有名企業（コカ・コーラ、ジレット、アメリカン・エキスプレスなど）も彼の言うフランチャイズには当てはまるが、数ある一〇〇％子会社ほどはバフェットの基準を満たしていないように見える。

ちなみに、バファロー・イブニング・ニュース、エグゼクティブジェット、フライトセーフティ、シーズキャンディーズなどはどれも条件を満たしている。これらの企業は、それぞれの業界で他社の追従を許さない地位を築いている。しかし、H・H・ブラウン・シュー・カンパニーやネブラスカ・ファニチャー・マートやフェックハイマー・ブラザーズ・カンパニーの位置づけはどうなのだろうか。また、R・C・ウィリー、ホーム・ファニッシングス、ガイコ、インターナショナル・デイリー・クイーン、ボーシャイムは本当に競合他社に対抗していけるのだろうか。

みんなが言うような意味で強いフランチャイズを持つ企業を探している人にとればこれは不適切（かつ不完全な）リストであり、バフェット関連の企業とは思えない。彼自身も二〇〇〇年の株主への手紙のなかで次のように述べている。「二一世紀に入って、煉瓦、絨毯、絶縁体と塗料などといった崖っぷちの業界に参入しました。どうか興奮しすぎないでください」[17]

実は、これらの企業もある種のフランチャイズを持っているのである。

独特な味のコーラや最先端の髭そりや飛行機の部分的な所有権を売る企業にとって、その製品やサービスに「近い代替品がない」ことだけがその企業を守る手段ではない。バフェットは、永続的に低コストで提供できることと、優れた経営が企業文化としてサービスに織り込まれていること、という二つの要素を組み合わせることでも競争力が持続すると考えている。

企業経済――数字の勝負

「持続的なコストの優位性に引かれて、一九五一年にガイコに興味を持ちました。当時の評価額はすべて含めても七〇〇万ドルでした。バークシャーが昨年（一九九六年）、まだ所有していない四九％を二三億ドルで買うべきだと考えたのも同じ理由からです」――ウォーレン・バフェット[18]

ガイコはバークシャーの子会社のなかで最もコモディティー（価格以外に差別化できない）に近い製品を販売している会社かもしれない。そうであれば、同社はフランチャイズが最も期待できない会社ということになる。そこで、バフェットの一見矛盾する理論の例として検証してみよう。実は、この会社はこの業界における低コスト企業というだけで、ほかの自動車保険会社と差別化できる。

ただそれは、予測できない変化や、自らの間違いに影響を受けないということではない。一九七〇年代に、ガイコは深刻な経営危機に陥ったことがある。「彼らはあらゆる間違いを犯していました。コストを考えず、（中略）拡大することばかり考えていたのです」[19]しかし、同社は経営力のなさに耐えることができる企業だった。バフェットの言葉を借りれば、「彼らはあらゆる間違いを犯していましたが、（中略）それでもフランチャイズを持っていました。それは、彼らが低コストだったからです」[20]それが当時のガイコを持続させ、今後も持続させていく。バフェットは一九八六年に次のように言っている。

ガイコと競合他社のコストの違いは、価値ある人気企業という城を守る一種の堀になっています。ガイコのビル・スナイダー会長は、この「城を取り囲む堀」という概念をだれよりも理解しています。彼は今でもコスト削減を進めて堀りの幅をさらに広げ、経済的なフランチャイズを守り、強化し続けています。[21]

競争が激しく、参入障壁が低く、結果にむらがある難しい業界において、他社と比較したガイコの相対的なコスト構造はかなり正確な予想が可能であり、この優位性は持続するとバフェットは考えている。つまり、ガイコは業界を上回る収益を上げることができるのである。そして、このことはほかの子会社についても言える。バフェットはこれについて次のように言っている。

買収する企業は、労働集約型企業でも、原材料集約型企業でも、賃料集約型企業でもかまいません。私たちが知りたいのはその企業のコスト構造です。[22]

ネブラスカ・ファニチャー・マートなども同じ特性を持っている。企業によって異なる人件費や雑費や運営費が低いのである。ただ、それが分かっていても、競合他社が簡単にマネできるわけではない。もしかしたら、ある時点で似たような経済性を達成できるかもしれないが、それを維持し、改善していくのは経営者の考え次第であり、その資質を持った経営者はそう多くない。この優位性は価格と選択肢という形で顧客に還元されることで好循環を生むため、バフェットの子会社はそれぞれの市場で中心的な存在となることが多い。彼らは実質的に競合他社がマネのできない規模の経済を確立し、それもまた価格に還元されている。

経営者の資質

「サービス中心の事業であれば、どんな競合相手でも心配はしていません」——ウォーレン・バフェット[23]

バークシャーの子会社は、低コストであること以外に本質的にサービス業であり、そのサービスの質がフランチャイズの本質的な要素だとバフェットは考えている。彼は、過去に一度何がしかの賢いことをすれば優位を保てる業種に魅力を感じている。例えば、ザ・バファロー・イブニング・ニュースはバファローで主要な新聞になっている。この地域でナンバーワンになったのは、この会社があるときに何がしかの賢いことをしたからだ。しかし、そのあとはよほどバカげたことをしないかぎり主要な地方紙としての地位を失うことはない。反対に、小売業などは毎日賢く仕事をしなければならない。賢い行動の大部分は顧客に良い経験をさせてリピーターになってもらうことである。

例えば、一九九六年にバフェットは次のように言っている。

シーズは、一九七二年に買収したときからさまざまな点で変化しています。詰め合わせ菓子の種類も、機械も、販売経路も当時とは違います。しかし、人々が箱入りチョコレートをほかの店ではなくシーズで買う理由は、一九二〇年代にシー一家が事業を始めたときから実質的に変わっていません。そして、この理由は二〇年後や五〇年後もおそらく変わらないでしょう。[24]

バフェットの子会社の経営者たちは、サービス業を理解している。彼らは事業に対する情熱を実行に移し、直接会うことはなくても彼らの精神を共有できる人たちに伝える方法を知っている。これはバフェットが持つリーダーシップと同じような能力であり、それぞれの創業者から受け継がれている。

七聖人

「ブルムキン一族、フリードマン家、マイク・ゴールドバーグ、ヘルドマン一族、チャック・ハギンズ、スタン・リプシー、ラルフ・シャイ、そしてフランク・ルーニー（中略）は、みんなそれぞれの仕事の達人であり、私の助けを必要としていません。私の仕事は、彼らを適切に待遇することだけです」——ウォーレン・バフェット[25]

「今では指一本で細部まですべてを支配することはできない。そのため、これまでよりさら

に人に執着するようになった」――ジャック・ウェルチ[26]

一九八七年、バフェットはバークシャーの七つの子会社――バファロー・イブニング・ニュース、フェックハイマー、カービー、ネブラスカ・ファニチャー・マート、スコット・フェッツァー・マニュファクチャリング・グループ、シーズキャンディーズ、ワールド・ブック――を七聖人と名づけた。実は、この言葉は各社の経営者を指すものでもある。しかし、バフェットが活発に買収を進めた結果、この名前も当初の意味とは合わなくなってきた。それでも、バフェットが一緒に仕事をしたいと思う人たちという意味では、この言葉がすべてを物語っている。

バークシャー・ハサウェイの保険事業の人材について、バフェットは株主に「当社は考え方において優位に立っています」[27]と言っているが、さらに続きがある。

バフェットの経営者たちは、彼とマンガーの分身なのである。彼が一緒に働こうと選んだ人たちは「自分の仕事が好きで働いている」[28]人たちであり、彼らもバフェットやマンガーのように本質的な動機を持っていて、それが彼らの事業の経済性に表れている。バフェットは次のように言っている。

私たちは、自分の会社が好きな人たちと一緒に仕事をしたいと思っています。（中略）このような愛着心を持っている人の会社には、公正な会計、製品に対するプライド、顧客への敬意、強い方向性を持った忠実な社員たちといった事業における重要な資質が備わっているものです。[29]

七聖人がそれぞれの市場で他社の追従を許さない低コストで事業を運営し、規模の経済を享受している理由はここにある。これらの事業は、実行力と、細部への注意と、評判の上に成り立っている。例えば、シーズについてバフェットは次のように言っている。

シーズの明るくて親切な人材は、チョコレートの箱に描かれたロゴマークと同様、同社のトレードマークになっています。約二〇〇〇人の季節労働者を抱える企業において、これは素晴らしい成果です。同じ規模で、チャック・ハギンズと彼の同僚たちよりも質の高いカスタマーサービスを提供している企業を私は知りません。[30]

シーズのチャック・ハギンズのような経営者は、バフェットが買収するフランチャイズの必須要素になっている。バフェットによれば、彼らは「間違いなくオーナーのように考え（私たちが経営者に贈る最高の賛辞）」[31]、バフェットの求める事業の経済性をもたらしている。

彼ら自身が企業そのものであり、その価値なのである。そして、資産配分の能力があまりにも高いため、詳細まで手が回らないバフェットにとって、彼らがフランチャイズなのである。

驚くことではないのかもしれないが、オーナーのように行動するという条件に当てはまる経営者の多くは、同時に大株主でもある場合が多いことをバフェットは発見した。ただし、こうする人が必ずオーナーのような行動をとる経営者というわけではない。組織由来の旧習は、どんな人でも正しい道から遠ざけてしまうことができる。

そこで、バフェットは買収する企業について堅実なリターンと資本力だけでなく、経営陣の資本配分の方針を調べる。気分は満たしても利益率は低いような投機的で逃れることができない流れにつかまることなく、資本を賢く利用することが「間違いなく」できる経営者を探すためである。

そのために、バフェットは定期的に対象企業の過去二〇年、もしくは手に入るかぎりの資料を調べ、現経営陣の在任中に実際に行われた資産配分を検証する。「私たちは、予想を見ることはありませんが、これまでの実績には大いに関心があり、じっくりと見極めます」[32]とバフェットは言う。

地下深くのコアサンプルを分析する地質学者のように、断片的で滞積した情報を調べると、バフェットにはその会社のビジネスモデルに本来備わっている経済性がはっきりと見えてくる。このなかには、組織由来の旧習によって最も簡単に奪われる要素であるフリーキャッシュフローも含まれている。もし経営者が組織由来の旧習の影響を受けておらず、資産配分の能力があれば、その結果を競合他社や業界水準と比較してどの程度のフランチャイズがあるかを評価し、そこで初めてバフェットは興味を示す。ただ、この時点では興味を持つだけで、ほかにも調査項目が残っている。

人間の本性がエコノミストが言うようなものではないことは実験研究によって証明されているが、そんなことはバフェットには最初から分かっていた。これは彼がリーダーシップを築く基となった考えで、人間は公正さを求め、そうであれば報い、そうでなければ罰するということである。[33]ただ、バフェットの経営スタイルが信頼し公正であるよう努力し、あとは相手の良心に任せるというものではあっても、調査によって見つかった有能な経営者がみんなこのような資質を持っていると思うほど彼は甘くない。

多くの人が公正さを気にするということを明らかにした実験のなかで、実は自己中心的な人たちも無視できない程度（経営者が自分の会社にいると考える人数よりも多く）いた。[34]どこの組織にもいる生まれつきずるくて、楽して利益を得ようとする人たちがバークシャー・ハサウェイの廊下を闊歩するようになれば、バフェットの経営者に干渉しない手法は破滅してしまう。

この種の人たちについて、バフェットは次のように言っている。

ある人から企業を買い、その人がオーナーとしてではなく社員として経営を続けていると、その人のことが非常によく分かります。買収前、売り手はその企業のことを詳しく知っているのに対して、こちらはゼロから始めます。売り手には、省略したり、あいまいにしたり、間違った情報を与えたりして、買い手に誤解を与えるチャンスがいくらでもあります。しかし、小切手を渡すと、多少（多少でないこともある）態度が変わり、暗黙の了解もなくなります。求婚から結婚に至る過程と同じで、失望することも珍しくありません。[35]

これは、デンプスター・ミルズで彼が苦労して学んだ教訓のひとつで、バークシャー・ハサウェイのケースではケン・チェースの助けを借りてこの問題を是正した。それ以降、彼は参入したすべての事業においてこれを是正している。彼の経営スタイルの場合、もし人材の選択を間違えば、買収は統合の段階で失敗し、彼が魅力を感じた事業の経済性も立ち枯れてしまう。

「事業における新しい概念、それは信頼です」[36]

そのため、バフェットは彼のヒーローのひとりであるフィル・フィッシャーがすべての投資家に勧める一種の「噂」調査も行っている。バフェットは、巨大な知り合いネットワークを持っている（ウェルチいわく、「バフェットはだれよりもたくさんの触手を持っている」[37]）。知り合いの多くは、バークシャー・ハサウェイの株主として登録している人で、彼らの話から調査相手の経営者としての資質を探っていく。先方にバフェットが必要とし、望んでいる誠実さがあるのか、ということである。

もしあれば、それは彼らの評判に表れるし、なければすぐに明らかになる。一九九九年にジョーダンズ・ファニチャー・ストアを買収したときに、バフェットはこんなことを言っていた。

ジョーダンズ・ファニチャーは、これまで見たなかでも最も驚かされたユニークな企業です。エリオットとバリー（テーテルマン）は、社員や顧客や地元から圧倒的な評価を得ています。この企業は宝です。[38]

バフェットは、一度経営者を信じると決めたらそれを貫く。それだけのことだ。

シーズキャンディーズを買ったときは、「チャック（ハギンズ）の報酬を決めて握手しました。このときは、五分くらい考えて書面の契約書は作りませんでしたが、このときの取り決めは今日まで変わっていません」。[39] また、ボーシャイムやジョーダンズのケースでも、買収したときこれらの企業には監査済みの財務諸表はなかったが、「いずれにしても、私たちは在庫を調べたり、売掛金を確認したり、業務を監査したりはしなかったでしょう。それらのことはアイク（フリードマン）に聞き、それに基づいて一ページの契約書を作成し、大金を支払いました」。[40]

ただ、事前の調べをしっかりとしないかぎり、相手をここまで信頼することはできない。

一緒に働きたい人たちのタイプがはっきりと分かり、そこを間違えないことが組織にとっていかに大事かを知ったバフェットは、次の問題に直面した。この理想の相手にどうやって事業をしかも適正価格で売却させるかということである。これに比べれば、素晴らしい人材や企業を探すことなど簡単だ。

もちろん強制的に売らせることはできない。敵対的買収は、本質的な動機を引き出してあとは干渉しないという彼の経営目的を打ち砕くことになる。言い換えれば、フランチャイズが失われてしまう。大きなジレンマに陥った彼は、ずるい手を考えついた。

何もしない（あるいはほとんどしない）のである。世界の商業界にまれにいるバークシャーの将来を担う人材のほうから、彼を見つけてもらうことにしたのである。

バフェットウイルス

「レンブラント並みの才能で事業を描いた人物が、自分で（その事業の）永住の地を選ぶほうが、信託の社員や無関心な相続人が競売で売り払うよりはるかに良いとは思いませんか。私たちは長年、そのことに気づいた人たちと一緒に事業を創造するという素晴らしい経験をしてきました」――ウォーレン・バフェット[41]

バフェットは、バークシャーの買収戦略が電話を待つことだと言ったが、そんな電話が偶然かかってくるわけではない。正しいタイプの経営者が正しいタイプの事業を売りたいときにバフェットに電話してくるのは、彼らが自覚しているかどうかは別として、売ろうと思った時点でバフェットに売りたくなるウイルスに感染しているからなのである。

生物界のウイルスと同じで、私たちの頭の中にある成功ウイルス（例えばバフェットのリーダーシップという有益なミーム）も人間界に広まっていく。これらは人に適合するように作られており、最も多いウイルスは、損失回避と再生産という私たちの一番の動機を刺激する。面白い昼メロには危機とセックスがつきものなのと同じことだ。[42] バフェットがバークシャー・ハサウェイを組織し運営するのと同じ方法でばらまかれるウイルスは、最も影響を受けやすい事業主（事業を売ろうと考えている人たち）へと誘導される。それは、このウイルスが人生を変えるかもしれない取引を熟慮する事業主の恐怖に働きかけるからである。

バフェットによれば、会社を売りたい経営者が彼に打診するのは、「以前に私たちに会社を売った友人がバークシャーへの売却を勧めるからです」。[43] このようにして、「バークシャー・ハサウェイがすべての脅威から守るシェルターを提供します」というメッセージを乗せたウイルスが広まっていくのである。

ウイルスのDNA

「私たちがオーナー（中略）だから予期せぬ事態が心配で眠れない（中略）という思いを経営者にさせたくはありません」――ウォーレン・バフェット[44]

バフェットは、彼がバークシャー・ハサウェイに対して持っているのと同じような思いを、彼が一緒に働きたいと思っている人たちそれぞれが所有したり経営したりしている事業に対して持っていることを知っている。彼らは、自分たちの持つ資源をムダにしないように気をつけながら、人生をかけて（場合によっては何代にもわたって）事業を育て上げてきた。彼らは自分の会社を自分の子供のように愛し、見守っている。だから売却後にどうなるのかが大いに気になる。当然手放したくはないが、資産を分散するためにはそうしなければならない場合が多い。そこで、売却しても利害関係のある経営者としてその地位に残ることを希望する。彼らは持ち分を放棄するのではなく、収益化したがる（バフェットによればそれは「彼ら自身のためにする場合もあるが、たいていは家族や消極的な株主のためである場合が多い」[45]）。

しかし、彼らは確信が持てなくて悩んでいることをバフェットは知っている。自分の会社を売ったことがある人はそう多くないし、彼らの多くは自分が所有する会社以外で働いたこともない。それに企業を買収する連中の多くは、買った企業に対して彼らが長年大事に守ってきたような扱いはしないし、社員になったら彼らが望むような扱いは受けられないことも知っている。

そこで、バフェットは毎年年次報告書に載せるための株主への手紙を、実はもっと大きな対象に向けて書いている。対象には、潜在的な売り手（またはその知り合い）が含まれており、ウイルスはまずここに埋め込まれる。最近では年次報告書がインターネットでも読めるようになったため、ウイルスの威力はさらに増している。

毎年のように彼の文章に織り込まれるこのテーマは、二〇〇〇年に書かれた株主への手紙のなかにも見ることができる。

一生をかけて（あるいは何代もかけて）、惜しみない努力と並はずれた才能を投じて最高傑作とも言うべき会社を作り上げてきたオーナーにとって、どの会社に委ねればその歴史を引き継ぐことができるかは重要な問題でしょう。チャーリーと私は、永住の地を提供できるのはバークシャーくらいしかないと考えています。私たちは、事業を作り上げた人たちに対する義務を果たそうと真剣に考えていますし、バークシャーのオーナーシップの構造を見れば、それが可能なことを確認できると思います。ジョン・ジャスティンには本社をフォートワースから動かさないと伝え、ブリッジ家には宝石を扱う別の子会社と合併させることはないと伝えましたが、私たちはその約束を必ず守ります。[46]

バフェットは、バークシャー・ハサウェイが非常にまれな機会を提供していることを、企業の売り手が正確に理解しているかどうか注意深く確認する。彼らが不明な点や、恐れている点や、疑っている点があれば、提案や見通しを述べる。これがバフェットのウイルスのDNAである。自分の事業を大事に思う人たちや将来に不安を感じている人たちは、バフェットに売れば自分が経営を続けられることと、その先どのような扱いになるのかが正確に分かっている。

バフェットが株主にあてた手紙は、彼がひときわ優れたリーダーであり、明確で信頼できる目的を持った会社の会長であるという名声を確立した。このなかには、彼が非常に誠実で、最高水準の企業統治を掲げ、子会社の経営者を公平に扱い、適切に待遇し、自治権を与え、彼らの仕事上の判断を信頼するといったことが含まれている。彼は子会社の運営を何も変えない。唯一変えるとすれば報酬制度だが、その場合も道理にかなった変更に限られる。「私たちは会社を所有し続けるために買いますが、親会社から経営者を派遣するつもりはありませんし、この先もないでしょう」[47]。そして、売り手に確固たる保証を与える。「事業の枠組みはこの先何十年も持続していくでしょう」[48]

これは、ほかの買い手の条件とは極端に違っており、バフェットはそのことを売り手に積極的に伝えていく。彼はある売り手候補に、バークシャー・ハサウェイ以外の買い手は一つか二つのグループに分類でき、どれも売り主にとって「創造的で、一生の仕事で、性格と存在の重要な一部を形成している」[49]事業に影響を及ぼす「深刻な弱点」を抱えていると語った。これらの買い手は、次のどちらかだというのである。

買い手は、別の場所にある同業他社か似たような業種の会社です。このような買い手は、どんな約束を交わしたとしても、あなたの事業に対してこうすべきだという意見を持った経営者がいて、いずれ現場に来て何らかの「手助け」をしようとするでしょう。もし買い手の方がはるかに大きい企業であれば、いずれ買収企業を任せるという約束で採用した経営チームを抱えています。彼らには彼らのやり方があり、（中略）人間の性質として、ある時点で自分たちの運営方法のほうが優れていると思うに至ります。[50]

あるいは、彼らは「常に多額の借金で運営している金融策士で、いずれ好機が来たら株を売却したり別の企業に転売したりするつもりです」。[51]

さらに、彼は年次報告書にウイルスの一部を混入させ、将来の売り手に事業を分散して資産を守るよう提案する。例えばヘルツバーグス・ダイヤモンド・ショップス会長のバーネット・ヘルツバーグ・ジュニアのケースは、バフェットの言葉を借りれば「価値の高い資産を持っていましたが、ひとつのそれも競争が激しい業界で変動にさらされていたため、彼は一族の資産を分散することが賢明だと考えたのです」。[52]

支払いについては、売り手に次のように説明する。

支払いは、傑出した企業ばかりの素晴らしい子会社群に裏打ちされた株式で行います。唯一の事業を手放そうと考えていても納税は永遠に延期したい個人や家族にとって、バークシャーの株式は非常に保有しやすい資産だと思います。[53]

ウイルスの増殖

バフェットは彼が望む種類の企業だけが売却の相談に来るようにするため、年次報告書のなかに広告を掲載し、売り手が事前に自分の会社が買収の条件を備えているかどうかを確認できるようにしている。この広告が最初に登場したのは一九八二年で、それ以降、規模に関する条件が変わった以外はほぼ同じものを毎年掲載している。

最初の広告は次のようなものだった。

この年次報告書はさまざまな人たちに読まれており、なかには当社の買収プログラムに力を貸して下さる方がいるかもしれません。当社が買収したいのは次のような企業です。

①規模が大きい（税引き後利益が最低五〇〇〇万ドル以上）
②継続した収益力が実証されている（将来の見通しや「V字回復」シナリオには関心がありません）
③借金がほとんど（あるいはまったく）なくて資本収益率が高い
④経営陣が残留する（当社が経営陣を送り込むことはできません）
⑤単純明快な事業（専門的なことばかりだと理解できません）[54]

バフェットは、売り手候補に「もしあなたが大規模で利益率が高い事業を経営していて（中略）バークシャーという環境に適応できそうならば、当社の買収条件を確認したうえで（中略）電話をください」と促す。[55]

バフェットは、売り手がこの広告（ウイルス）に気がつけば、彼への売却を検討するだけはしてみようという一種の心理的な関与を引き出すことを知っている。実際、これは関与ではあるが、チャルディーニの言葉を借りれば、「自分の足を伸ばす」ようなことだ。これはバフェットが資産配分において公然と避けている手段だが、将来の子会社のリーダーとしてはこのような方法をとっている。そして、「もし今関心がなければ、この提案は頭の隅にでも置いておいてください」と支持者たちに伝えておく。[56]

彼らの免疫力は低く、すぐに感染する。

少なくとも売るときはバフェットの提案を思い出すことにした彼らは、それ以降、バフェットの手紙を読むたびに、以前に考慮したことがある支援を探してみようという気持ちが芽生えていく。ウイルスは増殖を始め、関与の足が伸び始める。

この過程で、合併によって企業文化が破壊され、ダメになった会社などといった恐ろしい話がたくさん仕込まれる。新しいオーナーに現在の経営陣が罷免されたり、資産を奪われたり、経営権が奪われたり、会社が解体されたり、伝統が破壊されたりする物語だ。

> あなたやあなたの家族の友人に、自分の会社をそれより大きい会社に売った人がいれば、買収した企業が子会社の運営を取って代わる傾向があることは分かるでしょう。特に、親会社がその業界をよく知っていたり、知っているつもりだったりする場合はその可能性が高くなります。[○57]

このような話は、バフェットの株主への手紙のなかで毎年紹介される。

さらに、売り手候補は自分の会社を売るときに、自分の子供を売るような気持ちになる必要はないという証言を繰り返し聞かされることになる。バフェットは次のように言っている。

私たちが過去に行ったいくつかの買収についてはご存知だと思います。これまで買収した企業のリストを載せておきますので、私たちが約束を守っているかどうかをぜひ彼らに聞いてみてください。[58]

つまり、彼らと同じような不安を抱え、同じような立場にいた人たちが、バークシャー・ハサウェイに売却したことで永続的な満足を得たという証言である。

社会的な証拠を示し、確認するよう勧めることは、同じようなケースを参考にして判断を下そうとしている人にとって最も効果がある。特に確信が持てない状況にある場合の効果は絶大だ。[59] 売り手候補は、かつてバークシャー・ハサウェイに売った人たちにどこか似ている（バフェットは、手紙のなかで彼らの個人的な性格について長々と書いている）。そして彼らは、まさに確信が持てない状況に置かれている。

ウイルスは彼らの免疫システムを突破し、売り主はついにバフェットへの売却を決意する。

七聖人が献身的な経営者になるまで

「バフェットは、分析力に優れているだけでなく、セールスマンとしても優れているし、人を見る目もある並はずれた人物だ。これがすべてそろっている人はあまりいない。もし私が企

業を買収したとしても、経営者は翌日には辞めてしまうだろう。多分私は彼の性格か何かを見誤ったり、彼が本当はこの仕事が嫌いだから売り払って引退したかったことを理解していなかったりするに違いない。ところが、バフェットの子会社の経営者たちは、買収されたあとも全力で事業に臨む。これは珍しい特性だと思う」――ウォルター・シュロス[60]

思わぬ展開はここからだ。売り主が心理的な餌に食いつくと（有刺鉄線に引っかかるようなもの）バフェットは彼らを試す。これはバークシャー・ハサウェイという保護区域での生活を謳歌するために合格しなければならない試験と言える。

この試験は次の言葉に隠されている。「何度か失敗したあと、私は好きになれて、信頼できて、尊敬できる人たちとだけ一緒に仕事をすべきだということを学びました」[61]

売り主はみんなバフェットが用意する買収契約が純粋に信頼に基づいたものであり、彼が一緒に仕事をしたいのは彼が「兄弟や親戚や遺言書の保管者になってもらいたいような人物」[62]だということを知っている。

チャルディーニは、関与することが行動に影響を及ぼす理由のひとつとして、人は苦労して手に入れたものには愛着を感じるし信じたくなるからだと言っている。人間の文化に共通していることだが、バークシャーに仲間入りするための試験も、これを経ることで忠誠と献身がさらに持続する効果がある。そして、試験は面倒なほどその効果は大きい。[63]

次は、バークシャー・ハサウェイという最も排他的なクラブを見ていこう。売り主がここに入るためには、まず自分自身を深く見つめる必要がある。オーナーとして行動するための本質的な動機を持っているかや、その意欲を別の組織のなかで示すことができるかを再確認し、バフェットからすでにその恩恵を受けている人たちと似ているかどうかも確認しなければならない。また、試験に合格するためには、バフェット傘下の経営者として不可欠な資質を持っていなければならない。彼らがそれを持っているかどうかをバフェットはすでに見抜いているか、いずれ必ず見抜くことは彼ら自身も分かっている。バフェットは次のように言っている。

> 企業の見通しがどれほど魅力的でも、素晴らしい資質を持っていない経営者とは一緒に仕事をしたくありません。悪い人相手の取引がうまくいったことはないからです。[64]

つまり、もしバフェットがその経営者をバークシャーに受け入れると決めたら、その経営者には金融の神様のような人物に称賛される資質があるということを大いに認められたことになる。

「友人の何人かは、会社をうまく経営してバフェットに認められ、買いたいと言ってくれることを願っています」とジャスティン・ブランドのランディー・ワトソンは言う。[65]

R・C・ウィリーのビル・チャイルズは、「バフェットと一緒に仕事ができてうれしいです。

彼の下で働くというのは、ホールインワンを達成したり、夢がかなったりするようなことで、素晴らしい仕事人生のクライマックスと言ってもいいでしょう。ウォーレンは私にとって偉大なヒーローです」[66]と言っている。

ガランのCEOであるシーモア・リヒテンスタインは、二〇〇二年にバフェットに買収されたとき「六一年の歴史のなかで当社を築いてきた人たちすべてを称賛したい。バフェットとバークシャー・ハサウェイが当社を投資先として選んだことは、彼らの努力が認められたことにほかならない」[67]と書いている。

もしバフェットがただ冷静に銘柄を選ぶだけの投資家ならば（そう呼ばれることもある）、経営者たちがこのような気持ちを表明することはないだろう。バフェットという温かくて、誠実で、公正なリーダーだからこそ、経営者たちを引き付けることができるのである。こうなると、彼らはもはや七聖人というよりも、むしろバフェットに会社を売りたくてたまらなくなる。そしてバフェットの下で経営者を続けていきたいと強く願う。人格を試され、それに合格した彼らは、「献身的な経営者」になるのである。

献身的な経営者たちの報酬

「チャックは年々経営がうまくなっていきます。彼が四六歳でシーズの経営を引き継いだと

き、税引き前利益は、一〇〇万ドル単位で彼の年齢の一〇％でした。ところが、七四歳の今日、この比率は一〇〇％に上がっています。そこで、この数学的関係をハギンズの法則と呼ぶことにしました。チャーリーと私は、今ではチャックの誕生日のことを考えただけでドキドキします」――ウォーレン・バフェット[68]

バフェットの経営課題は、ほんの形式的なものでしかない。

バフェットはこの選考過程を経ることで、一緒に働きたい経営者の優秀さが買収後も続き、それがさらに向上することを確認できる。もし彼らがバークシャーに加わる前からすでにオーナーのように行動していれば、彼らの行動にはさらに磨きがかかる。つまり、バークシャー・ハサウェイのオーナーに加わる（通常の買収形式）ことを認められた彼らにとって、バークシャーのなかの経営者になってもその個人および経営者としての資質が変わらないようにすることが何よりも大事なのである。

「堅実な運営をしている経営者は、コストが常に同業他社を下回っていても、さらなる削減方法を見つけることができます」とバフェットは言い、献身的な姿勢が彼が求める「足」を育てることを認めている。[69]バフェットの経営者たちは、すでに統制のとれた企業を献身的に運営しているが、そのうえで彼らの信条を支える方法を常に模索し、新しいことを考えたり、このような考えを持たない人たちの周辺に集まりがちな追加コスト要求を却下したりしている。このような経営者の下で、バフェットの子会社はそれぞれの業界で低コストを誇る企業になっていく。

組織由来の旧習も同じことで、バフェットは、「チャーリーと私は、この問題に対して警戒を怠っていない企業に集中的に投資しようと思っています」[70]と言っている。そうすれば、バフェットは子会社の経営者たちがオーナーのように行動し続け、その傾向がますます強くなっていくことを期待できるのである。

この効果を示す好例がある。これを読めば、バフェットがどんな人物と一緒に仕事をしたいのかが分かるだろう。バークシャーが所有する家具店のひとつであるR・C・ウィリーのCEOであるビル・チャイルズは、宗教上の理由で日曜日は店を休みにしていたが、新しく出店する地域でもその方針を貫こうとした。バフェットは、新しい店舗が日曜日も営業している他店よりも不利になるのではないかと危惧したが、子会社に与えている自由を尊重してチャイルズの判断に任せると伝えた。

すると、チャイルズは「とてつもない提案をしてきました」。彼自身が土地を買って新しい店舗を建て（コストは約九〇〇万ドル）、もしうまくいくことが確認できたら同じコストでバークシャーに売却し、うまくいかなければ撤退してその費用は彼が持つというのだ。[71]

新しい店は大成功を収め、バークシャーはチャイルズにその金額を支払った。バフェットの話は続く。

よく聞いてください。彼は二年間も資本を固定して事業に費やしていたのに、一セントたりとも利息を受け取ろうとはしませんでした。（中略）ほかの会社でこのような話は聞いたことがありません。[72]

最初に注意深く選択してビル・チャイルズのような人物を引き入れておくと、その副産物として「バークシャーの活動を簡単に拡大することができます」とバフェットは言う。

経営に関して、ひとりの幹部に何人の部下が付くなどといったことまで指定してある文書を読んだことがありますが、私たちにとってはあまり意味がありません。能力があって高潔で情熱をかける事業を運営している経営者が部下ならば、何人いても私は昼寝の時間を確保できます。反対に、たとえ部下がひとりしかいなくても、ウソをついたり、無能だったり、仕事に関心がなかったりする人物ならば手に負えないでしょう。バークシャーに現在いる経営者と同じくらい優秀な人たちばかりならば、チャーリーと私は子会社の数が二倍になってもやっていけると思っています。[73]

優れた経営者をつなぎ止める

「私たちはフィルターを持っています。（中略）そのおかげで、九〇％以上の案件は一〇秒で却下できます」――ウォーレン・バフェット[74]

バフェットがこれらの精神的なメリットを享受できるようになるまでには、まだやらなければならないことがある。最終合意に至ったあとの支払いである。バフェットは次のようにコメントしている。

残念なことに、ほとんどの大型買収はあまりにもバランスがとれていません。一見、買収会社の株主にとっては掘り出し物で、経営陣の収入と地位が上がり、両社の雇った投資銀行や専門家にとっては金のなる木かもしれません。しかし、悲しいかな、買収は買い手の株主の資産を減らし、しかもそれがたいていは相当な額に上ります。これは、一般的に買い手が受け取るより多い本質的価値を支払ってしまうからです。[75]

これは組織由来の旧習が引き起こすもので、経営陣は拡大を焦るあまり買収が必要だと考え、それが払いすぎにつながる。これは売り手市場で、彼らは実質的に不当な金額を受け取っている。

バークシャーの株主の利益を考えれば、バフェットは自分が買収するときにこのような失敗はできない。そこで、バランスを修正して価格が両方にとって公平になるようにするため、バフェットは彼の側の組織の力学をなくして売り手側の力学だけが作用するようにする。

前に、バフェットが年次報告書に掲載している広告を紹介したが、実はそこに書かなかったポイントが二つある。一つは、彼が「売却希望価格（たとえ予備交渉だとしても、価格が明かされないまま話し合うのはお互いの時間のムダだと考えています）」の提示を求めていることで、もう一つは「買収に関心があるかどうかを迅速にお答えします。通常は五分以内で決断します」[76]と約束していることである。

この二点を加えることで、彼はバランスを修正している。

バフェットは関与することを決めると、合理性に基づいた取引であることを確認する。広告のなかで売却希望価格の提示を求めているのは、価格交渉で発生するかもしれないさらなる力学を抑えるためである。電話がかかってきたとき、バフェットは、たいていはその事業の経済性についてすでに知っている（彼は買収条件に合うすべての企業をすでに分析し終わっている）。経営者がオーナーのように行動する人たちだということも知っている（資本配分の記録と経営者の評判も調べてある）。彼らがウイルスに感染したことも、彼らが献身的な経営者で、バークシャーに必要な資質を持っているであろうことも分かっている。そして、彼は自分がすでに行った以外のデュー・デリジェンス（調査・評価）をするつもりはない。

関与することを決めたあとで、さらなるデュー・デリジェンスを行うと、それが多くの買収に見られるとんでもないバランスの悪さを生み出すことになる。これについてバフェットは次のように言っている。

大部分の企業にとってデュー・デリジェンスと言えば、弁護士を送りこんだり投資銀行のチームがプレゼンテーションをしたりすることを意味しています。しかし、彼らが素晴らしい会社だとかすべての特許権を調べたなどと報告するのを取締役たちがうっとりと聞いているような状態は、何か違うように思います[77]

でも、もし成長や行動を焦る気持ちがあまりにも強いと、買い手の経営者はさまざまな理由をつけて（中略）価値を破壊する株を発行することになります[78]

「最初に結論ありき」「ひたすら前へ」といった力学について、臨床心理学者のグループに対して実際のデータを使い実験を行ったスチュアート・オスカンプがうまく説明している。この実験では、ある患者の経歴を年代順に並べてそれを四段階に分け、一つずつ面接者（臨床心理学者）に見せていく。面接者は、第一段階のデータを見て最初の臨床判断を下し、そのあとは新しいデータを見るたびに自分の診断を見直すことができる。この実験から、オスカンプは提供される情報が増えるとともに、診断を変更する回数が著しく減るということを発見した。

オスカンプによれば、「この結果からは、面接者が最初の部分的な情報から型どおりの結論を出したあとで新しい情報が追加されても、なかなかその結論を変えようとはしないことが分かる」。[79]

この実験で、オスカンプは段階ごとに面接者が自分の診断にどれくらいの自信を持っているかも調べた。すると、患者に関する新しい情報が追加されるたびに、面接者は理解が深まったと確信していた。しかし、彼らの自信が深まったことで、診断の精度は落ちていった。「最終段階の情報は、（患者の）性格の全体像を見直すためではなく、面接者がそれまでの印象を確認するために使われていた」

同様に、玉ねぎの皮をむくように買収先について調べを進めても、すでに出ている結論を補強しているにすぎない。多くの企業におけるデュー・デリジェンスはそんなところだろう。バフェットはこれについて「自衛手段として行っているだけです。ほとんどの場合は単なる言い訳で、いずれにしても彼らはその案件を実行するでしょう」[80]と見ている。

もちろん、それを支えるキャストたちはシナリオを垣間見ては脚本を修正し、全員で構想の実現に向けて進んでいく。バフェットいわく、「もしCEOが明らかに相手を買収したがっていれば、部下やコンサルタントはどんな価格でもそのために必要な見通しを提示します」。[81]つまり、「部下も外部の顧問もCEOの考えを正当化する予測を作り上げます。家来が王様に裸であることを伝えるのはおとぎ話のなかだけです」[82]そのため、「実際の買収は失敗に終わることが多くても、予測の段階では絶対に失敗しません」[83]

反対に、バフェットの前に買収の機会が訪れても、外部のコンサルタントの知恵を借りることはない。そんなことをするのは、「理髪店に散髪したほうがいいか聞くようなものです」[84]

そのため、バフェットは買収の過程でどんな力学にもさらされることはない。彼は買い手として何の計画も持っていないが、売り手は違う。バフェットは何にもかかわっていないが、売り手は違う。つまり組織の力学が作用しているのは相手側だけなのである。こうしてバランスは修繕されていく。

ここでウイルスの最後の一押しがある。バフェットが通常五分で返事をするというのは、彼流の「この話は終わり」という意思表示である。これが欠乏感を引き出す。私たちには、簡単に手に入れたものよりも苦労して手に入れたもののほうが良いと感じる感覚が備わっている。そのため、入手しやすいかどうかで品質を素早く判断するという問題解決方法が身についている。[85]

もしバフェットとマンガーが価格が高すぎると思えば、その企業がどれほど「魅力的」であっても提案は却下する。ドアは閉じられ、この件が再び検討されることはない。バークシャー傘下で、自らの名前を冠した宝石店を経営するバーネット・ヘルッバーグは、「バフェットと交渉するときの基本は、交渉しないことだ。彼が取り決め、そのとおりになる」[86]。売り手の選択肢は、適正価格を提示するか、バークシャー・ハサウェイに売るのをやめるかのどちらかしかない。
　これで価格は適正な価格に近づく。この時点で微妙にバランスが保たれているのは、価格が両者にとって公正でなければならないからだ。強い立場（彼がそう仕向けた）にいるバフェットは、価格を自分から言うわけにはいかない。彼は乗っ取りの多くが破綻する最大の原因――共存と忠誠という人的資産を取引に組み入れずに失敗すること――を回避する買収プロセスを設計している。企業買収のなかで二番目に大きい失敗原因を正すため、買おうとしているフランチャイズに欠かせない優秀な人材が流出しないようにする。彼らがいなければ、これまでの優れた業績もなくなってしまう。バフェットは、バークシャー・ハサウェイに加わる人たちには買収のすべての過程において満足してほしい。そこで、彼は株式市場で名高い価格に関する厳格な規律を緩めることにした。「以前は価格を気にしすぎていました。価格を八分の一ドル上げるだけでも議論を重ねていましたが、そういうやり方は間違っていました」[87]
　方針を変えたのは、完全所有と部分所有の税制の違いに気づいたためでもある。彼は次のように言っている。

もし完全子会社の税引き後利益が一〇〇万ドルならば、それはすべて私たちの利益になります。もしその一〇〇万ドルをバークシャーに吸い上げれば、配当金には課税されません。もし子会社が利益を留保し、その子会社を買収価格より一〇〇万ドル高く売れば（バークシャーでは、めったにないことですが）、私たちはキャピタルゲイン税の対象にはなりません。それは売却時の「税コスト」に買収価格とそのあと留保した収益が含まれているからです。[88]

反対に、もしバークシャーが市場性のある証券に投資して同じ一〇〇万ドルの利益を上げれば、その利益には州税と連邦税で約一四万ドルが課される。[89] しかし、もしこの利益を投資先の企業に留保して、その後バークシャーがキャピタルゲインとして受け取れば、キャピタルゲイン税率にもよるが（三五～四〇％）、「三五万ドル以上」の額が課される。[90]

つまり、キャッシュフローがまったく同じでも、税引き後利益で考えれば子会社として所有するほうが（正確に言えば所有率が八〇％を超えていれば）、その会社の株に投資するよりもバークシャーにとってずっと価値がある。こう考えると、八分の一ドルの差で大騒ぎすることはないと分かる。

バフェットは、買収先に求める三つの資質――「ファンダメンタルズ的な経済性が優れた企業、（中略）信頼できる人から買うこと、（中略）支払う価格」――に加えて、「最初の二つが整わなければ価格については考えません」[91]と言っている。バークシャー・ハサウェイに適した人たちの適した企業を引きつけるためには、そうするしかない。

完璧な買収候補は交渉を進め、完璧な環境でそれまでどおりの仕事を続ける。

ここまで来れば、買収した企業がバフェットを最初に引きつけたパフォーマンスを続ける可能性は大幅に上がる。短期的な理由としては、統合過程をジャマするなかなか消えない不安を排除したことがある。このことは特に指摘されていないが、不安は動機を萎ませ、新しく組織に入った人の活気を奪う。[92] 長期的には、バフェットがオーナーのように行動するという概念を、正しい資質を持った人たち――これまでもそうしてきて、個人的な約束に忠実であるためにこれからも間違いなくそうであろう人たち――から引き出したからだろう。

実際の買収については、バフェットの保険会社の経営を見ていこう。ここで紹介する例には、彼が目指す経営方針が、日々監督しているわけではない人たちの行動にいかに影響を及ぼしているかを見ることができる。

第5章　保険会社――ウォーレン・バフェットの銀行

「保険は素晴らしい事業になり得ます。人間の経営能力（またはその能力のなさを）をめったにないほど拡大してくれます」――ウォーレン・バフェット[1]

「不明なことが多い世界で生き残ってきた人たちは、常に感性のレーダー（直観と呼んでもよい）を働かせてきた。石器時代の人たちは野生動物の襲撃や迫る自然災害になすすべがなかったため、何よりも自分の直感を信じるようになった。人間にとっても、ほかの動物に劣らず、感性はすべての情報に対する最初のフィルターになっている」――ナイジェル・ニコルソン[2]

今日、バークシャー・ハサウェイの収益の約八〇％は保険会社から上がっている。バフェットがこの事業を中心に据えていることは明らかだろう。

しかし、なぜなのだろうか。彼は次のように言っている。

保険会社が提供しているのは標準的な保険証券で、これはだれにでもマネできます。彼らの唯一の商品は約束です。事業免許を取得するのは難しくないし、料率は公表されています。商標権や特許や所在地や操業年数や原材料などに優位性はなく、顧客から見て競合他社と差別化できるようなこともほとんどありません。[3]

つまり、保険会社とは「さえない長期予想がもたらす悲惨な経済性に苦悩し、何百もの競合他社がいて、簡単に参入でき、明確な差別化ができない製品を扱っている」[4]事業なのである。結局、この業界の経済性が「刺激的でないことはほぼ間違いない」が、それどころか「散々なことにもなり得ます」[5]。

保険業界のファンダメンタルズに関するこの悲惨な説明は、バークシャーが所有する「優れた事業のなかでも」保険事業は「最大の可能性を秘めています」[6]というバフェットの言葉とはそぐわないように見える。実は、バフェットの保険会社は、彼が描写したとおりの業界で営業しているほかの会社とはまったく違う経営がなされているのである。

バフェットには保険事業を補う三つの要素があり、それによって他社が苦しむなかでも成長を遂げてきた。一つめはフロート（現金）、つまり保険料を受け取ってから保険金を支払うまでの期間に投資できる資金の存在である。コストを上回るリターンはすべて保険会社の株主の利益になる。

二つめは、バフェットも言うように「販売経路が独占されておらず、簡単に参入できるため、今年の売り上げが低くても来年は大きく跳ね上がる可能性があります」[7]。これは、業界内で魅力的な価格を提示できれば、あとは資本次第で事業を急拡大できることを意味している。

ただ、これらのことは、バークシャーだけでなく、どの保険会社にも言える。しかし、三つめの要素だけはバークシャー・ハサウェイに圧倒的に有利に働く。保険は、事業者の行動に左右される事業なのである。

そうなれば、できるだけ低コストでフロートを生み出すことに全力を投じることになる。これがフロートを資源にする唯一の方法であり、この業界のファンダメンタルズ的難点を克服する方法でもある。しかしほとんどの人はこのような行動を恐れ、価格が悪いときは保険を売らず、じっとしているということができない。だからこそ彼らは値下げに走り（バフェットが資本を破壊すると表現する行為）、この業界の悲惨な特徴が生み出される。

ところが、彼らの行動は次のような展開ももたらす。業界の引受余力が少なくなったとき、つまり彼らの異常な行動によって多くの資本が破壊され、需要に見合ったリスクを引き受けられなくなったときには、価格が上がるのである。そうなると、制限のない販売システムは、バフェットのように理論を順守でき、業界の欠点を恐れず、このセクターにできるだけ大きな資本を配分するためマーケットに飛び込んでいく人にとって最も価値のある資産になる。

ロケットに給油する

「私が知っている業界の仕事に比べて、この事業（GEキャピタル）は簡単に儲かると直感した。研究開発に多額の投資をする必要もないし、工場を建てたり、来る日も来る日も金属を曲げたり、競争力を上げるために規模を拡大したりする必要もない。この事業は知的資本がすべてだ」――ジャック・ウェルチ[8]

バフェットは、一九六七年にナショナル・インデムニティ・カンパニーとナショナル・ファイヤー・アンド・マリンという二つの地元の企業を買収し、初めて保険業界に進出した。両社とも「異常」リスクの引き受けが専門の保険会社だった。いわゆる異常災害保険は、今日でもバークシャー・ハサウェイの主力分野となっている。

保険会社は、地震災害など巨額の負債に発展しそうな保険については、引き受けたリスクの一部を業界のほかの会社に移転することが多い。バークシャー・ハサウェイもそれを引き受ける一社で、保険金が特定額を超えた場合にその分を支払う。これは再保険と呼ばれている。そして、再保険会社も同じ理由で異常災害保険を買うのだが、そこでバフェットが登場する。

現在、ナショナル・インデムニティは異常災害保険に関してアメリカで最も優れた引受会社で、バークシャーの保険事業に欠かすことのできない存在となっている。バフェットは一九五一年のある土曜日の朝、ガイコの投資担当だったロリマー・デビッドソンと知り合い、これが保険業界との出合いになった。彼はこの日のことをよく覚えている。ガイコは自動車保険会社で、彼のヒーローであるベンジャミン・グレアムが会長を務めていたことから、バフェットはここを訪れることにしたのだった。ガイコは当初、バフェットの個人的なポートフォリオの大きな部分を占めていたが、その後はバークシャー・ハサウェイの投資先となり、一九九六年には完全子会社になった。現在はアメリカで第七位、世界では第一八位の保険会社になっている。

そして一九九八年、バフェットは再保険会社のジェネラル・リーを買収し、バークシャーのフロートは二倍になった。

バフェットは保険業界の仕事をするうえで理想的な感覚を持っている。彼の電卓のような頭脳と、「自然に決定木や初歩的な順列や組み合わせを用いて考える」性格は、リスクを引き受ける生まれついての才能をもたらしている。[9] ただ、リスクの算出能力がバフェットの保険事業の強みではない。暗い部屋に座って特定のリスクに対する適正価格を算出することになれば、彼が業界の優秀な保険業者やバークシャーの保険部門の社員よりも飛び抜けて優れているわけではない（答えを出すのは一番速いかもしれない）。この点で群を抜いているのはアジット・ジャインで、この特別な人物については第9章で詳しく述べる。

ちなみに、実際の保険会社は暗い部屋で仕事をしているわけではない。価格は独自に算出されるのではなく、市場の喧騒のなかで決まる。価格は認知装置の弱さに影響を受けるため、それがバフェットの競争力につながる。知的資本が彼を際立たせるのである。

頭の回転の速さ

バフェットが保険会社の利益率を見るとき、彼は保険損失とフロートの規模を比較する。[10] この比率を何年も続けて見ていくと、保険事業から生み出される資金のコストが分かる。「資金コストが低ければ良い事業ですが、コストが高ければ良い事業ではありません」[11]

もし保険会社が高水準の保険料率を維持できれば、一貫して低コストの資本を生み出すことができ、それをほかのところで運用できる。実際、その資金があれば低コストのローンを常に利用できるのと同じ効果がある。これこそバフェットが追求する戦略で、安く借りて（できればただで）、その資金を（彼の場合は）年率二五・四％（複利）で増やすというものだ。

これがバフェットの銀行であり、彼の資金が保管されている砦であり、さまざまなところ（保険業界に限らず）に配分する強い立場をもたらすものであり、低コストを高リターンに変える錬金術師の実験室でもある。

ただ、この銀行は、だれもが持てるものではない。この業界の特性がそうさせるのである。

保険業界のようなコモディティー業界は、あるひとつの要素、余剰許容量（余剰引受能力）が利益率を破壊する。保険業界における引受能力とは特別な性質のもので、ほとんどの事業とは違う行動的要素を持っている。その違いは、許容量に表れる。

「ほとんどの業界では、許容量は物理的な単位で示されます」とバフェットは言う。[12]

ところが、保険の世界では容量（引き受け能力）を金額で表します。例えば、もしある会社の自己資本がYドルならば、その会社の適切な引き受け能力はXドルまでと決まっています。ただ、実際にはこの種の制約はあまり機能していません。行政や保険代理店が、資源を使いすぎている会社に規律を促すようなこともなかなかしません。また、彼らは保険会社が資本を誇張して報告しても黙認しています。そのため、保険会社はその気になれば少ない資本で大量に引き受けることができます。結果として、業界の引き受け能力の金額は、各社の経営者の考え方に左右されることになります。[13]

つまり、「引き受け能力は物理的な事実ではなく、姿勢を示す概念です」[14]とバフェットは言っている。保険業界において、容量は頭の回転の速さで決まるのである。

つまり、保険業界は本来はパッとしない業種なのである。バフェットが言うところの姿勢を示す概念は人間に備わる感情と認知バイアスに左右され、それが経済的な理論ではなく恐れに基づいた保険業界だけの容量を作り上げてきた。

他社とは違う理論

「大手の損害保険会社は（たとえ業界全体から料率が適正ではないし、もっと厳選すべきだと非難されたとしても）、キャッシュフローが大きくマイナスになるまで保険の申し込みを断ることはありません」——ウォーレン・バフェット[15]

「バークシャーは、約束が守れないと分かっている保険はけっして売りません」——ウォーレン・バフェット[16]

バフェットは、次のように言っている。

保険会社を運営するには三つの基本ルールがあります。
①査定できるリスクのみを引き受けます。（中略）可能性がわずかな損害シナリオを含めて、すべての関連要素を査定し、利益が期待できる範囲に限定して引き受けを行います。
②一つの災害や一連の災害で支払余力に影響を及ぼすような引き受けはしません。
③道徳的リスクにかかわる引き受けはしません。料率がどれほど高くても、悪い人たちと良い仕事はできません。保険契約者や顧客の多くは公正で道徳的な人たちですが、ほんの一部の

例外的な人たちと仕事をすればそれは結局高くつくことになります」[17]

これらの原則の下、一九八九年にバフェットは株主に向けてバークシャーの保険事業は「一九八八年と比較して五倍の引受能力は優にあります。言い換えれば、まだ容量の五分の一しか引き受けていないということです」[18]と伝えた。しかしそれ以来、状況は変わっていない。バフェットは、「私たちが市場価格を変えることはできません。もし顧客が当社の価格に満足しなければ、引き受けが減るだけです。大手保険会社でこのような抑制ができるところはほかにはありません」[19]と言っている。

コモディティー業界である保険業界において、バフェットは「引き受け高にこだわらない」[20]方針でバークシャーを差別化している。保険事業を銀行として使っている彼は、まずは資本を維持して低コストの資源を確保しなければならないため、これは道理にかなっている。この仕組みは、価格に関係なく保険を引き受けていると機能しなくなる。そこで、低価格の保険は断るという決意が必要となる。

これが簡単なことで、しかも儲からなくても、仕事を競合他社に黙って譲るのはそう簡単ではない。バフェットですら、失おうとしているものの代償は大きいのだと自分に言い聞かせなければならないようだ。

料率が適正ではなくなると、当社は再び、引受額が減ることを受け入れるかどうかという問題に直面し、そのときは普通とは違った経営規律が求められます。通常の組織行動とは逆ですが、他社がたとえどんなにバカげた価格で引き受けていても、私たちは傍観します。[21]

ここで見られる組織の動きは、心理的な抵抗によって調整されたもので、チャーリー・マンガーはこれを「ものすごい剥奪感シンドローム」と呼んでいる。次もマンガーの言葉だが、これは、「好きなものが取り上げられるか、好きなものが手に入る直前にそれを『失う』」ような感覚で、どちらにしても「潜在意識のなかで、強く、自然に、認知をゆがめる」[22]ことになる。

しかし、そうなると余計に欲しくなるもので、これはなかなか耐えがたい感覚である。二歳児が自然に目の前のおもちゃで遊ぶように、人は手の届く範囲にある仕事を我慢しろと言われると、それに固執したり、奪い取ったりしたくなるものだ。そしてほとんどの人はそうしてしまう。

そのあとの大人の典型的なパターンは、対象が以前よりも価値が高く見えたとしてこの行動を正当化し、自分の感情を調整する。[23]このとき、理由のひとつとなるのが希少性だ。バフェットによれば、「ほとんどの保険会社は仕事を他社に譲ってしまえば、その顧客は二度と戻って来ないのではないかと恐れます」。彼らには、失ったマーケットシェアが希少資源のように感じられる。人間は豊富にあるものよりも手に入りにくいもののほうが価値が高いと感じる。さらに、この分野の実験によれば、人間は獲得競争においても、まれなものほど高く評価するということが分かっている。これこそ、バフェットが言うところの、保険会社の社員が「他社に自分の仕事を取られる」[24]のを見たときに起こる感情なのである。

そして、そのまま見逃せる人は少ないため、結局、保険会社は過剰に引き受けることになり、価格も利益率も下がっていく（保証内容によって影響が出るのは先になる）。ここで問題となるのは、利益率が下がると、業界で最も弱い企業が業績の穴を埋めて当座の現金を得るため、不適正な価格で引き受けを増やすことだ。しかし、彼らの行動は人間の本性に従っただけでしかない。保険を引き受けるときには、規律が求められる。理論的に見れば、保険会社は保険料という最初の小さな報酬よりも、利益という適切に予測したリスクに対してあとから得る大きな報酬を重視している。低コストのフロートは、このようにして生み出されている。

実際、夕食前には痩せるために（あとから得る大きな報酬）、デザート（最初に得る小さな報酬）はやめておこうと思っても、ウエーターにデザートメニューを見せられると誘惑に負けてしまう。仕事に関しても同じことで、今日入るキャッシュフローにはかなわない（明日、保険金請求があったとしても何とかなるだろう）。[25]

バフェットは、「キャッシュフロー」目的の引き受けの存在を嘆いている。「コモディティータイプの製品を売る事業では、どれほど差別化したくても、できることは一番劣る競争相手とさして変わりません」[26]。業界の赤字企業が悪あがきをすることについて、バフェットは「彼らが過去に行った仕事の人間の魅力的でない部分が前面に出てきた結果です」[27]と言っている。

問題に気づいた一部の保険会社は、やむなくシェフリンが言うところの「トントンに戻す」ために賭け金を上げてナンピンする。言い換えれば、彼らは損失を相殺することを願ってさらなるリスクを取る。しかし、バフェットに言わせれば、「事業損失が歴史的な水準になってから慌てて引き受けを増やしても、苦労が倍増するだけです」[28]。「これらの会社は、次に引き受けた分が幸運にもうまくいって、それ以前の赤字分を埋め合わせてくれると期待しています」[29]が、この考えが業界の抱える問題をさらに悪化させている。

しかし、自己修正の過程において、先のような軌道を逸した行動はいずれ業界全体の資本をむしばみ、需要に見合う十分な補償が提供できなくなる。業界全体の引受能力が限定されてくると価格が上がり始め、安定的な利益が計上できる水準まで戻る可能性もある。

ただ、砂漠に咲く花の命は短い。バフェットは次のように言っている。

過剰引き受けの状態がやっと修正されて業績が好転すると、多くの場合、拡大路線が復活して何年かのうちにはまた過剰引き受けに陥り、利益が上がらない環境が生み出されます[30]。

この行動サイクルは、野生動物の移動ほど正確に予想できなくても、定期的であることは間違いない。移住動物と同様に、保険会社も群で動く。そのほうが安心だからだ。

こうした業界サイクルの下で、群衆の匿名性によって保険会社はみんな間違いだと知りながら仕事を取られることを恐れて保証できる以上の引き受けを行う。この直観的な行動は（経済的に筋が通っているとは言わないが、心理的に妥当という意味で直観的）、次のような場合に、より強力になる。

●同業者に能力を認められることが重要なとき（バフェットはこれをまったく気にしていない「私は自分のための成績表をつけています。ほかの人に評価されなくても自分が良いと思ったことをして良い気分になれば満足します。しかし、自分が満足できないことを褒められても、うれしくありません」[31]）。
●同業者の判断ミスには寛容になるとき（彼らが言う「たまたま起こったこと」はバフェットが「見過ごした」ときの姿勢とは、まったく違う。バフェットの場合は、そのあと「もちろん経緯を深く掘り下げて間違いの原因を探す必要があります。ときには二～三カ月さかのぼらなければならないこともあります」[32]）。
●間違ったときに愚かに見えるのでリスクを進んでとることを躊躇するとき（バフェットはもちろん進んでリスクをとる。「チャーリーも私も自分がバカなことをしたと思っていなければば、他人からはいくらバカに見えてもかまいません」）。[33]

バフェットは、避難するときも群れることはしない。そうする必要を感じないからだ。彼は人の行動を見て自分の行動を変えることはない。昔も今も孤立することを恐れない。だからこそ価格が下がれば引き受けるのをやめ、ただひとり論理的であることに誇りを持っている。

この才能は遺伝的なもので、この資質を示す例は彼の生活のなかにも各所で見られる。ただ、間接的な行動まで注意していないと見逃しかねないささいなこともある。例えば、彼はどこのレストランに行ってもハンバーガーかステーキを食べる。[34]また、高級レストランで素敵な連れがいてもワインではなくコカ・コーラをがぶ飲みする。そして、七〇歳代の大企業の会長になってても年次総会の演台でおやつとして食べるのは、シーズキャンディーズやデイリークイーンのアイスクリームなのである。[35]

高校時代は一年中運動靴ですごし、たとえ雪が降ってもその習慣を変えなかった。当時の友人は、「ほとんどの人はみんなと同じようにしようとするのに、バフェットはみんなと違うことが良いと思っていたようです」と語っている。また、同じ「スタイル」のスーツを一度に五着買ったこともあったが、それではスタイルも何もない。[36]

なかでも最も非凡な例は、彼が社会的常識にも屈しないことで、それは彼の生活形態にも見られる。バフェットは人間の最も基本的な慣例に逆らい、妻がいても別の女性と暮らし、公共の場でも二人との良好な関係を維持している。[37]

群衆から離れていても気にしない彼は、自分が買った保険会社にもそのように行動できる資質を求めている。「保険会社の経営者が利益率を高めるために引受額を減らすという話をよく耳にしますが、それを実践している会社はほとんどありません」[38]。しかし、ナショナル・インデムニティのフィル・リーシュは例外のひとりだという。

彼はもし理屈が合えば引き受け、合わなければ断ります。（中略）ナショナル・インデムニティ・カンパニーを設立したジャック・リングウォルトが創業時に引き受けに関する規律を定めて以来、フィル・リーシュがそれを変えようと思ったことは一度もありません。このような強い精神力は非常にまれですが、一流の損害保険会社を運営するためには絶対に不可欠な要素です。[39]

また、彼は近視眼的でもない。彼は今日使った一ドルの価値とそれを個人的に投資しなかった場合の機会損失コストを計算する。[40] もし預金を年率二〇％以上で運用できるとしたら、ジャムを今日買うべきか明日買うべきかはおのずと分かる。

バフェットは、人間があとからもらう報酬の価値を大きく割り引いて考える傾向があり、現在の報酬よりも軽視しがちになることも知っている。典型的な例として、彼は自身のダイエットでデザートの問題を解決した。意思の力は変わるのである。ピンカーが書いているように、目覚まし時計を部屋の反対側に置いておけば、それを消したあとで再び寝てしまうことはないし、おいしそうなおやつは視覚からも発想からもどけておけばよい。[41] バフェットも似たようなことをしている。さらに彼は、ダイエットを決意したとき、自分に奨励金を出すことにした。ただし、ダイエットを続ければお金をもらえるのではなく、続けなければお金を払うということにした（自分の損失回避の性格を利用するというのはやはり生まれついての才能だ）。彼は定期的にかなりの額の小切手を彼の娘あてに用意し、将来の日付を書き入れておいてその日までに体重が減っていなければそれを娘に渡すことにしたのである。[42]

バフェットは、保険会社において長期的な展望を定着させるため、精神的なこん棒を用意した。バークシャー傘下の保険会社の経営者たちの報酬は、フロートの最終コストを基にして算出するようになっているのである。つまり、もし彼らがメーンの料理をお腹いっぱい食べながら一方の目では隅に置いてあるデザートワゴンをチェックしていても、ボーナスは食べた量ではなく、彼らの体重と反比例して支払われることは分かっている。彼らは、食べすぎれば損失が出ることを知っているのである。

「膝まで泥まみれ」（ピート・シーガーの歌の一節）

「たとえ価格が下がっていても保険をひたすら売る」という保険会社の根強い習慣は、もちろん組織由来の旧習以外の何物でもない。これがワナなのだ。ただ、それとは別の形のワナが待ち構えている。まずは、マーチン・シュビックが紹介する実験を見てみよう。[43] シュビックは、あるクラスで「一ドルにいくら支払うか」というゲームを行った。これは一ドル札を競売に掛けるゲームで、入札者同士は話すことができない。もちろん、落札するのは一番高い競り値を付けた人だが、このゲームでは二番目の競り値を付けた人もその金額を支払わなければならない。

ここで、たった今九五セントを付けた人の苦悩を考えてみてほしい。次はだれかが一ドルを付けるしかない状況だ。そうなると、だれかが一ドルで落札すれば自分は九五セントがまるまる損になるが、もし自分が一・〇五ドルを付けてそれで落札できれば損失はわずか五セントに減る。ただ、ほかの参加者もみんな同じように考えている。これは「膝まで泥まみれ」[44] の状態で、損失を最小限に食い止めるためにさらに高い競り値を付けるということがだれかがあきらめるまで続き、落札価格はたいてい二～三ドルに達する。

この状況は保険業界とよく似ている。各社は価格でしか差別化できないコモディティー商品を販売している。つまり、彼らの価格設定は、実質的には顧客に対して競り合っているのと同じことなのである。保険会社の損失は、もし引き受けることができなければ、シュビックのゲームの敗者のそれとよく似ている。ただ、保険会社の場合、損失はマーケットシェアや、規模や、会社の規模に比例した精神的・物質的メリットや、CEO（最高経営責任者）の評価で算出される。いずれにしても、彼らも「膝まで泥まみれ」になって、降伏するまでお互いに競りを続けていくことになる。

しかし、バフェットは違う。彼は業界に対して精神的にも物質的にも不要な関与をしていないため、競争が始まると立ち去ることができるし、バークシャーの規模によって精神的・物質的メリットを得ることもない。彼は保険会社だけの採算だけではなく、すべての事業を見ている。そして、資本の使い道をあらゆる選択肢から選ぶため、保険業界の価格状況が良くなければ、売り上げが上がっても彼にとっては意味がない。そのため、もし価格が適正でなければ彼は喜んで何もしない。

何もしないことに忙しい

「あるイギリスの政治家が、この国が一九世紀に偉大な国家だったのは『見事に何もしない』政策のおかげだと言っています。ただ、歴史家がこの戦略を称賛するのは簡単でも、それを実行するのは相当に難しいことです」——ウォーレン・バフェット[45]

話がうまくてウイットにとんだ俳優のピーター・ユスチノフが、ある映画俳優の舞台を見に行った話をしたことがある。この映画俳優は「メソッド・アクティング」という、役柄の感情をすべて体で表現する演劇手法を学んだ役者だった。しかし、ユスチノフはこれに非常に違和感を持った。しばらくして我慢の限界にきた彼は、二階席から叫んだ。「ごちゃごちゃやってないで、じっと立ってろ！」

これが帰属の違いということで、外から中を見ている人にとって（ユスチノフやあなたの同僚や取締役会や株主などから見れば）パフォーマンスは役者の解釈ではなく（状況に沿ってパフォーマンスをしているのではなく）、役者自身の資質だとみなされる。

また、内部にいるとみんな無意識のうちに仕事場で見られていることが分かっているため、何もしていないように見えることは非常に居心地が悪い。

つまり、いくらバフェットのようにみんなと一緒に行動しない規律を持ち、目先の利益に屈しないつもりでも、保険会社にとっては、どんな保険でも引き受けてしまうほうが何も引き受けないことよりもはるかに楽なのである。保険会社は、何もしないでいることを恐れる。常識的にもそうだろう。そのうえ、会社の業績が変動すれば、株主も嫌がる。

しかし、ベンジャミン・フランクリンの言葉にもあるように、「意図と行動を混同してはならない」。バフェットにはそれができている。「秘訣は、することがないときは何もしないことです」[46]

これまで、バフェットほど何もしていないように見えることに満足している人はいなかった。

彼ほど常識とは違うことをして満足している人もいなかった。他者が恐れることを進んで実行する保険会社の幹部もいなかった。しかし、彼にしてみれば「それが長期的な利益増加につながるならば、バークシャーは引受額の変動を喜んで受け入れます」[47]。

それと同時に、部下が何もしないことに満足している経営者もほかにはいない。バフェットは、それが状況に合わせて行動しているだけで、個人に適正がないわけではないことを理解している。バークシャーの保険会社では、引き受け高が下がっても「本部から非難されたり、雇用や給与に影響が及んだりすることはありません」[48]。

実際、バフェットはこのことを定める規則も作っている。これは彼が求めている行動を引き出すために注意深くデザインした仕様書で、このなかで彼は人が自分の持てるものを最大限活用しようとすることを認めている（マイケル・ジェンセンならば「能力があり、評価する追求者」[49]と言うところだろう）。バフェットは次のように言っている。

普段は利益が上がっている保険事業が周期的な業績の伸び悩みに見舞われても、一時解雇はしません。この方針は、当社の利益のためでもあります。社員が保険料の減少による大量解雇を恐れていれば、彼らが良いときだけでなく、特に悪いときは大量に引き受けようとすることは目に見えているからです。[50]

合理的な価格

「通常、合算比率は一一〇％か一一五％あれば、契約を多く集めれば利益が出ると言われていますが、保険会社は、この比率を目標にしても利益は上がりません。保険の価格は、マクロ環境によって大きく収益性が左右されてしまうので、健全な安全域を設けておく必要がありますす」――ウォーレン・バフェット[51]

理論的に言えば、保険業界の価格は比較的分かりやすい。この分野のリスク算定は科学的で、二〇〇年以上にわたって十分試行されてきた統計値が用いられている。

ところが、すべての保険会社がリスクを適正に査定するために必要な能力を備えているにもかかわらず、将来、適切な価格で保険が販売されるかどうかは、リスク査定ではなく現在販売されている保険の利益率予想によって決められている。そこで、保険会社はまず未決済の保険金請求に見合う準備金の額を予測しなければならない。つまり、アクチュアリーが査定する頻度確率が客観的な数値なのに対して、準備金の予想はもっと主観的なのである。

保険会社では運営費の大部分を保険金請求が占めることから、適正な準備金を積んでおくことは保険事業の経済性を考えるうえで欠かせない要素となっている。もし彼らにコストという概念があれば、保険会社は必要な準備残高を正確に算出しなければならないし、それを基にして新しい保険商品の利益率を予想していく。つまり、もしこの計算を間違えれば、適正な価格が付けられなくなる。

しかし、この過程が主観的なために準備金の推定はいつも間違っているばかりか、不足している場合のほうが多い。保険会社はたいてい準備金が十分でなくても大丈夫だと自分たちを欺いているが、それは彼らが常に事業費用を少なく見積もっているということで、それに基づいて算出する価格も低すぎることになる。バフェットもガイコでこのことを目の当たりにして次のように言っている。

保険会社の幹部が遅ればせながら適正な準備金を積み立てると、彼らは自慢げに「準備金を増強した」と発表します。彼らの言い方は、すでに強固な貸借対照表を一層強化したように聞こえます。しかしこれは間違いで、彼らはこのように婉曲な言い方ではなく「これまでの偽りを訂正した」（意図的ではなかったとしても）と言うべきです。[52]

このような「準備金に関する自己欺瞞は、ほぼ確実に業界の料率を不適正な水準に導きます」とバフェットは言う。「もしマーケットの大部分が本当のコストを理解していなければ、競争からの『脱落者』が適正なコストを知っている会社を含めてみんなに打撃を与えることになります」[53]

自信過剰

「賢くて勤勉な人でも自信過剰に陥って失敗することがある。自分は素晴らしい才能と手法を持っているという自己評価を信じて、必要以上に難しい道を選んでしまうからだ」――チャーリー・マンガー[54]

保険会社がこの計算を間違えるのには、いくつかの認知的な理由がある（通常は保険料を高めに算出するよりも低めに算出することが多い）。ここでは、そのひとつである自信過剰について述べ、残りは本書後半で取り上げることにする。それ以外の要素は、保険業界に限らず、一般的に不確実な状況で公正な判断を下す場合にかかわることだからだ。

マンガーによれば、ほとんどの人は自分の運転能力は平均以上だと思っているが、これは実際にはあり得ない。[55]このような自信過剰は運転よりもはるかに難しい課題においても見られる。実際、このような傾向は、自分の能力を他人と比較して判断する場合、どのような状況においても観察されている。

自信過剰かどうかを調べる実験では、簡単な質問をいくつか用意して、回答者に九〇％の自信を持って正解だと思う範囲を選んでもらう。しかしほとんどの場合、正解が回答者が指定した範囲の外にある割合が一〇％をはるかに超えている。

保険会社も、保険金請求に備えて準備金を見積もるときに保守的になるという分別を持っていて、暗黙のうちにそのように見積もり範囲を選んでいる。しかし、いくら彼らが自信の範囲をそれに合わせるよう努力しても、彼らはあらゆる人たちと同様に自信過剰になっている可能性が高い（本書を含めて本の執筆が締め切りまでに終わらない理由もここにある）。彼らが保守的だと思って出した数字が、実はそうではないのである。結局、彼らの見積もりは甘すぎ、その結果、低すぎる価格が設定される。

バフェットも準備金を正確に見積もるという課題に直面しており、彼も定期的に失敗し、それも低めであることが多い。ただ、自分の認知装置を理解している彼は、この業界で自信過剰の性質を理解し、保険子会社の経営者を率いる際にこの事実を組み入れている唯一の人物かもしれない。その結果、業界の多くの人が儲かると思う案件を、バークシャー・ハサウェイは引き受けないことがある。

二〇〇一年九月一一日

「バークシャーでは、九月一一日の保険損失を二二億ドルと見積もっています。（中略）巨額です。ただ、バークシャーはこれに十分耐えることができます。当社は異常災害保険に長く携わっており、災害時の処理に関する準備は資金的にも心理的にも整っています。そして、災

害はこの先も起こります」──ウォーレン・バフェット[56]

バフェットは保険業界で打席に立つとき、別の心理的な原則も用いている。保険価格を破壊する認知バイアスを逆に利用しているのである。このバイアスとは、欠乏感だ。

ひどい欠乏感──どのような場合でも、譲り渡した保険契約は二度と戻らないのではないかという恐れ──をバフェットは待っている（平時に）。

これは、保険金請求によって保険会社の体力が弱まり、資金が不足してマーケットが必要としている引受能力を提供できなくなったときに起こる。こうなると、規制的にも信用的にも十分なリスクを受け入れられなくなる。これは価格が低すぎる状態が数年間続いたことへの報いかもしれないし、業界を揺るがすほどの大災害が一つ以上あったためかもしれないが、いずれにしてもリスクに対して価格設定を間違った人たちがこのような状態に巻き込まれる。

そして二〇〇一年九月一一日、ニューヨークの世界貿易センターの崩壊とともに、欠乏感は最悪の形で実現した。これはバフェットでさえ想像もしておらず、もちろん歓迎もしていない。

考えるのも嫌なことだが、この種の災害は、バフェットが彼の保険証書に記した約束を呼び起こさせる。彼と子会社の経営者たちは利益の出ない引き受けを拒否してきたため、このような事態で他社が窮地に陥っているときでもバークシャーの財務基盤は健全さを保っている。つまり、業界の支払い能力が枯渇しても、バフェットは保険を引き受けることができる。

当然、状況を考えれば、利益が出る価格で提供できる。コモディティー業界では、供給が不足すれば価格は上がる。保険業界に四〇〇億ドルの打撃を与えたテロ攻撃がこの効果をもたらした。

バフェットは、この事件を受けて次のように言っている。

保険事業の近い将来（それもかなり近い将来）の見通しは良好です。再保険の買い手が最も求めるのが強固な財務基盤であるこの時期に、当社は業界で最も安全な保険会社だからです。[57]

大惨事を受けて市場で支払い能力が低下すると、バークシャー・ハサウェイは補償のオアシスになる。バフェットの顧客でまだ保険が必要な人たちはそれまで以上に彼に引かれるようになる。かつて豊富にあったものが突然枯渇してしまうと、人間がもともと競争において手に入りにくい物を高く評価する傾向はさらに強まる。[58] この感情が保険を必要としている人たちを圧倒し、彼らはより一層高い保険料でも支払う気になる。そのため、同時多発テロを受けて再保険市場の価格は三五～五〇％も上昇した。

これよりはずっとマシではるかに受け入れやすい状況ではあったが、同じような欠乏感は一九八〇年代半ばにもあった。当時も本領を発揮していた彼は、一九八四年の株主総会で次のように言っている。

この数年、私は保険事業においていずれ強固な財務基盤が当社の競争力の差別化につながるという話をしてきましたが、その日がついに来たのかもしれません。当社は、間違いなくアメリカで最強の損害保険会社で、支払い能力は当社より規模が大きい会社と比較してもはるかに優れています。[59]

翌年も、バークシャーの優位は変わらず、引受額は天井知らずの伸びを見せていた。

過去の報告書で、私はいずれバークシャーの強固な資本基盤（業界最強）が明らかに優位な競争力をもたらすだろうと述べてきました。マーケットが厳しさを増すなか、ついにその日が来ました。当社の保険料収入は前年の三倍に達し、（中略）バークシャーの強固な財務基盤（と、いかなるときでも並はずれた強さを保ってきた実績）は健全な事業を守るための重要な資産になっています。[60]

顧客はバークシャーに殺到していた。

私たちが正しく予測してきたとおり、大口の買い手の多くが遅ればせながら保険は保険会社の出す借用書でしかないことに気づき、保険と再保険に品質を求めるようになりました。彼らは、一九八五年にたくさんの借用書が回収不能に陥った経験があるからです。新しい買い手は、強固な資本基盤を持つバークシャーに引かれています。ただ、その過程で私たちも予測していなかったことですが、大きなリスクを保証できる能力に引かれて当社を選ぶ買い手も出てきており、当社はほかとは一線を画した存在になっています。[61]

バフェットは人間の行動をよく理解しており、状況を多少操作することまでできる。彼は一九八五年に株主に「当社最大の保険会社であるナショナル・インデムニティ・カンパニーは、大型リスクを引き受けるため毎週三本の広告を出しました。これは大型の保険のみを勧誘するもので、保険料は最低一〇〇万ドルとしましたが、驚くべきことに六〇〇件の問い合わせがあり、保険料収入は五〇〇〇万ドルに上りました」[62]と語った。ただ、この広告は申込者が希望価格を提示することが条件だったことをバフェットは株主に伝えていない。もし彼がその価格を気に入らなければ、それで交渉は打ち切りになるのだ。[63]こうすることで、バフェットはさらに大きな欠乏感という錯覚を演出していた（二〇〇一年九月以降には、このような方法は行われていない）。

バフェットは強固な財務基盤に対して欠乏感がある時期だけでなく、そのような状況が予期できる時期にもこのような方法が功を奏すことを知っている。一九九六年には株主に向かって次のように言っている。

巨大災害に見舞われると、再保険の必要性が特に大きくなるにもかかわらず、加入するのは難しくなります。このような時期でも、バークシャーは間違いなく十分な支払い能力を提供できます。ただ、昔からの顧客が優先されることは言うまでもありません。このことに気づいた世界中の大手保険会社と再保険会社が、当社との取引を望んでいます。このこと再保険会社からの「予約」手数料は相当額に上っています。彼らはマーケットがさらに厳しさを増したときに、当社の保証を受けられるかどうかを見極めています。[64]

また、こうも言っている。

買い手は定期的にベンジャミン・フランクリンが言った「空の袋はまっすぐ立たない」という言葉を思い出し、保険は永続的に財務基盤が強固な会社から買わなければならないと気づきます。そうなると、私たちは競争上優位に立ちます。買い手は、五年後や一〇年後に自分の保険会社が一〇〇〇万ドルの保険金を簡単に支払ってくれるかどうかと考えたり、引き受け能力が下がっているときに金融市場の低迷や再保険会社のデフォルトなどが重なった場合を考えると、信頼できる会社がほんのわずかしかないことに気づきます[65]。

実際、この競争優位を利用するためにバフェットはジェネラル・リーを買収した。ただ、そうすることで彼はバークシャー・ハサウェイの競争優位を補強するというよりもむしろ弱めることになるのではないかということが気になる（少なくとも中期的には）。

その理由を探るため、ジェネラル・リーの買収について詳しく述べた第２部で、この失敗にかかわるいくつかの教訓を引用し、バフェットの資産運用のやり方を詳しく見ていくための準備を整えたい。

第２部

資産運用

第6章　頼りになる男

「たくさんの間違いを犯さない方法を学べるとか、そのためにとれる行動があるとは思わないでほしい。ただ、ほかの人よりも間違いを少なくしたり、間違ったときは素早く修正する方法を学んだりすることはできる。どちらにしても、適切な人生を送るためにはたくさんの間違いを犯すことは避けられない」――チャーリー・マンガー[1]

「人は、その人のイメージを認識できる人の数だけ社会的な自己を持っている。（中略）子供には優しいのに、指揮下にある兵士や捕虜には厳しいという具合に、この分業は完璧に調和している」――W・ジェームズ[2]

バフェットには、人々に彼の触ったものは金に変わると感じさせるオーラがある。しかし、そう感じない人は攻撃に転じる。厳かな神のように支持されている彼が血を流して死んでいく姿を見たい人や、その引き金を引きたい人もたくさんいる。

一九九〇年代後半、この弾はニューエコノミー陣営から飛んできた。テクノロジー銘柄が高騰し、バフェットはそれを買わないことで大いに非難されたのだ。彼はみんなと歩調を合わせていなかったのである。バークシャー・ハサウェイはS&P五〇〇のパフォーマンスを下回り、その傷は深いように見えた。しかし、テクノロジーバブルの崩壊でその傷はすぐに癒え、バフェットの株はマーケットの下落をしり目に再び大きく上昇した。

しかし、二〇〇一年の同時多発テロで懐疑派の追及はますます厳しくなり、このときは彼自身が批判の材料を提供していた。ジェネラル・リーの件で非難にさらされることになったのだ。バフェットは株主に対して、同時多発テロが同社の引き受け査定基準における深刻な弱点を露呈したと語った。バークシャーは、事件があった四半期にワールドトレードセンターのテロ攻撃にかかわる「推計」保険金請求額として総額で二三億ドルを計上したが、このうちの一七億ドルはジェネラル・リー関連だったのである。[3]

バフェットは告白し、非難を受け入れ、保険会社の経営に用いてきた黄金のルールをジェネラル・リーがまったく順守していなかったと説明した。彼は血を流していた。

ジェネラル・リーはバフェットの強力な三本柱の象徴になるはずだった。ところが、一部の人を驚かせた告白が、彼の組織の枠組みのなかでも本質的な要素である次の点に大きな穴を開けた。

①リスクを引き受ける能力
②分散化した経営スタイル
③買収を実現する能力

この大失敗を詳しく検証すると、バフェットがどこで間違いを犯したのかが明らかになる。その過程で、彼が神ではなく、間違いも犯す人間だということも分かる。ただ、彼は資産配分においても環境の変化を予期するのではなく対応することで管理していくことができることも分かる。このことは、たとえ彼が間違えてもバークシャーの健全性に与える影響はさほど大きくないことを示している。また、彼は必要であれば人間的なレベルの変化を起こすことも恐れず、そのことから彼が積極的なリーダーであることも分かる。

バフェットはステレオタイプ化してしまうことを拒んでいる。彼はいくつもの役割をひとりでこなしており、全天候型の人間なのだ。

時間切れになったとき

「巨大災害は驚くことではありません。これはときどき起こることであり、今回が最後でもありません。ただ、私たちは愚かにも人間が起こす巨大災害の価格を算出していませんでした。

そのため、当社を含め業界全体がテロ災害に対する補償も保険でカバーされるリスクに含めることにしましたが、これに対する追加保険料を徴収しませんでした。これは私が犯した大きな間違いでした」――ウォーレン・バフェット[4]

ジェネラル・リーを買収した一年後、数回にわたって買収の正当性を述べたあと、バフェットはついに株主に買収の本当の理由を――遠回しにではあるが――伝えた。一九九九年の年次報告書を書いている時点でバークシャーの株価は前年の高値から五〇％近く下げており、バフェットは自社株買いを提案した。

彼は、「バークシャーの株価が控えめに計算しても本質的な価値をはるかに下回っていると確信していないかぎり、自社株買いをすることはありません」と語り、過去に何度も行っている資本配分の重要性について述べたあと、次のように言った。

最近、A株が四万五〇〇〇ドルを下回ったため、当社では自社株買いを検討しました。しかし、それを実施するとしても、株主のみなさんがこの報告書を読まれるまで待つことにしました。[5]

株主と株式市場は彼の意図を理解した。バフェットがバークシャー・ハサウェイの責任者になって初めて株価が彼が考える同社の本質的価値を大きく下回り、彼は一部の自社株買いを検討したのである。しかし、バフェット自身によるバークシャー株の価値の分析を聞きつけた人たちが株を買ったため、急騰して、この提案は不要になった。

ここで数字を見てみよう。四万五〇〇〇ドルが本質的価値を下回っていたとしても、ジェネラル・リーを株式交換で買収したときの八万一〇〇〇ドルは本質的価値よりもはるかにプレミアムが付いていたと考えられる。だからこそバフェットはこの取引を進めたのだ。

ジェネラル・リーは一九二一年に操業し、バークシャー・ハサウェイに買収されたときは世界でトップ三の再保険会社のひとつとして、三一カ国の拠点で一五〇カ国に保険を提供していた。バフェットは、同社を経営するロン・ファーガソン会長とは仕事上よく知る仲で、仕事の内容もよく理解しており、バークシャーとはぴったりの組み合わせだという意見も多かった（ファーガソンも、価値を生み出す公式は、フロートの規模とコストとそれに対するリターンだと考えていた）[6]。

バフェットは、この買収以前は自社の株を使った取引に嫌悪感を示していた。そのため、それまでは買収額のほんの一部に現金の代わりとして控えめに使ってきたことくらいしかなかった。このことについて株主には次のように言っている。

ほかの条件が同じであれば、株の本質的価値に対して最も高い価格が付くのは、企業の所有者にとって不利な時期に株を発行しない経営者がいる企業です。買い手が自社の一部を売却すれば（買収のための株式発行とはそういうことである）、その株の価値はマーケットが付けた価格以上になることは通常ありません（それでも売り手企業はできるだけ高く交渉しようとする）。[7]

買い手が急いでいる場合は、（中略）一ドルの価値しかないものに二ドル支払うことになります。そのような状況では、適正価格で買えば素晴らしい事業がひどい買い物になってしまいます。本物の金（ゴールド）を鉛の価値ほどしかない金（ゴールド）で買うことはできません。[8]

しかしバフェットによれば、買収のために株を発行しても、「買い手の株価が本質的価値以上になっているときにその株を買収に使えば、買い手の所有者の富が増える」[9]ため「元々の所有者にとっては価値の破壊」にはならない。

一九九八年夏のケースがそうだった。

バフェットが初めてジェネラル・リーの合併を考えた一九九六年九月のバークシャーの株価は、約三万二〇〇〇ドルだった。翌年の七月、彼はロン・ファーガソンと買収について話し合った。しかし、この取引の法的文書によれば「この時期のバークシャーとジェネラル・リーの普通株の株価では、ジェネラル・リーの株主に何のプレミアムも提供することができないため、バフェット氏は買収を渋った」[10]と書かれている。

状況が変わったのは、一九九八年五月六日だった。「前回の話し合い以来、バークシャーの株価はジェネラル・リーの株価よりもはるかに上昇していた」[11]と先の文書には記されている。実際、株価はバフェットが最初にジェネラル・リーの買収を考え始めた時期から一四〇％も上昇し、まだ勢いがあった。バフェットの子会社の株価も全面的に回復した。大資本の、特に世界的なブランドを持った企業がマーケットを押し上げ、バフェットもジレット、アメリカン・エキスプレス、なかでも大株主であるコカ・コーラ（一九八八〜一九八九年にかけて買っている）などの投資で莫大なリターンを上げたため、彼の天才ぶりに注目が集まった。バフェットのさらなる「才気」を期待して、投資家はバークシャー・ハサウェイの潜在価値にさらなるプレミアムを付けていった。

その間、ロン・ファーガソンはジェネラル・リーの自社株買いを進めていた。彼はそれまでの数年間、株価が本質的価値を下回っていると考えていたのだった。[12]そのあとバフェットとファーガソンは再び合い、今回は両社の組み合わせとその価格について話し合った。バフェットが株式交換の比率を提案し、六月一九日に両社の合併が発表された。

表明された理由

「今回の取引によって、ジェネラル・リーは再保険の引き受け機会拡大と、これまでは収益変動という制約のために見送っていた案件の引き受けが可能になり、さらに充実した顧客サービスを提供できるようになります。制約がなくなったことで、長期的な利益率は改善します。二社が協力することで、ジェネラル・リーは引き受けた保険のうちほかの再保険に出さずに自社で引き受ける割合を増やすことができ、それによって投資資金も増えます。また、バークシャーはジェネラル・リーの国外事業を急速に拡大させ、豊富な資本を提供します」――共同委任状・目論見書[13]

バークシャー・ハサウェイの株式の二二％を使い、市場価格に二一・八％のプレミアムを付けて二二〇億ドルでジェネラル・リーを買収したことに対する説明はただ一言、「相乗効果」だった。これは、彼が繊維業のワナにはまった典型例で失敗に終わったウォンベック・ミルズの買収のときに企業買収の理由として過去に一回だけ使った言葉だった。実はこの言葉について、バフェット自身は一九八五年に「ビジネスの世界で意味がない買収を説明するためによく使われる言葉」[14]と語っている。

しかし、このときの相乗効果は本物で、現在でも有効であり、いまだに部分的にしか活用されていない。

この買収は、それまで彼が追求してきたバークシャーの拡大手法とは大きく違っていた。ジェネラル・リーはオーナーが経営する企業ではなかったし、オーナーのように行動する経営者もいなかった。ロン・ファーガソンと彼のチームはバフェットの指摘どおり、各期の収益の変動を抑え、リターンを平滑にするために低利益の保険を引き受けていた。これは短期から中期で株価を上げる可能性はあるが、長期的には通用しない。しかしジェネラル・リーの経営陣は、長期的な本質的価値を最大にすることを奨励されてはいなかったし、ストックオプションを持っていた。彼らにとっては中期的な株価が高くなればなるほど良く、株式市場が直線的な利益増加を望むならば、彼らは全力でそれを達成しようとしていた。

それまでバフェットの買収は、元の経営者の行動を強化するという約束のもとに進められてきた。しかし、ジェネラル・リーの経営陣をオーナーのように行動させるためには、彼らの行動を変えなければならなかった。最初の二年間、この買収はひどい失敗だった。一九九九年、バフェットはバークシャーが一四億ドルの保険損失を被り、貴重なフロートのコストが五・八％も上昇したことを報告した。[15] 警告のサインが発せられていた。

しかし、競合他社に仕事を譲ってよいという考えを受け入れるのも、群衆とは離れても不安にならないことも、最初の小さな報酬を振り切ることも、何もしないで満足することも、保険事業ではなくて投資資本の配分に専念することも、実行できるようになるまでには時間がかかる。

ジェネラル・リーの経営陣を改革して新しいオーナーとまったく新しい規則に慣れさせるため、バフェットはバークシャー全体で使っている最小スペックを導入した。なかでも最も重要なことは、彼が経営陣の報酬制度を変更し、ストックオプションの代わりに「フロートの伸び率とフロートコストに直接連動した成功報酬制度を用いることにしました。この変数はオーナーの価値を測るときにも使っているものです」。[16]

二〇〇〇年までの結果は、短期的なものではあるが長期的な上昇が期待できる内容だった。バフェットは次のように報告している。

直近の業績は大きく向上しました。ロン・ファーガソンはジョー・ブランドンやタッド・モントロスやそのほかの才能あるスタッフとともに、ジェネラル・リーの利益率を過去の水準に戻すため、二〇〇〇年にさまざまな対策を講じました。まだ、適正価格には達していませんが、かつては利益率を深刻な状態に陥れるまで下がっていた料率はかなり改善しました。[17]

そして時間切れになった。

間違い

「あなたの会社は、財務決定はトップが集中して行うという方針で運営しています。（中略）しかし、業務権限は子会社や事業部門の何人かの主要な経営者にかなり極端に委任しています（中略）この手法は、業務を厳しく管理していれば避けられたかもしれない大きな間違いを引き起こすこともあります。しかし、（中略）この手法ならば素晴らしい才能を持った人材――普通の方法ではでは雇うことができない人たち――を引き付け、引き止めることができます。それは、彼らがバークシャーで働くことは自分の会社を経営するのとほとんど変わらないことを知っているからです」――ウォーレン・バフェット[18]

バフェットがこう語ったのは一九七七年だが、これはジェネラル・リーの失敗を予言している。ジェネラル・リーの買収においてバフェットが見過ごした点は、想像もつかないような出来事が起こる可能性を過小評価したというようなことではない。同時多発テロは、この会社の査定で見落とした点を明らかにしたにすぎない。彼は細かいことにはこだわらない。買収のときに多くの人がするような細かい品質点検もしない。彼のデュー・ディリジェンスは、企業の責任者個人を対象とした査定が基になっている。もしその人物が信頼できるのであれば、買おうとしている企業は通常のデュー・ディリジェンスで明らかになる資質を持っていると信じるのである。

実際、彼の買収戦略がほかよりも優位を保てるかどうかは、バークシャーに加わりたいと思わせるような経営をすることにかかっている。信頼に基づいて人材を確保し、細かく業務管理をする代わりに自由に経営させるというのは、彼の手法のかなめとなっている。しかし、ジェネラル・リーではその期待が裏切られた。

バークシャーのほかの再保険会社も、同時多発テロでは打撃を受けた。しかし、バフェットは株主に業績は「引き続き大変良好」[19]と報告している。ただ、違いもある。バフェットは、「彼らは私が定めた三つの引き受けルールを一貫して守り、引き受けたリスクに対して適切な収入を得ています」[20]と付け加えている。

バフェットが驚き失望したのは、この悲劇によって明らかになったジェネラル・リーの引き受けが痛ましいほどに不適切だったからである。これは、過去にリスクに見合わない価格で引き受けを行っていたことだけでなく（バフェットはこれが事業収益を平滑にするためのコストであったことを認識しており、修正している途中だった）、単体および一連の損失の総額が大きすぎる引き受けをしていたことと、引き受けのなかに誠実な保険金請求が期待できないと推測される顧客が含まれていたことだった。

ジェネラル・リーは、ロン・ファーガソンと一体ではなかった。同社の再保険契約を数多く見ていくなかで、バフェットはこの会社の引き受けの基準の甘さを感じ取っていた。しかし、人的なミスが及ぼす影響の大きさを無視していたのである。

一九九九年、バフェットは株主に次のように語っている。

ジェネラル・リーには、世界で最も儲かる再保険会社になるための販売経路も、引き受けのノウハウも、文化も、（バークシャーの支援による）財務力もあります。そうなるまでには時間とエネルギーと規律が必要ですが、ロン・ファーガソンと彼のスタッフならばきっとそれを実現すると確信しています。[21]

この見通しの弱点は、ジェネラル・リーの企業文化にあった。ロン・ファーガソン個人の知識は深かったが、会社としての知識は狭い範囲にとどまっていたからだった。しかし、同社の顧客リストを細かく検査しないかぎり、基準の不備を完全に把握することはできなかった。実際、ファーガソンでさえこのような不備を知らなかった可能性が高い。

バフェットは、同様の間違いをソロモンへの投資でも犯している。彼とマンガーはCEO（最高経営責任者）のジョン・グッドフレンドを気に入り、尊敬し、信頼していた。一九八七年に彼は株主に次のように語っている。

私たちが彼と知り合ったのは一九七六年で、当時、倒産寸前だったガイコの救済に彼が中心的な役割を果たしてくれました。そのあと、彼が愚かな結果に終わりそうな取引を、たとえ顧客が強く望んでも断る場面を数回見ています。これらの取引を実行すれば大きな手数料が入り、断れば何の収入も得られないのに、彼はそうしていました。[22]

しかし、ソロモン内の運営は誠実な会長の姿勢を反映しておらず、アメリカ国債の不正入札が発覚して社員のポール・モーザーが逮捕されると単独での生き残りは難しくなった。[23] 間違った行動規則が広まってしまうと、不正を見つけ出すのは難しくなる。業務管理の王様と言われるジャック・ウェルチでさえ、同じ失敗をしている。GE（ゼネラル・エレクトリック）がキダー・ピーボディーを買収したあと、ジョセフ・ジェット（一九九三年には同社で最高額となる九〇〇万ドルのボーナスを獲得した社員）が利益の捏造によって会社の利益ではなく私腹を肥やしていたことが発覚したのである。[24]

いずれにしても、ジェネラル・リーに関してバフェットが間違いを犯したという事実は変わらない。しかも、これが最初の間違いではないし、最後でもないだろう。

間違いの歴史

「当社の業績でも特に励みになる点は、マイク・ゴールドバーグが来る前の会長がかなり大

きな間違いをいくつか犯しているにもかかわらず、このような成果を達成できたことです。保険事業は間違う機会がいくらでもあり、私はそれに応えすぎてしまいました」——ウォーレン・バフェット[25]

大きな間違いのひとつは、そもそもバークシャー・ハサウェイを買収したことであり、やっとそれを認めて対処することに決めるまで、バフェットはインフレ率と比較したリターンの見通しを気にしすぎていた（一九七〇年代のインフレ率はアメリカ経済の特徴だった）。

当時の彼は、世界に対する見方を変えてしまった知識創造の恩恵をまだフルに受けていたわけではないが、このとき（今ではだれも知らないが）彼はマクロ経済の見通しを前提に銘柄を選択していた。一九八四年の株主への手紙には次のように書いている。

平均で何％程度になるのかは分かりませんが、この先インフレ率が大きく上昇し、そのあとも小さくても無視できない程度のインフレが続くと考えています。インフレ率が下がっている現状からすれば、これはバカげた予想のように見えるかもしれませんが、現在の財政政策で巨額の赤字を反転させるのは極めて危険かつ困難と言わざるを得ません。[26]

このようにインフレが蔓延するという予想の下、バフェットはバークシャーでかなり以前からインフレヘッジとしてコモディティー株のポートフォリオを保有していた。一九八〇年のコメントは次のようなものだった。

私たちは、現在運営しているどの事業よりもアルミニウムに関心があり、それについてはいずれ詳しく報告します。もし現在保有している株式をそのまま持ち続ければ、長期パフォーマンスは、私たちが経営権を持つ企業に対して下す判断の影響よりも、アルミニウム業界の将来の経済性により大きく左右されることになります。[27]

しかし、この想定はバカげていた。予想が間違っていたのである。インフレ率は上がらず、むしろそれ以来下がり続けている。もし当時のバフェットがこのことを株式の価値の査定に織り込んでいれば、事業の将来のキャッシュフローの価値を算出するときに割引率をもっと低く設定したはずである。また、そうしていれば、次の二〇年間の強気相場においてあれほど弱気になることもなかっただろう。

その結果、想像し難いことだがバークシャーのリターンは今よりもはるかに高くなっていたかもしれない。このように、バフェットのキャリアには間違いという小さな穴がたくさん開いている。

彼が初めてアメリカの株式市場の外で投資をしたのがギネスの買収だったが、これは期待外れに終わり、株も売却することになった。

一九九〇年代には、クリントン大統領が医療品の価格規制を打ち出したため、製薬業界の株価が下落した。のちにバフェットはこのときのことを、「製薬業界が全体として過小評価されてきたことに気づくべきでした」[28]と言っている。投資していれば大きな価値を生んだだろう。

バフェットは株主に次のように言っている。

私が犯したいくつかの最大の間違いは、目には見えません。長所を理解していたのに買わなかった株や企業だからです。自分の理解できる範囲の外で素晴らしい機会を逃しても罪ではありません。しかし、私は十分理解できる案件がお皿に乗って目の前に差し出されたのに、買収しなかったことが何度かありました。私自身を含むバークシャーの株主にとって、これを見逃したコストはかなり大きいと言わざるをえません。[29]

しかし、なぜバフェットが間違いを犯しても、バークシャー・ハサウェイのパフォーマンスは落ちないのだろうか。実際、ジェネラル・リーの買収などいくつかの案件は、彼の実績を台無しにしてもおかしくなかった。その詳しい説明は次章に回すが、ここではバフェットの間違いが将来の変化を予想し、流れに逆い、彼の優位性を一方的に押しつけることによるものではないということだけ書いておくことにする。このやり方では、もし彼が間違っているとミスが積み重なっていく。彼の間違いは、変化に対応し、何らかの機会が生まれるきっかけになっているのである。

変化を管理する

「また、ジェネラル・リーとバークシャーのほかの収益事業を一体化することで、ジェネラル・リーの投資管理がより柔軟に行えるようになる」——共同委任状・目論見書[30]

ジェネラル・リーの買収についてバフェットが語らない理由のひとつは、非課税で株式ポートフォリオを組み替えるためで、彼は各社の株価が全般的に高すぎると考えていた。一九九七年、バフェットは保有する株式の約五％を売却し[31]、翌年は小さいポジションの多くを「調整するか大幅に削減した」。[32]これは前例のないことだった。過去にも株を売却したことはあったが、それは通常、別にもっと高リターンの機会があり、資本の制約の関係で売却しなければその機会を利用できない場合が多かった。それに、彼は売却によって資金を得たものの、すでに一五〇億ドル以上を現金相当物で保有していた。さらに高リターンを求めていたとしても、そのために資産を現金化する必要はなかったのである。

売却を決めたのは彼の価値評価における先入観のせいである可能性が高い。ただ、大きいポジションを売却すると、彼が大いに嫌っているキャピタルゲイン税を、特に彼の最強のフランチャイズ銘柄に対して相当の額を課税されることになる。

このとき、ジェネラル・リーの買収がバフェットに次善の策を提供する機会となった。彼が保有している株の価値（バークシャー・ハサウェイの価値として示されている）を使って、株よりも債券の割合がはるかに多い投資ポートフォリオを保有する会社を買うことができるからだ。

合併以前は、バークシャーが保有する五〇〇億ドルの投資資産のうち、約八〇％が株式だった。一方、一九九七年末時点でジェネラル・リーが保有していた二四〇億ドルの投資資産のうち、株式はわずか二〇％程度だった。[33] つまり、この買収によってバフェットは税金を一セントも支払わずに、値嵩株を全体の八〇％から約六一％まで減らすことに成功したのである。

本書執筆時点で、ジェネラル・リーの買収以来、S&P五〇〇は二四％下落していたが、債券の合計リターンは約二六％になっていた。タイミングは悪くなかった。しかし、バフェットが気にしていたのは投資のタイミングではなく、価格だった。彼の狙いは、ジェネラル・リーの買収で得た莫大なフロートのリターンをテコ入れすることと（それまでは、前所有者の下で必然的に保守的な運用がなされていた）、以前よりはるかに大きくなった保険事業が好機を逃さず積極的に動けるようにバークシャーの「ほかの収益事業」を増やすことだった。

株式市場は通常、割高になっているにもかかわらず、世紀の変わり目においてははっきりと二極化していた。ニューエコノミー銘柄はものすごい強気相場を謳歌し、オールドエコノミー銘柄――特に中・小型株――はどれも全面的な弱気相場に入っていた。
　弱気相場で株価が落ち込むと、企業にとって資本を調達する唯一の道（株式市場）が閉ざされる。さらに、ほかの調達手段（例えば社債の金利）も高くなる。この問題を打開するため、バフェットは二〇〇〇年に株主に「ときとともにジャンクボンド市場も枯渇しました」[34]と述べ、さらに次のように続けた。

　その前の二年間、ジャンクボンドの買い手はそれぞれの基準を緩和し、最低格付けの発行体の債務を不適切な価格で買っていました。この緩和の影響は、昨年デフォルトが膨れ上がったことで実感しました。この環境下で、企業を買おうとしている「財務的な」買い手（株のほんの一部を使って買おうとしている人たち）は、必要と思う金額を借り入れることができませんでした。（中略）私たちは株式交換という前提で買収を分析しているため、評価は変わりません。つまり、私たちは競争上、かなり有利になるということです。[35]

　バフェットは、高リターンの機会があるならば彼の既存の事業に再投資してもよいと思っている。また、バークシャー・ハサウェイの変革を加速できる弱気相場も歓迎している。
　通常の状況では変革は比較的ゆっくりと行われる。バークシャーの余剰資金を生かせる魅力的な機会に新しい事業に配分したり、フライトセーフティーやエグゼクティブジェットといった新しい分野から機会が生まれたり、それともまた違う製靴といったような活気のない業種から新しい機会が生まれたりすることで変革は進んでいく。

ジェネラル・リーの買収とともに、バフェットはそれまでにない動きを見せた。豊富にある価値ある企業を買って再構築することにしたのである（ここで深呼吸をひとつしてほしい）。ジョーダン・ファニチャー、ミッドアメリカン・エネルギーの七六％、コート・ビジネス・サービス（アメリカ最大手のレンタル家具会社）、USライアビィリティと二つの関連会社（三社合わせると中規模の異常災害保険会社になる）、ベン・ブリッジ・ジューラー（西海岸に六五店舗を持つ宝石チェーン）、ジャスティン・インダストリース（テキサス州とその周辺の五州を拠点としたウエスタンブーツと煉瓦のトップメーカー）、ショー・インダストリース（世界最大の絨毯メーカーで年間売り上げは約四〇億ドル、保険事業以外でバークシャーの最大企業）、ベンジャミン・ムア・ペイント、ジョンズ・マンビル・コープ（アメリカ最大の商業用・工業用断熱材メーカーで、屋根やさまざまな工業製品でも大きなシェアを持つ）、マイテック・インク（鉄コネクタとデザインエンジニアリングソフトウエアの制作）、XTRAコーポレーション（輸送機器のレンタル大手）、フルーツ・オブ・ザ・ルームのアパレル事業のほぼ全部（倒産企業）、そしてガラン（大手アパレルメーカー）などである。

バフェットは総額一〇〇億ドル以上を投じてこの一三社の取引を行った。彼は、それまで多くの人たちが株式投資会社だと、間違って見ていたバークシャー・ハサウェイを、事業会社と正しくみなせる会社に作り変えた。

　もし株式市場が再び適正価格になれば、バフェットは部分的な所有権を増やしていくつもりであったにもかかわらず、今回のバークシャー・ハサウェイの再構築は後継者に引き継ぐための準備の一端なのではないかという推測が流れたが、これもあながち間違いではないのかもしれない。ガイコのルー・シンプソンは投資マネジャーとして人もうらやむ実績があり、バフェットが引退すればそのあとを引き継ぐと言われていたが、バフェットの銘柄選びのスキルまでは引き継ぐことができない。ただ、彼が子会社に根づかせた企業文化は、彼の遺産として生き続けるだろう。

　そして、彼が去ったあとも、この遺産がバークシャーの本質的価値を高めていくだろう。これは、一九九八年以来、バフェットがジェネラル・リーのフロートに対して行ってきたことでもある。彼が一九九六年に初めて同社の買収を考えたのは、このフロートに引かれたからだった。両社の相対的な価格差や、オールドエコノミー銘柄の弱気相場が原因ではない。

　資本の管理者として、彼は変化を予想したのではなく、変化に対応したのだった。

　次は、それぞれの資本を管理する経営者たちのリーダーとして、バフェットのかなり積極的な面を見ていこう。

変化を起こす

「収益を賢く留保できなければ、経営者を賢く引き止めておくこともできません」――ウォーレン・バフェット[36]

バフェットは、好きで、信頼できて、尊敬できて、オーナーのように行動する人としか一緒に仕事をしない。

もし子会社の経営者がオーナーのように行動するのをやめれば、他人のお金の世話をする者として重要な考え方ができていないということで、バフェットとどれほど個人的に親しかったとしてもその地位は保証のかぎりではない。

もし子会社の経営者が仕事に対する集中力を失えば、その行動を説得によって正すのは不可能だとバフェットは思っている。「チャーリーと私は、優秀で知的な人が愚かな行動をとっていると思って説得を試みたことがありますが、その結果が芳しかったとは言えません」[37]。人間の本性は、バフェットでも変えることができない（変えたいとも思わないが、彼らと一緒に仕事をしたいとは思っている）。そうなれば、経営者を変えるしか選択肢はない。もちろん好んでそうしたいわけではないが、「経営陣の変更は、結婚生活の変更と同じで、つらく、時間がかかり、危険も伴います」[38]。彼が最初の時点で一緒に仕事をしたい経営者を選ぶことに重点を置く理由はここにある。しかし、投資も行う経営者に変革していくのに当たって初日からその効果を得るためには、必要に応じていやな仕事も行っていく。

バフェットが初めて経営権を握ったデンプスター・ミルズでは、経営陣が低リターンのプロジェクトへの投資をやめて余剰資金を彼に送ることを渋ったため、経営陣を刷新した。マンガーの勧めで新しい経営者に就任したヘンリー・ボトルは、コストを削減し、工場を閉鎖し、在庫を処分し、人員を削減した。[39]

ジャック・ウェルチの、「われわれが彼らを手放すことは人道的かつ寛大なことかもしれない、（中略）早く辞めることで、再就職の機会が増える」[40]という言葉をマネて、必要な人件費についてバフェットは「もし彼らを残留させたら会社が倒産します。（中略）経営者の変更は注意深く行われ、ほとんどのケースではそのほうが彼らのためにも良かったのです」[41]と語っている。

バファロー・イブニング・ニュースが競合相手のクーリエ・エクスプレスに対して劣勢になったときも、バフェットは経営陣を刷新して一九八〇年に信頼するスタン・リプシーを後釜に据えた。[42]ヘンリー・ボトルと同様に、リプシーもバフェットが必要と考える業務管理を導入した。バフェットは自分自身でそれをする準備はできていなかったが、代行する人材を送り込む準備はできていた。

一九八六年、バークシャーの小さな子会社で自動車部品を製造するK＆Wプロダクトが「ひどくつまづいた」とき、バフェットは、同社を監督していたマンガーを通じて再度ヘンリー・

ボトルを投入した。ボトルがCEOに就任した翌年、同社はそれまでの最高利益を打ち立てた。[43]

一九九九年には、バフェットにしては珍しく子会社間でCEOを移動した。サイプレス・インシュアランス・カンパニーのCEOだったブラッド・キンスラーを、一九八六年に買収したユニフォームメーカーのフェックハイマー・ブラザーズのCEOに据えたのである。フェックハイマーは数年前に創業者の兄弟が去ったあと、主導権争いが続いていた。[44]

一九七〇年代初めに保険子会社のホーム・アンド・オートの財務が悪化し引き受け基準を下回ったとき、バフェットはジョン・スワードを「戦地昇進」させた。[45] また、一九七八年には、ひどい状態に陥っていたナショナル・インデムニティのカリフォルニア州労働者災害補償保険を強化するため、フランク・ドゥナードを投入した。[46] そして、一九九〇年代にガイコが同様の困難に見舞われたとき、バフェットは同社の半分以上を所有していたが、ジャック・バーンのあとCEOを引き継いだビル・スナイダーが主力分野以外に進出したり、いくつかの買収を行ったりしたことを明らかに不快に思っていた。結局、スナイダーは一九九三年に「早期引退」を決め、トニー・ナイスリーとルー・シンプソンが共同CEOに就任した。[47]

ロン・ファーガソンも引退した。ジェネラル・リーの新しい経営チームは、ジョー・ブランドンとタッド・モントロスが担っている。

バフェットが驚くべき介入主義の一端を見せた経営スタイルは、完全かそれに近い子会社以外にも及んだ。彼が大株主になっていた企業でも、彼が裏で動いた形跡がある。

「取締役会で、ＣＥＯのパフォーマンスを批判するのは、社会で暴言をはくのと同じように見なされます」とバフェットは言う[48]。ただ、彼自身は取締役会のメンバーとして批判することを恐れない（ただし、取締役を解任されない程度には抑えている[49]）。

コカ・コーラのダグラス・ダフト会長が二〇〇〇年にクエーカー・オーツの買収を発表したとき、株式市場はこの取引がもたらす価値の破壊を反映して株価の急落という判決を下した。取締役会はこの警告を受け、ダフトにこの案件を取り下げさせた。取締役会の一員で、サン・トラスト・バンクの執行委員会会長を務めるジェームズ・ウィリアムズによれば、この会議で反対派の急先鋒だったのがバフェットで、提示価格が高すぎると主張したという[50]。

バフェットが参加している取締役会は、時として活発になる。ダフトの後任のダグ・イベスターは、取締役会によって解任された。バフェットがこの決定に影響を及ぼしたことは十分考えられる。ダフトの下で同社は本部が設定した目標を追いかけていたが、結局それは新興国市場の危機が終わったことも、先進国市場で終わりかけているデフレのことも考慮していなかった。その意味では、収益が賢く留保されておらず、イベスターはオーナーのように行動していなかった。

同様に、ジレットにも財産管理の道を踏み外した期間があった（詳細は第９章参照）。それによって、同社ではアルフレッド・ゼインと後任のアルフレッド・ハウリーが相次いで退任することになった。

そして、二〇〇二年七月、コカ・コーラはバフェットが勧めた手法に従ってストックオプションにかかる費用を経費とみなすことを発表した。また、バフェットがやはり取締役に名を連ねるワシントン・ポストもこれに続いた（ジレットがそうなるのも時間の問題かもしれない）。ワシントン・ポストのドナルド・グレアム会長兼CEOが、私たちがすでに知っていることを証言している。「私と取締役会と経営陣はウォーレン・バフェット氏の話を聞いて、なかなか説得力のある主張だと思いました」[51]

＊＊＊＊＊＊＊＊＊＊＊

バフェットは間違いも犯す。しかし、彼は変化に対応し、変化をもたらす。彼には自信がある。「私は自信を失ったことがありません。弱気になったこともありません。自分はいつか必ずお金持ちになると思っていました」[52]

ただ、彼は自信過剰な最高責任者ではない。

彼は自分の間違いから学ぶ。彼は自信の程度を見極めている。現実を受け入れ、必要とあれば経営者たちを入れ替える。そして、彼自身の資本マネジメントモデルを開発し、それを使って変化に対応し管理することができる。ただし、それは自信過剰な人が変化を征服しようとすることとは違う。

バフェットは次のように言っている。

現代の経営者は、事業を「ポートフォリオ」として見ています。これは、ウォール街の好みや、経営状況や、企業の新しい「概念」の影響を受けて、すべての部門が「リストラ」候補になり得ることを意味しています。[53]

反対に、この頼りになる男は頼りになるモデルを持っている。その結果、複利の利益は続いていく。なぜこうなるのかをさらによく理解するため、次章でバフェットの資産運用モデルの輪郭を詳しく見ていこう。

第7章　コア・コンピタンス領域（核となる能力）

「複雑な環境において成功するエキスパートは、さまざまなところから集めた情報を基に頭の中で『シミュレーション』を行っている。すると、どういうわけか彼らの脳内の多様な情報が問題に対する緊急解決策を生み出す」――ノーマン・ジョンソン[1]

「私たちは重要で理解できることについて考えるようにしています。世の中には重要でも理解できないことがあります。（中略）また、理解できるけれど重要ではないこともありますが、そのようなことで思考をジャマされたくはありません」――ウォーレン・バフェット[2]

バークシャー・ハサウェイにおいては戦略計画を策定しないという方針を選んだことで、バフェットは自分自身のなかからリーダーシップの必須手段のひとつである計画表を排除してしまった。しかし、逆説的ではあるが、それでも彼はしっかりとバークシャー・ハサウェイの運命を預かり、彼自身が設定した目標の達成に自信を持っている。それは、彼がコア・コンピタンス領域を確立して、そのなかで資本を管理しているからなのである。

コア・コンピタンス領域の範囲のなかで、彼は投資資本配分にかかわる法則を理解している。機会が訪れればそれを評価することができるし、間違えたときはその端緒を突き止めて、必要ならば判断基準を修正することもできる。そして、みんなが不確実な状況で切望する「制御できているという感覚」――多くのＣＥＯ（最高経営責任者）が従来型の戦略計画を導入することで「手に入れる」こと――を、バフェットの場合は彼のコア・コンピタンス領域が与えている。彼は繰り返し次のように言っている。

私たちは、基本計画を持っていません。チャーリーと私は、戦略を立てたり、さまざまな業界の将来について話し合ったりするようなことはしません。その必要がないからです。（中略）私たちは、経営的な観点からすべての候補を調べ、理解できるものを探し、そのなかから永続的な競争力を持ち、気に入った経営者がいて、価格が適正な企業を探すだけです。[3]

これまで見てきたように、彼は知性や競争力や経営者や価格についての判断を客観的に行えることで知られている。彼は、感情をはさまずに分析して行動したりしなかったりしているように見える。しかし、彼の資産運用における競争力が客観性にあることは間違いないが、まったく感情がないわけではない。感情を意思決定から外すことはできないし、外すべきでもない。これは判断過程に必要な要素であり、バフェットが得意とする将来にかかわるリスクの高い判断にはとくに重要だ。ただ、それが強くなりすぎると、効果的な判断を下す能力の妨げになる。

資産運用者としても、人としても、バランスが必要だが、バフェットにはそれがある。彼の資産配分の判断は心理的に最も安心した状態で下されており、そのために彼のコア・コンピタンス領域は絶対に欠かせない。そこで、彼は事前にそのための基盤を用意し、安心してコア・コンピタンス領域のなかで資産運用が行えるようにしている。これがバフェットのバランスを保ち、資産運用における非凡な手法を高め、持続させる客観性をもたらしているのである。

コア・コンピタンス領域

「ＩＢＭのトーマス・Ｊ・ワトソン・シニアも私と同じルールを使っていました。『私は天才ではない』『でも、いくつかのことに関しては賢い。だから私はそのことだけにかかわるようにしている』」

――ウォーレン・バフェット[4]

「私は、コア・コンピタンス領域の境界線が分かっています。アメリカの大企業ならば五秒

以内にコア・コンピタンス領域内の企業かどうかを答えられますし、もしそうならばおそらく何らかの行動をすでにとっているでしょう」――ウォーレン・バフェット[5]

独自の方法で資産運用を行っているバフェットとマンガーは、株主の代わりに判断を下すときに将来の社会経済を見極めるようなことはしない。「私たちは、これからも政治や経済の予想は無視し続けるでしょう。これらは多くの投資家や事業家のジャマをし、結局は高くつくことになります」とバフェットは言う。[6]

バフェットとマンガーは、経済を研究しても現実的な予想ができるわけではないと考えている。バフェットが投資資金を配分している株式市場と同様に、経済は「複雑な適応システム」であり、かろうじて均衡を保っている。経済に小さな変化が起こると、それと同じ程度の反応が起こることもあれば、そこから雪崩のように影響が広がって桁外れの結果につながることもある。つまり、短期的や中期的に起こることの方向や規模は偶発的な出来事によって決まり、偶発的なことを予想することはできないのである。

このようななかで意味のある予測をすることについて、パー・バクは「それにはすべてのものをすべての場所で絶対的に正確に測定しなければならないが、それは不可能だ。そうなると、手持ちの情報から正確に計算しなければならないが、それもまた不可能だ」[7]と言っている。

バフェットもこれに賛同して次のように言っている。

ベトナム戦争がこれほどまで拡大したり、賃金や価格の統制、二つの石油ショック、大統領の辞任、ソ連崩壊、ダウ平均が一日で五〇八ポイントも下落、アメリカの短期国債の利回りの変動が二・八％～一七・四％に及ぶなどということを何年も前に予測できた人はだれひとりとしていませんでした。[8]

ただ、これらの出来事を予測できないことは認めても、それでバフェットが資本を合理的かつ思いどおりに運用できないわけではない。[9]

バークシャー・ハサウェイの投資の境界線を定めるとき、バフェットは彼の頭の中でイメージしている世界に言及する。これは、彼が世界を分析するためのさまざまなメンタルモデルを総合したメタモデルなのである。

しかし、これは完全性を求めるモデルではない。これは、理解できることのなかにも重要でないことがあることを認識するためのモデルで、同様に、重要で理解できないことも認識できる。つまり、これは重要で理解できること以外を除外するためのモデルなのである。

バフェットは、投資の判断を、重要で理解できることの範囲内で下したいと思っている。ここが彼のストライクゾーンであり、ここにボールが来れば彼はバットを振る。ここは目の前に現れた機会を客観的に査定できる世界であり、彼が判断を下すときに考慮する変数は手に取れるほど明確で、不確実性をほぼ払拭できるほど確信が持てる。

図表2　コア・コンピタンス領域

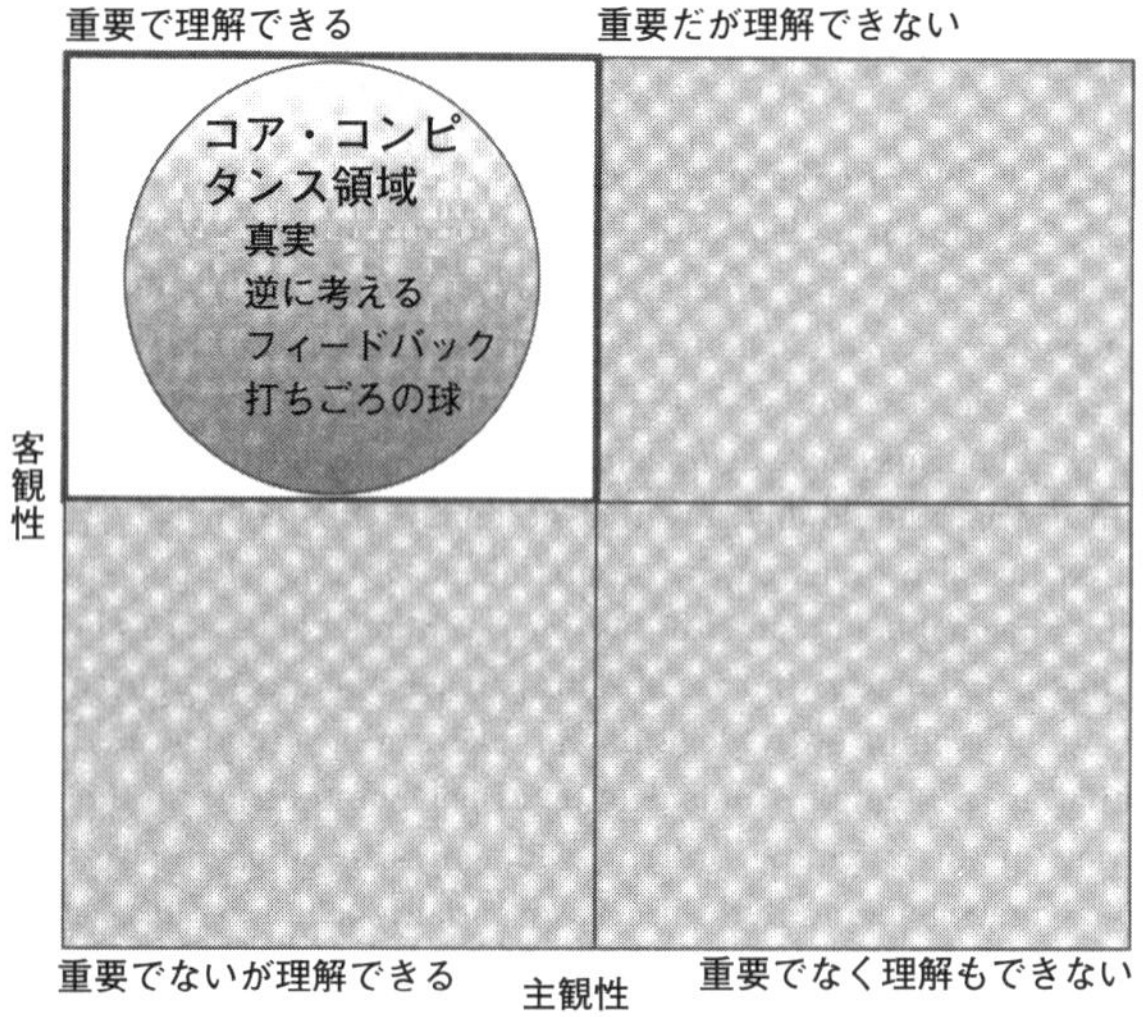

このような認知状態を管理するために、バフェットは**図表2**のようなコア・コンピタンス領域を持っている。この図は次のような規則に基づいて作られている。

①真実とその背後の動きとそれらの関係を確認できれば、理解したと規定する。

②逆の過程をたどって以前の結論と逆になれば、理解していることを確認できる。

③判断結果に対するフィードバックを見ることで、理解しているかどうかをチェックする。

真実

「私たちの仕事の本質は、自分たちが理解できるなかで違いを生むものに集中して取り組む

ことです。もしそれが違いを生むことができなかったり、私たちの理解が及ばなかったりしたときは、あきらめます」――ウォーレン・バフェット[10]

「私は永続的なものと、そうでないものを探しています」――ウォーレン・バフェット[11]

バフェットとチャーリー・マンガーは、自分たちのことを「マーケットアナリストでも、マクロ経済アナリストでもなく、証券アナリストですらなく、事業アナリストだとみなしています」。[12]

バフェットは投資の仕事を始めたとき、アメリカの上場会社をAで始まるものからアルファベット順にひとつずつ調べていった。

業界全般や個別企業についての知識が増えていくうちに、ある程度調べたあとは、外に出て競合他社や顧客、納入業者、過去の社員、現在の社員などあらゆる人から話を聞くことが企業を最もよく理解する方法だと思うようになりました。私たちがやってきたことは、公表されている報告書を読み、ときには質問をして業界内の地位や製品の強みなどといった情報を確かめることがほぼすべてです。[13]

分析が進むにつれて、バフェットは自分が学んでいることを秩序立てるためのメンタルモデルを開発していった。

彼は、すべての事業が変化していく可能性があるということをすでに認めていたが、事業分析の領域のなかに、複雑な制度のなかでも応用可能で長期的に持続できる疑う余地のない真実があるという考えに至った。[14]

バフェットは、企業経済の法則のなかにこれらの真実を見つけた。定義の仕方はさまざまだが、例えば資本集約度の数字の競争や、現状維持のために必要な資本と成長するために必要な資本、避けることができない平均回帰への力、フランチャイズがもたらす優位性などである。

彼はこれを人間の基本的な属性のなかに見つけた。経営者の行動を支配し、自分や彼らのリーダーシップの有効性を決める回路が、企業と顧客、あるいは経営陣と株主の間の意思の疎通も支配している。

彼はこれを価値創成の基本的前提のなかに見つけた。ただし、「通常、投資家が得られる以上」[15]に追加の資本収益率を生み出せるかどうかは経営者の能力による。

彼はこれを価値の方程式のなかに見つけた。彼は企業経済と人間の基本的な属性を組み合わせた式を使って価格を判断する。

そして、彼はこれを機会をもたらしてくれる複雑な適応システムの本質的な特性のなかに見つけた。「人が欲を出したり、恐れたり、愚かなことをすることは予測できます。しかし、それがどの順番で起こるのかは予測できません」とバフェットは言う。[16] ただ、機会がいつ、どこで、どのように現れるかは分からなくても、「私が決めたコア・コンピタンス領域のなかでバークシャーがうまくやる機会がときどき巡ってくることはほぼ間違いありません」。[17]

バフェットの「コア・コンピタンス領域」には、彼にとっての真実で、彼が自信を持って何らかの動きを見つけ、理解し、予想できる業界と企業が含まれている。驚くことではないのかもしれないが、彼はこの重要で理解できる世界を単純なものに限定している。「この発見は公平には見えないかもしれません。しかし、事業でも投資でも簡単で明快なことに徹していたほうが、難しいことに挑戦するよりもはるかにうまくいくことが多いのです」[18]

バフェットは彼のメンタルモデルがときとともに改善していったと証言しているが、彼が安心して評価できる事業という意味での「コア・コンピタンス領域」は初期のころから変わっていない。企業経済の法則は不変なのである。

しかし、あとで起こる知識創造に合わせて、バフェットはコア・コンピタンス領域の周りを人間の行動を基にした知識でさらに固めていく。これは、彼がシケモク投資家から資産運用者に転身し、必然的にリーダーになっていった過程で得た教訓で、彼自身もこれを認めている。

チャーリーと私は、四〇～五〇年かけて事業について学んできました。新しいことに関しては、おそらく二年もたてば良い判断が下せるようになるでしょう。私たちは、特定の事業モデルの詳細を知っていることよりも、人間の行動やそれ以外のことについて分かっていることのほうが（長くやってきたことのほうが）多少有利だと思っています。[19]

逆に考える

「慎重に考えることが必ずしも良いことではなく、余計な間違いにつながる場合すらあることは腹立たしいかぎりだ。（中略）最大の防御策は、自分たちを極端なまでに体系的に批判する最高の物理学者をマネすることだろう（中略）第一の原則は自分をごまかさないこと。ただし、最もごまかしやすいのが自分なのである」――チャーリー・マンガー[20]

「人間は最初に受け取った情報を正しいと感じ、そのあとに受け取った情報は間違いだと考える」と主張する学派がある。バフェットの行動を見ると、彼もこのような見方をしているように思える。[21]

バフェットは、知識をコア・コンピタンス領域に変えて維持していくためには、彼が真実だと考えることを確認するためのストレステストを常にかけていく必要があると考えている。マンガーは、彼自身もバフェットも「以前に決めたことを変えることはいとわない」[22]と言っている。それは彼らが、自分の議論をよく逆に考えてみるからだという。マンガーは次のようにも言っている。

逆に考える習慣をつけると、客観的な見方ができるようになる。逆に考えるには、最初の前提を反証してみるのも一つの方法だ。[23]

また、こうも言っている。

例えば、もしあなたがインド救済のために世界銀行に雇われたら、まずはインドの悲惨なマンイヤー（一人が一年間にできる仕事量）を増やす三つの方法を考えるとよいだろう。次に、逆に考えてそれを増やさない方法を考える。正攻法と同時に、逆にも考えるのである。これは代数でも、人生でも役に立つ。むしろ、それをしなければ本当に良い考えは浮かばない。[24]

バフェットとマンガーという似たような考えを持つ二人は、たいていは意見が一致するため、常にお互いを論破しようとして認知を損なうこともなく、彼らのメンタルモデルのすべてを使って物事を決めていく。もし議論を重ねても結論が出なければ（バフェットはマンガーを「賛成しない嫌なヤツ」[25]と呼んだりするが）、それはそれで何らかのメリットがある。

フィードバック

「間違いにどう対処するかと、勝率を変える新しい事実は知っておかなければならない」
——チャーリー・マンガー[26]

バフェットがコア・コンピタンス領域に基づいた判断基準を有効にするためには、フィードバックを探して取り入れるしかない。

「間違いを嘆くのは間違いで、認識し、分析すれば役に立ちます」とバフェットは言う。[27]この考えの下、バフェットはうまくいったことではなくて（判断が誤っていたが、うまくいったことから彼が求めている情報は得られない）、間違ったことについて、判断後の分析を行う。だからバフェットは自分の失敗についても告白する用意がある。彼は一九八六年に株主にいつもの告白をした。

ご存知のとおり、昨年お伝えした当社の損失による負債は真実とはほど遠く、これで三連続で間違ったことになります。もしピノキオに適用された生理学的ルールが私にも適用されれば、私の鼻は雲まで届いているはずです。[28]

バフェットは、自分のパフォーマンスをすべてありのままに記した内なるスコアカードをつけており、ここには思考は介在しない。ここで重要なことは、普通ならばよしとしてしまう間違い（何もしなかった間違い）を数えているということである。

間違いとは、自分が理解できて、その場にいて、見ているのに何もしないことです。もちろん、従来の会計でこのような間違いを見つけることはできません。しかし、私たちのスコアブックにはそれが記録されています。[29]

そして、彼はスコアの見方も決めている。まぐれの当たりはカウントしないのである。気象学やブリッジのように、判断に対するフィードバックを明確かつタイムリーに得られる環境で判断を下している人は、そうでない環境の人に比べて判断能力の感覚を磨くことができる。[30]バフェットもブリッジが強いことは偶然ではないが、彼も自分の判断の精度を同じように向上させようとしている。

彼は間違いの数を減らしたいと考えている。しかし、さらに大事なことは、彼がある程度の精度を持った予想レンジを出そうとしていることで、これが客観的に測った自信の本質なのである。彼が株主に次のように語る理由もここにある。

私は自分の間違いを説明できるようにしておきたいと思っています（中略）もし私たちが株主のみなさんのお金で損失を出したときは、翌年になぜそうなったのかを説明したいからです。[31]

だからこそ、バフェットは自分に完全に正直になって、判断後のフィードバックからあいまいさを減らそうとしている。

彼はバークシャーの資産運用モデルを使ってコア・コンピタンス領域のなかの真実を見極め、自分の議論を逆に考えてみる習慣を身につけ、自分が用いている判断ルールの質を上げるためのフィードバックに目を向けることで価値を探そうとしている。当然ながら、そのために必要なツールは、もうひとつの明白な真実、つまり価値の方程式なのである。

価値の方程式

「今日、株や債券や企業の価値は、その資産の残存期間に発生すると予想される現金の流入と流出（を適切な金利で割り引くこと）によって決まります」――ウォーレン・バフェット[32]

「私たちは新聞を読み、いくつかの大きな案件について考え、あとは自分の感覚でその確率

を判断します」――ウォーレン・バフェット[33]

価値の方程式（先の言葉参照）は約七〇年前に『**投資価値理論**』（パンローリング）のなかでジョン・バー・ウィリアムズによって規定されたとバフェットは言っている。[34]彼は、言葉を少し変えて、この方程式をバークシャーの資産配分のあらゆる場面で用いている。

これは農場の費用にも、原油のロイヤリティ、債券、株式、宝くじ、製造工場にも使えます。蒸気エンジンが出現しても、電気が普及しても、自動車が登場してもこの式は何も変わらず、インターネットでさえ変えることはできません。この式は正しい数字を入力するだけで、世界中の資本の使い道を魅力のある順に教えてくれます。[35]

このあらゆるものに対応できる公式には、二つの要素がある。それは、①将来のキャッシュフローの予測、②このキャッシュフロー予測の確実性――で、後者がキャッシュフローを現在価値に直す割引率を決める。企業のリスクが高ければ、公式で使う割引率を大きくすべきで、そうなれば現在価値は低くなる。①と②を判断できなければ、その事業を理解したとは言えない。バフェットが自分に判断できると感じているものが、彼の「コア・コンピタンス領域」なのである。

投資家ならばだれでも直面するリスクは、投資のリターンが必ずしもインフレに対する購買力を守ってくれるわけではないうえ、別の投資で得られたかもしれないリターンに対する機会費用がかかっているかもしれないことだとバフェットは言う。資産運用者も同じリスクに直面しているが、彼によれば、こちらのほうは「精密工学のように正確に測ることはできませんが、役に立つ程度の正確さでは判断できます」[36]

安定した頻度と正確な認知

第9章で紹介する重要な例外の一つを除き、正確さを追求するバフェットは、彼が安心して価格設定できる損害保険業界で使われている「理解できて確率を定数化できる予想レンジ」に強く引かれている。重要で理解できる世界は、バフェットがそこで確率を特定できなければ実現しない。彼が求めているのは安定した頻度なのである。

このことは、ポーカーで考えると分かりやすい[37]。ポーカーも企業の経営と同様に、可能な結果をレンジで示すことができる複雑なゲームである。どのような手でも、特定の組み合わせで勝つ確率を正確に見積もることはできない。ただ、何千回もゲームを重ねていると、この「隠れた」確率（このゲームの安定した頻度）が見えてくる。それが知り得る数量なのである[38]。

バフェットは、重大な変化に見舞われても影響を受けない企業にも同じことが言えると考えている。これらの企業は同じ球を何度も何度も投げ続けていると、彼らが活動している複雑な経済のなかでも安定した頻度が定まっていく。これは固定の数値ではなく、知り得るレンジという形で表れる。また、このレンジは不変ではないが、その変化は予測できる。

バフェットが公表している投資のなかで、例えばコカ・コーラとジレットは、毎朝のどが渇いて目覚める人や髭をそらなければならない人に、世界中で名が通っていてマーケットを支配するブランドを提供している。これらの企業は、手ごろな価格で簡単に持ち運べる製品を、欲しいときにすぐ手に入る場所に配置し、それを後押しするために広告を通じて絶え間なく心理的な奨励と条件づけを行っている。これは、ポーカーを毎回同じトランプで、ルールを変えず、一連の出来事も最低限に抑えてプレーをしているのと同じ効果がある。こうすれば、バフェットは予測の決定木から余計なものを削り、ある程度意味のある精度で計算できる確率を加えていくことができる。

このような事業は、枝を広げる木というよりも、連続体というほうが適切に表現できる。バフェット自身は、これらを「必然企業」（確率を予測できる企業）と呼び[39]、次のように言っている。

一〇年後か二〇年後にこれらの企業がどれだけのソフトドリンクや髭そり機を生産しているのかという予想は人によって若干違うかもしれません。また、必然的な製品のメーカーにとって今後も不可欠な製造や配送や梱包や製品革新を軽視するわけでもありません。ただ常識のある人ならば、何があってもコカ・コーラやジレットが投資しているいつの期間でもそれぞれの分野で世界的なマーケットを支配し続けていくことを疑うことはないでしょう。[40]

バフェットのそれ以外の完全子会社も、強さの差はあれ同じようなファンダメンタルズを備えている。ただ、彼が自信を持って必然的だと言いきる企業は世界中にそういくつもない。「そのため、私たちのポートフォリオには必然企業だけでなく、いくつかの高確率企業も入っています」。これらの企業については、キャッシュフローのタイミングと量を予測する確実性が落ちた分を調整してリスクを判断している。

「経験から言えば、最高のリターンをもたらしてくれる企業は、五年前や一〇年前と似たようなことを今日もやっています」。[41]そして、高確率企業――NFM、ガイコ、ボーシャイム、エグゼクティブジェットなど――もそれぞれの方法で永続性のある組織としての地位を確立している。「私たちが見ている企業の外堀は、今でも三〇年前に見たときと同じように持続可能に見えます」と彼は言う。[42]大きな変化から保護されており、長年、トランプの同じ山から何度も引いていれば、価値の方程式のなかから理解できるという要素を捨てて、重要なことをだけを適切に見積っておけば良くなる。企業経済は平均回帰に対しては強固な防御策にならないが、人間の性質はそれに対応できる。

これがバフェットが探している客観性であり、事業の過程で得られる統計を基に客観的な自信を得たり予測を立てたりすることが可能になるし、査定できるリスクを含む特定のレンジを示すこともできる。こうして得た予測の加重平均を、一〇年物の債券の利回り（景気循環を標準化したもの）で割り引けば、正味現在価値を算出できる。そしてあとは待つだけだ。

打ちごろの球

「私たちはテッド・ウィリアムズのような規律を目指しています。彼は『テッド・ウィリアムズのバッティングの科学』（ベースボールマガジン社）のなかで、ストライクゾーンを野球ボールの大きさによって七七の枠に分割する話を紹介しています。彼には、打席で『最高』の枠に来たボールだけを打てば打率が四割になることが分かっています。しかし、彼にとって『最悪』な外角低めの枠に来たボールに手を出せば、打率は二割三分に下がってしまいます。言い換えれば、打ちごろの球を待つことは殿堂入りへの道ですが、見境なく打つことはマイナー落ちへの道なのです」──ウォーレン・バフェット[43]

ただ、彼はこの価値の計算をすべて頭の中で行ってしまう。マンガーは、バフェットが実際に計算しているところなど一度も見たことがないと言っている。要するに、そこまで分かりやすしておかなければならないということだ。

バフェットの頭の中にはエクセルのスプレッドシートのようなものが入っているが、彼の公式は変数の数もあいまいな部分も少ないため、単純な計算ですむようになっている。[44] 彼はここで絶対的な正確さを求めているわけではない。「厳密に間違うよりも、おおよそ正しいほうがよい」[45] と彼は断言する。すべての数字を科学的に処理しようとしているのではなく、「ベン・グレアムとフィル・フィッシャーの著書や、企業の年次報告書や取引報告書を読んでください。ただし、ギリシャ文字のついた計算は無視していいです」とも言っている。[46] 大事なことは、結果を含む可能性が高い予想レンジを見つけることで、それが分かれば結果はついてくる。

バフェットにとって、資本を正味現在価値がプラスの事業というストライクゾーンに配分することが、通常の手順になっている。これについてマンガーは次のように言っている。

ウォーレンは若いころから、良い事業と悪い事業の違いについて、良い事業ならば簡単に決断を下していけるが、悪い事業にはひどい選択肢しかない――つまり極めて難しい判断を強いられる、と言っていた。例えば、シーズキャンディーズの新しい店舗をカリフォルニア州の新しいショッピングセンターに開くかどうかは簡単に決められる。成功することが分かっているからだ。[47]

実際、シーズキャンディーズは「不規則だが相当な勢いで七八年間成長してきました。このまま正しく運営していけば、少なくともあと七八年は同様の成長が続くでしょう」。[48]

同様に、ガイコでもバフェットはCEOのトニー・ナイスリーが事業を拡大したければ、喜んでそれに任せ、「バークシャーがガイコの新規事業に投資する金額に制限はありません」[49]と公言している。この事業は、経済性を考えれば投資の費用と価値の関係が**図表2**の彼が資本を配分したい領域に間違いなく入っている。そして、この領域で迎える機会ならば、バフェットは喜んで彼の経営者たちにスイングさせる。

しかし、バークシャー・ハサウェイにとって既存の事業に再投資することと同様に重要な大規模な投資判断（大きな案件）は、通常の手順とはほど遠い。バフェットとマンガーは、適切なタイミングで投資資金を配分してバークシャー規模の会社全体に影響を及ぼすほどの富を生み出すには、周りの人よりも多少賢い判断を何百件か下しているだけでは難しいということを認識している。価値を生み出す大きな機会で、バフェットが確実な判断を下せるものがそうたくさんあるわけではない。これについてマンガーは次のように言っている。

人間には、すべてのことに関するすべてのことをいつ何どきでも知っておくことができる才能は与えられていない。しかし、一生懸命働く人（適正な価格で評価されていない投資先を世界中で探している人）はときどきそれを見つけることができる。[50]

「つまり、私たちは自分が賢くならなければならない戦略を導入しました。ただ、賢くなりすぎる必要はありません。ほんの何回かでいいのです」[51]とバフェットは株主に語っている。

バフェットとマンガーは一緒に仕事をしているが、賢い判断を下した回数については意見が分かれる（バフェットは二五回くらいだと言い、マンガーは一五回くらいだと言う）。しかし、それがなければバークシャーは平凡なパフォーマンスしか上げていなかっただろう。[52]いくつかの大きな案件（例えば、最初にシーズやガイコを買ったとき）は、バフェットが待っていた**図表2**の打ちごろの球だった。これらは明らかにストライクゾーンに入っていて、「考える必要はありませんでした」。

「大きなアイデアは、来れば分かります」とバフェットは言う。例えば、彼が五〇年前にムーディーズのレポートに目を通してシケモク銘柄を探していたとき、「考える必要がない」銘柄は勝手に目に飛び込んできた。有形資産に基づいて価値を定義すれば、彼が探している銘柄はすぐに分かった。「これらのレポートから六つの銘柄を見つけました。（中略）それを保有することにしたのは、明らかに素晴らしかったからです」と言っている。[53]そのあと、バフェットはシケモク方程式をもっと複雑な価値の方程式に変えたが、今でも「コア・コンピタンス領域」のほうはホームランを打てる球かどうかを見極めるのに使っている。

バフェットは、このような球がときどき飛んでくることを知っている。そして、そのときはテッド・ウィリアムズと同様に、かなりの優位を享受する。ただ、「私たちがテッドと違う点は、ストライクゾーンぎりぎりに入った球を三球見逃してもアウトにはならないことです」とバフェットは言っている[54]。

バフェットは無理に行動しようとは思っていない。「ただ、今日来た球をすべて見送ったとしても、次に来るのがもっと良い球だという保証はありません」[55] ただ、もし彼とマンガーが短期間にいくつかの打ちごろの球を評価しなければならないとき、二人の判断がある程度満足のいくものになることについてバフェットは自信を持っている。彼はこうも言っている。

私たちが一年間にこのような判断を下す機会があるのは、五〇件どころか五件もありません。長期的な結果がうまくいっているとしても、私たちは毎年自分たちがとんでもなく愚かに見えるというリスクを取っています[56]

ただ、ここに障害がある。バフェットの資産運用の基礎概念は、「投資においても経営全般においても慣習にとらわれない行動につながることが頻繁にあります」[57]

価値の方程式に見合わない機会を拒否する姿勢は、長い間活動しないことにもつながりかねない。反対に、勝率が高ければ賭けを切望する（それもかなりの規模で）姿勢は、バークシャーの収益を変動させる。彼が明らかなホームランボール（例えばＩＴ銘柄）を見逃したり、ジェネラル・リーで三振したりすると、短期的にはまるでバフェットが見当違いをしたように見えてしまう。

同時に、彼は打ちごろの球を見逃したり利用できなかったりしたらどうなるかについて幻想を抱いているわけではない。「もしチャーリーと私が投資資産の配分において何年間か空くじを引いてしまえば、バークシャーの成長率は大きく下がるでしょう」[58]とバフェットは書いている。しかし、普通の資産運用（何でもいいから投資しろ）を求めるプレッシャーが強くなって彼がバットを肩に担いだままでは、株主からアウトを宣告されることになる。

この強烈なプレッシャーのなかで、彼は鋭く観察している。

ほかの経営者がやっているような従来の方法で失敗するほうが批判は少ないでしょう。レミングは集団としては最悪なイメージがありますが、個体として批判を受けたことはありません。[59]

バフェットの慣習にとらわれない行動が招く批判は、もし期待した結果が得られなければ、想像し得るかぎり最悪の結果をもたらすかもしれない。そして、このことがバフェットの認知と客観性の正確さに問題を生じさせる。

想像できる結果が強い感情を引き起こすとき、人の判断力は確率の違いに対して極めて鈍感になることが多い。[60] バフェットも、「チャーリーと私は（中略）は、数学的に筋が通った提案には抵抗しがたい魅力を感じます」と告白しており、このような提案ならばどのようなものでも受け入れてしまうことを前提に資産運用を行っている。[61] もし彼が自分の手法を行使した結果生じた感情に対処できなかったり、自分の分析に基づいた確率を見失ったりすれば、それは悲惨な結果につながる。

ストライクゾーンで感情バランスを維持する

「トラウマ経験が実際に起こる前にそれを予感して不快になり、現実的な予防策をとろうとする能力が、途方もなく重要で役に立つ心理的メカニズムであることは間違いない。（中略）特異な業績の多くはおそらくこのメカニズムによるものだろう。しかし、顕著な失敗の多くもまたこれによるものだろう」――ジョセフ・ルドゥー[62]

「私は自分が理解できることだけをします」――ウォーレン・バフェット[63]

判断を下すときの強い感情による影響を明らかにする実験がある。実験は、被験者にさまざまな電気ショックを与えてそのときの反応を測定するもので、被験者はショックを受ける確率を知らされている。[64] この方法で、カウントダウンの間に差し迫ったショックに対する被験者の心理的反応（感情の科学反応）を測定すると、感情の反応はショックを受ける確率ではなく、ショックの強さの期待値と相関性があることが分かった。

理由は、私たちが感情を抜きにして判断を下すことはできないからである。二〇世紀の大部分において、心理学ではこのことを否定してきた。当時は、「冷たい」認知と感情はそれぞれが独立して存在し、二つが一緒になると感情は「論理的で好ましい状態が中断される」[65] という考えが主流だった。

これまで、バフェットの意思決定における客観性は彼が感情を除外して判断する能力によるものだと説明してきたが、実はこれはあり得ない。純粋な認知だけでは行動にはつながらないのだ。行動は、分析のあとでそこから生じた感情の反応によって起こる。私たちが判断を下すのは、結果が良かったり、悪かったり、安全だったり、リスクが高くても価値があったり、賢かったり、バカげていてもかまわなかったりする可能性が高いと思うからであり、それが正しいとか間違っているとか感じたりするからなのである。[66]

これらは、すべての判断に伴う感情標識で、これによって行動の前の動機の段階に移行する。認知を計画する能力と、判断のメリットや結果を評価する能力と、想像できる結果を構築する能力は分離できない。判断後の感情を予想する力が弱くなると、先を見据えた判断を下すのが苦手になる傾向がある。例えば、目には見えないが想像できる出来事に対して感情的反応を起こすことができないロボトミー（前頭葉を切断された患者）は、思考が現在に限定され、非常に衝動的で、不当なリスクをとる。彼らがトランプで高リスクだがたまに大きい当たりがある山と、低リスクだが小さい当たりが頻繁にある山のどちらからカードを引くゲームをすると、たいていすぐに破産してしまう。ゲームを十分理解して、勝ちたいという強い意欲があっても、リスクをとるときに伴う不安に対処できないため、高リスクの山のリスクを実際よりも低く見積もってしまうからである。[67]

つまり、不確実な状況で正確な判断を下すときは、その過程から感情を外すことはできない。しかし、不確実な状況でも確率分布を感知して、合理的に査定するためには、感情のバランスがとれていなければならない。バフェットは次のように言っている。

> 私よりも頭が良い人や長い時間働いている人はたくさんいますが、私はものごとを合理的に処理できます。そのためには自分をコントロールできることが必要で、感情にかき乱されてはなりません。[68]

バフェットの「コア・コンピタンス領域」は、この感情バランスの大きな部分を担っている。このなかであれば、彼は何を理解できるかが分かっているため、資産運用の過程をコントロールできる。何よりも大事なことは、コア・コンピタンス領域のなかではコントロールできている感覚を持つことができ、このことは感情面で非常に価値がある。彼は株主に対して、「理解できないことの恐れが原因で投資判断が遅れたり変わったりしたときのコストを想像してください」と言っている。

この安心感を間違いなく維持できるようにするために、彼は事前に地固めをしている。自分の慣習にとらわれない行動から想像できる結果がすべて無害であるようにしているのである。例えば、株主をパートナーとし、すべての判断に安全を確保する外堀を取り入れ、バークシャー・ハサウェイには貸借対照表上に多少の負債はあるものの、これが彼の資産運用に対する積極性に影響を及ぼすという観点から、バークシャーは基本的に無借金経営をしているのである。ここで、**図表3**を見てほしい。

株主パートナー

「アイゼンクによれば、大きな不安を抱えた人たちは脅威的な刺激により関心が向き、あいまいな刺激や状況を脅威と感じる」――ジョージ・F・ローエンシュタイン[69]

「私は自分の人生がとても気に入っています。自分がしたいことができるように人生設計をしているからです。（中略）毎日タップダンスをしながら仕事に行き、会社に着いたら仰向け

図表3　ストライクゾーンで感情バランスを維持する

に寝て天井に絵を描くような気分で仕事をしています」——ウォーレン・バフェット[70]

バフェットが一九五六年にパートナーシップを設立したとき、支援者に「ゴルフコースを回り終えたあとでスコアカードを出すだけにさせてください。うしろからついてこられて、三番アイアンでシャンクしたりパットが短すぎたりするのを見られたくはありません」[71]と伝えた。バークシャー・ハサウェイも基本的にはこのように経営されている。バフェットは、自分で間違いを分析し、修正したいと思っており、それを株主にされたくはない。人は判断を下すときにだれかに見られていると、心配になって可能性が高いことよりも起こるかもしれないことに関心が向いてしまう傾向がある。選択肢のなかで、最適なことではなく、あとで最も言い訳がしやすいことを選んでしまうのである[72]。つまり、これは慣習的なものに引かれることを意味している。しかし、慣習的なものからは平均的な結果しか得られず、バフェットは平均を望んでいない。

バークシャーの経営において、バフェットは持ち株が最も少ない株主も同等のオーナーだとみなしている。つまり、彼が安心して慣習的でない行動をとるためには、それについてすべての株主の委任を受けなければならない。そのためには、次章で紹介するデザインがなければ彼が「バークシャーはアメリカの大企業のなかで、長期的な視点を持った株主の割合の多さではおそらくナンバーワンだと思います」[73]と断言することはできない。株主たちは、バークシャーの事業を理解し、会長の方針を承認し、会長と同じことを期待し、正当化できることではなく道理にかなったことに注力することを認めている。

「バカげたことをしなければならないようなプレッシャーはありません」とバフェットは言う。「私たちがバカげたことをするときは、そうしようと決めたからで、ほかの人に強制されたからではありません」[74]

安全域

「安全な投資の秘訣は三文字に集約できる。モットーは『安全域』だ」――ベンジャミン・

グレアム[75]

「今でもこの三文字は正しいと思っています」――ウォーレン・バフェット[76]

ジェネラル・リーを買収したあとの最大の間違いは、保険業界で最大かつ最も予想外の損失だった。しかし、それでもバフェットは「当社は世界で最も強力な保険会社のひとつであり、同時多発テロによる損失によって今季の収益は痛手を受けましたが、バークシャーの本質的な事業価値と比較すれば大きな問題ではありません」[77]と述べている。

バークシャーの株価の本質的価値に対するプレミアムとジェネラル・リーの価格のディスカウントの差が拡大するのを待つことで、バフェットは買収と同時にクッションを作った。また、逆境に対するクッションを維持するため、バークシャー・ハサウェイの保険引き受け基準を順守して、ときどき起こる例外的な巨額損失に直面した場合の経済的な安定を確保している。

「当社には安全域がありましたが、それはやはり必要でした」とバフェットは同時多発テロのあと、株主に語っている。彼はすべての判断において安全域を考慮している。これは保険の引き受けや資産運用の一部である投資（グレアムの関心事）だけに限ったことではないし、彼の現在の安全域の原則がシケモク投資をしていたころと同じわけでもない。彼が求める防護策は、株に支払う価格とその価値の差で、それは貸借対照表上の資産を割引くのにも使われている。彼は現在、順調な企業のみを買収したり投資したりしているが、この原則は本質的価値の客観的な査定へと変形している。言い換えれば、バフェットの安全域は買収後に作られるのではなく、価値の方程式（予測とそのレンジ）に組み込まれている。彼が長期債の無リスクレートを割引率として使える理由はここにある。[78] 彼にはリスクを組み込むために割引率を高くする必要がなく、このことが打ちごろの球を見極めるための必須要素になっている。

ここで重要なのは、大きく変化している企業に投資すると安全域を測定できないことである。計算式を変えるのは、ポーカーでトランプのパックに新しいカードを追加するようなものだ。そうなれば、彼が前提としている可能な結果の確率分布は無効になり、最初からデータを集めなければならない。また、適切な新しいカードが、ある程度の頻度で追加されていけば、このシステムはバフェットが理解できる予測を出すことはできなくなる。

無借金経営

「興味深いチャンスがあっても、貸借対照表上のレバレッジが大きすぎれば拒否します。このような保守主義によって収益が減ったとしても、私たちが保険加入者や預金者や貸し手や純資産の非常に大きな部分を私たちに託してくださっている株主に対して受託者の義務を安心して果たせる唯一の行動だからです」――ウォーレン・バフェット[79]

「ストレスがたまると人は暗示にかかりやすくなる」――チャーリー・マンガー[80]

安全域の原則とともに、バフェットはほとんど借金をしないことでも不安感を防いでいる。彼は、「もし考えられないようなことが起こっても、生き残って翌日も事業が続けていけるような経営をすべきです」と言っており[81]、資本を一五～二五の主要な事業に絞って配分し、多くの会社が適切だと考える利子の支払いが生じないようにしている。自社のリスクプロファイルに見合わない借り入れをしている企業の多くが突然破綻するのは、ファンダメンタルズに弱点があるからではなく、一時的なキャッシュフローに問題が生じてデフォルトに陥るからである。

そのためバフェットは次のように言っている。

私たちは自分たちの義務を果たす可能性を高めるのではなく、必ず果たせるようにしたいと思っています。そのため、（負債もほかのすべてに関しても）普通の状況で最善の結果を出すことよりも、途方もない逆境においても長期的に結果を出していくことを重視して、当社の方針を順守していきます。[82]

この「制限」はバークシャーのリターンのジャマをしている。バフェットは一九八九年に株主に次のように語っている。

あとから考えると、もし慣習的な範囲でもっと高いレバレッジを掛けていれば、バークシャーはこれまでの平均資本利益率である二三・八％よりもかなり高いリターンを達成できたことは明らかです。一九六五年でさえ、もっとレバレッジを掛けていれば九九％の確率で良い結果が出ていたかもしれません。つまり、外部的なものか内部的なものか分かりませんが、何らかのショックによって慣習的な負債比率が一時的な苦悩から債務不履行までの間のどこかに陥る可能性もたった一％ですがあったかもしれないということです。[83]

バフェットは自分が間違ったとは思っていない。「九九対一の確率でも賭けはしたくありませんでしたし、これからもしないでしょう」[84]

もし追加リターンを求めてレバレッジを大きくしていたら、彼は「少しばかりの苦悩と不名誉」[85]も甘受しなければならなかっただろうと言っている。想像し得る結果が確実に起こらないようにして安心を確保しておくことで、彼は打ちごろの球が来たときに想定外の結果を恐れずスイングできる。

賢明な企業経営

「ストックオプションが報酬の一部でないならば、何だというのだろうか。報酬が費用でなければ、何だというのだろうか。そして、費用を収益の計算に使わないならば、どこで使うというのだろうか」——ウォーレン・バフェット[86]

「私たちは、ＥＢＩＴＤＡを参考にするとぞっとします。経営陣は歯の妖精が設備投資の資金を出してくれたとでも思っているのでしょうか（子供が抜けた歯を枕の下に入れておくと歯の妖精がお金に変えてくれるという欧米の言い伝えから）」——ウォーレン・バフェット[87]

一八世紀の啓蒙時代に人類史上初めて宇宙の姿が認識され、その根拠も結果も道理にかなっていた。そこからリスクとリターンを導き出すための予測技術が生まれ、それが近代的な資本主義の発生を促進した。[88]知識人たちは新しく発見された自然の法則を使って似たようなシステムを頭の中で作り出し、これを使って可能な結果の根拠を示すメカニズムが説明できるようになると、啓蒙の「光」のスイッチがオンになった。

バフェットのコア・コンピタンス領域もこのようなシステムのひとつと考えられる。彼の認知も同じように向上し、経営手法も進化した。

子会社のひとつであるバファロー・イブニング・ニュースの経営者であるスタン・リプシーによれば、バフェットは「複雑なシステムを理解し、それを単純に作り変えることができる。当社の問題を相談するために何人もの社員をオマハに行かせているが、みんな帰ってくると『彼と話したら、とても単純な問題だった』と言っている」。[89]

その理由は彼のコア・コンピタンス領域にある。彼は雑音を排除し、重要で理解できることだけに集中している。内容を完全に理解している彼には原因と結果がはっきりと見えるため、ルネッサンス時代にはなかった洞察を行動に移すことができるのである。

これがバフェットに与えられた啓蒙の段階で（彼の知恵）、ここから彼は判断を誤らない能力を駆使して現行の慣習に風穴を開け、例えばオプションやＥＢＩＴＤＡといった許容されている常識を一掃した。そして、この啓発によって「コア・コンピタンス領域」を、オーナーのように行動するための判断ルールへと転換させていった。第３部では、これをさらに詳しく解説し、バフェットにあやかりたいＣＥＯが実践できる方法を紹介していく。

第3部

オーナーのように行動するために

第8章　ユーザーズマニュアル

「本質的価値を理解することは、投資家だけでなく経営者にとってもとても重要なことです。経営者が資本配分の判断を下すのは、（中略）それによって一株当たりの本質的価値を増やすためであり、価値を減らすようなことは絶対に避けなければなりません。この原則は当たり前のように聞こえるかもしれませんが、実際には頻繁に破られています。資産配分を間違えば、損害を被るのは株主です」――ウォーレン・バフェット[1]

「たくさんの人たちからブラムキン家の成功の秘訣を聞かれますが、難しいことはありません。家族全員が、①ベンジャミン・フランクリンやホレイショ・アルジャーが落ちこぼれに見えるほどの熱意とエネルギーを持っている、②それぞれが驚くほど現実的に得意分野を自覚し、その分野のすべてにおいて断固たる行動をとっている、③自分の得意分野以外のことは、どれほど魅力的な提案でも無視している、④かかわりのあるすべての人に対して素晴らしい態度で

接しているだけです」――ウォーレン・バフェット[2]

ウォーレン・バフェットが経営者としてコア・コンピタンス領域を守ることで受けている二つの恩恵は、資産運用に関する知恵と株主との間に築いた信頼関係から来ている。そして、これがバフェットに投資を自由に決める権限を与えている。

これは重要なことである。企業は投資判断によって形が変わっていく。一度判断を下してしまうと、それをやめるのは物理的にも経済的にも難しいうえ、将来の投資判断に思わぬ影響が及ぶかもしれない。いつ、どこで、どのようにかは分からないが、必ずチャンスが訪れるという状況のなかで、彼は資金を適切だと思う場所に、適切だと思うときに、適当だと思うペースで配分していく。

彼は、これを基本計画に基づいてではなく、価格対価値の教えを使った実利的なスタイルで行っている。彼は必要とあれば市場を明け渡し、競争を降り、状況が良くなければ地盤を譲ることもある。彼を制約するのは「コア・コンピタンス領域」だけであり、もしチャンスとリスクが正しい組み合わせで現れたときは、それに飛びつく。

そして明日も同じことをする。訪れたチャンスの規模と性質に合わせてバークシャー・ハサウェイは再びその形を変える。それは以前と似た形態になるかもしれないが、過去の事業に縛られることがないため、まったく新しい形になる可能性が高い。

つまり、バークシャー・ハサウェイは一様ではない事業環境が生み出したものであり、バフェットが強制的に作り上げたものではない。この方法で、バークシャー・ハサウェイの極めてまれな動きは進化的安定を保っている。大事なことは、バフェットが戦略からではなく、環境の変化によって株主と共に進む道を選択していることであり、そうする以外に彼の方法は機能しない。彼はオーナーのように考え、オーナーのように行動する。それは株主たちも同じである。「正しい気質と適切な知的枠組みが合わされば、合理的な行動ができます」[3]とバフェットは言っている。

適切な知的枠組み

「私たちは一一歳のときからお金を運用しています。それが私たちの天職です」――ウォーレン・バフェット[4]

「私たちはダンケルクの海岸でもあきらめなかったし、今回もあきらめない」――匿名希望（マルコーニのある役員）[5]

買収のための株式発行を正当化するために経営陣がよく言うセリフは「私たちは成長してい

かなければならない」[6]だが、バフェットは株主に次のように言っている。

「私たち」とはだれのことでしょうか。既存の株主にとって、株が発行されると現実的には既存事業の持ち分が希薄化します。もしバークシャーが明日買収のために株を発行すれば、バークシャーは現在所有している事業に加えて新しい事業も所有することになります。ただ株主にとっては、シーズキャンディーズショップやナショナル・インデムニティといった比類ない事業の持ち分が自動的に減ることになります。[7]

このとき間違いなく増えるのは経営者の領地だけである。バフェットを見習うならば、CEO（最高経営責任者）はまず最初に正しい考え方を身につけなければならない。現場の管理職を経験してきたとしても、CEOになれば経営が仕事なのである。ところが、組織由来の旧習が企業を運営するための「合理的」な議論をゆがめようとする。

例えば、これまで取り上げてこなかった組織由来の旧習のひとつに、合議制がある。実は、合議制の過程には、それまで持っていた偏見を強めるだけ、という現象が集団での意思決定ではよく見られる。バフェットもこのことを「ニュートンの慣性の法則に支配されているようだ」と言っている。

この種の研究のひとつに、スカディィらによる実験がある。被験者は最初にひとりずつ訴訟事件の判決を下す。次に、同じ被験者を陪審員として集めて話し合いをさせると、評決金額が全体的に高くなり、個別に判断したときの平均値をはるかに上回った。[8] スカディと彼の同僚はこれを「極化」と呼び、雄弁なメンバーが優位になる体系が出来上がることで起こると考えた。この場合は、高い金額を主張する人たちが優位だったのである。

そこで、CEOは自分が経営する会社のなかでどこに発言の優位を置くのかを決めておく必要がある。イギリスのテレコム会社のマルコーニは発言の優位性を高めた結果、業界大手になったが、成長戦略にしつこく固執したため、この業界の多くの企業と同様に頓挫することになった。「株主オーナーの立場に立ってみることができない経営者が多い」とバフェットは見ている。[9]

バークシャー・ハサウェイにおいて、バフェットは前もって定めた戦略を追求するのではなく、投資資金の配分に徹している。オーナーのように行動するためには、まずオーナーのように考えなければならない。バフェットは発言の優位を投資する前の検討過程に明確に組み込んでいる。このとき彼が固執する知的枠組みは次の点を考慮している。

①「資金は社内に留保するよりも株主に支払ったほうが道理にかなっているか」
②「支払うのであれば、それは自社株買いと配当のどちらがよいのか」
③「もし一ドルに対してそれ以上の価値を生み出すことができるのであれば、そのなかでリス

クが最も小さい方法はどれか」

④「私たちは取引のコストを、その時点で二番目に良い案件や、すでにかかわっている案件のコストと比較して評価します」[10]

企業統治においてバフェットの仕事は企業の現在の本質的価値を算出することで、このなかには現在、投資可能な機会や、まだ検討していない機会の選択肢も当然含まれている。この計算結果をバークシャーの株価と比較すると、資本を留保する場合としない場合の相対的なメリットが分かる。

もし資本を留保する場合、バフェットはキャッシュフローに伴うリスクについて熟考する。そして、資本のコストを機会費用と定義する。

言い換えれば、彼はコア・コンピタンス領域に含まれるメンタルモデルに従って企業を経営している。バフェットの資産運用にあやかりたければ、これを教訓としてマネをすればよい。コア・コンピタンス領域を確立することこそ、バフェットが子会社の経営者に求めていることで、その好例が本章の冒頭で紹介したブラムキン家の行動だろう。これこそすべてのＣＥＯがすべきことと言える。

読者の「コア・コンピタンス領域」にも、真実、価値の方程式、価値を待つ忍耐、自分の認識装置がどのように機能するかに対する深い理解などといったバフェットの必須要素を含めておいてほしい。コア・コンピタンス領域には数々のメンタルモデルが注入されたり影響したりしている。そして、これは感情バランスを整える役にも立っている。

確かに、CEOはそれぞれ重要なものや理解できるものが違うため、彼らのコア・コンピタンス領域はバフェットのそれとはかなり違うものになる。ただ、「ビル・ゲイツも同じ原則に従っていると思います。私がコカ・コーラやジレットを理解するように、彼はハイテク企業を理解しています」。[11]

すべての経営判断はコア・コンピタンス領域のなかで行われなければならない。実践してみれば、自分がそのなかで無理なく運営できていることに気づくはずだ。そして、CEOはコア・コンピタンス領域の境界線に近づいているときにはそれと認識するために、その構造を十分理解しておかなければならない。

CEOが株主の資本について最善の使い道を決断できる地位を維持するためには、この方法しかない。彼らがオーナーのように考えるようになれば、彼らはオーナーのように行動することができるようになる。しかし、そうなるためにはバフェットの「適切な知的枠組み」と「正しい気質」[12]（または姿勢）を兼ね備えておかなければならない。

正しい気質

「私たちはバークシャーの株価を最高の価格にしたくはありません。それよりも、本質的価値近辺の狭いレンジで推移することを望んでいます」——ウォーレン・バフェット[13]

本章後半と次章で明らかになるように、バフェットが株主と対話する最も重要な目的は、バークシャー・ハサウェイの株価について市場の効率性を促す——つまり株価をできるかぎりその本質的価値に近づけることにある。

バフェットは、「経営陣が市場価格を決めることはできません」と認めている。しかし、「情報公開と、企業の方針と、マーケットの参加者に合理的な行動を促すことで、それが可能になる」[14]と考えている。そこで、彼はバークシャー・ハサウェイの業務実績と見通しを完全かつ公正に報告している。年次報告書に関する彼の考えは、次の三つの発言に表れている。

チャーリーと私が年次報告書を読むとき、経営者や工場や製品の写真には興味がありません。(中略)それよりも、あいまいで不明確な会計方式には疑いの目を向けます。あいまいにしているのは、経営陣が何かを隠そうとしている場合が多いからです。また、広報部やコンサルタントが書いた文章も読みたくありません。それよりもCEOが自分の言葉で何が起きているのか説明することを望んでいます。[15] 報告書に必要なのは、財務諸表が読める人に次の三つの重要な質問の答えを提供してくれるデータです。①企業の価値はだいたいどれくらいか、②将来の債務を支払える可能性はどれくらいか、③与えられた条件の下で経営者はどれくらい健闘しているのか。[16] チャーリーと私は、事業の現状に関連するすべての重要な事実と、事業の長期的な経済性に関するCEOの率直な見通しを知りたいと思っています。そのために、詳細な財務データと、提示された資料のなかで解釈が必要となる重要データに関する考察の両方を期待しています。[17]

そのため、バフェットは株価の参考とされる材料や比率をバークシャー・ハサウェイから発しないようにしている。彼が投資家に対して示すのは企業価値を算出するために必要なデータで、それをありのままに伝えている。

「経営の経済的実績に対する最初のテストは、不当なレバレッジや会計操作などなしに高いROE（自己資本利益率）を達成できたかどうかで、これは一株当たりの利益が安定していたかどうかではありません」[18] とバフェットは主張する。そこで彼はバークシャーの株主に対して、このテストに合格するかどうかの判断と、将来も合格できるかどうかというさらに大事な判断を下すための情報を提供する。彼は次のように言っている。

経営者や金融アナリストが、一株当たり利益とその毎年の推移を最も重視するのをやめれば、株主オーナーにも一般の人たちにも企業をよりよく理解してもらえると思います。[19]

バフェットは、一般向けにバークシャーの業績を実際よりもよく見せようとは考えていない。「多くの経営者が、ＧＡＡＰ（一般に公正妥当と認められている会計原則）を満たすべき基準ではなく、超えるべき障害だと考えています。[20]会計結果が私たちの経営判断や資産運用の判断に影響を及ぼすことはありません」[21]と明言している。

当然ながら、子会社の経営者たちに対しても「会計への配慮がほんのわずかでも判断に影響を及ぼすようなことがあってはなりません。何が市場で重要視されるかではなく、何が会社にとって重要かを考えるべきです」[22]と言っている。

バフェットは、株主に対して業績が一時的に上がってもそれが続くことを期待しないでほしいと要請している。それよりも、彼が考えるバークシャーの平均水準を回復することを期待してほしいと思っている。「リターンが一五％を超える年もありますが、それをはるかに下回る年も間違いなくあり、ときにはマイナスに陥る年もあるでしょう。それによって平均リターンは下がることになります」[23]

また、複利の力を想像してほしいと、一九九八年には株主に次のように呼びかけている。

チャーリーと私は、将来も当社の本質的価値を平均一五％で増やしていくよう最善を尽くしますが、これが可能なかぎり最高の成果だと考えています。ところで、次の五年間で平均利益が一五％になることの意味を考えてみてください。これは、純資産を五八〇億ドル増やさなければならないということです。[24]

しかし、バークシャーの株主に複利成長のメリットを理解させるのにはさすがのバフェットでも苦労している。多くの人にとって複利成長を想像するのは難しいため（私たちはつい初期の小さい数字にとらわれてしてしまう）、第1章でそれを克服するために息子の背がエンパイアステートビルよりも高くなるという例を使って説明した。

また、バフェットは株の分割を拒否している。彼はこの考えを後押しするため、二〇〇〇年の年次報告書から一九六四年以降のバークシャーの簿価とS&P五〇〇の市場価値の推移を掲載している（配当は再投資したものとして）。バフェットは株主に対して、「次ページの表が示すとおり、年間リターンは当社が少し上回っているだけですが、これを長期的に維持できればこの差は相当な額になります」[25]と言っている。直近の二〇〇一年の株主への手紙によれば、バークシャーとS&Pのリターンはそれぞれ一九万四九三六％と四七四二％になっている。[26]

バフェットは、自分の手持ちのカードで何ができるのかについて、直近の考えを語っている。このなかには、長年掲げてきた目標の見直しも含まれている。

長期間にわたって一五％の成長率を維持していける可能性はほぼゼロなので、考えても仕方がありません。私たちが所有しているのは、全体として素晴らしい企業ばかりです。今後もうまくいくでしょうが、年間一五％も成長することはありません。つまり、これらの企業は堅調に推移し、そのほかに買収をしてそこから追加リターンも得ていきますが、それでも長期間にわたって一五％を維持することはできません。[27]

この発言は率直に聞こえるが、彼がバークシャー・ハサウェイの株価について語ることはあまりない。実際、彼がこの話題にふれるのは、株価と本質的価値の差が大きくなって安全域を超えた場合に限られる。バフェットは、バークシャーの株主たちに本質的価値のファンダメンタルズについて考えてほしいと思っている。そして、株価の駆け引きや短期的な予想（バフェットに言わせれば不可能だし、心をかき乱す危険なこと）に固執しないでほしいと考えている。彼は次のように言っている。

チャーリーと私は、あなたが所有している株券が毎日価格が上下するただの紙切れで、政治や経済の変動で不安になったときは売る対象だというふうには考えてほしくありません。それよりも、あなたはこの会社の一部を所有していて、例えば家族で農場やアパートを所有するように、この株も一生所有するつもりでいてほしいと思っています。[28]

バフェットは、広報部を通じて投資家に情報を発信することはしない。彼は年に一度の例外を除いて投資家と会うことはないし、アナリストと会ったり電話会議を行ったりもしない。セルサイドのアナリストでバークシャーの株を調べている人が多少いるが、バフェットから情報や助言が提供されることはない。同社の四半期報告書は簡潔で、ときどき発行する手紙以外に彼がバークシャーの事業について公式にコメントすることはほとんどない。ただ、誠実さと透明性と一貫性によって彼は自分の目的を達成している。「私の知るかぎりで、バークシャーの株価と事業価値の関係は、ほかのどの上場株よりも長期にわたって安定しています」[29]

ただ、この非凡な経営者がこの目的に取りつかれているわけではない。彼は次のように言っている。

株の所有者やその会社に引かれた買い手候補が不合理な判断や感情にまかせた判断を下すことによって、株価がかなりバカげた水準になることが定期的にあります。そううつ病的な人はそううつ病的な株価を生み出します。そして、このような逸脱は、ほかの会社の株を売買するチャンスになります。ただ、株主のみなさんにとっても私たちにとっても、バークシャーの株価にこのようなことが起こることは極力避けたほうがよいと考えています。[30]

バークシャー・ハサウェイの株価を効率的な水準に保ちたい理由は次のことにある。

●「私たちは、経営者としてではなく、オーナーとして報酬を受け取っています」[31]（株主に対して語った言葉）

●そうすることがバークシャーの株のために公正なマーケットを作ることになり、それはバフェットが望む株主との関係において不可欠であるから。

●異常な株価が経営者に与える影響を除外するため。

次は、最初の二つについてさらに見ていこう。三つめについては次章で詳しく述べることにする。

正しい行動に対する報酬

「チャーリーと私は、株価の変動によって自分たちが金持ちになったとか貧乏になったとは考えませんが、業績を見れば金持ちになったとか貧乏になったかを感じます。また、自分の会社にどれくらいの価値があるのかとは考えますが、株価は気にしません。株価は私たちにとって何の意味もないからです」――ウォーレン・バフェット[32]

「企業のオーナーにとって、強気相場に乗って事業自体の単調な業績とはかけ離れた報酬を得ることほど刺激的なことはありません」――ウォーレン・バフェット[33]

バフェットとマンガーが経営者としてではなくオーナーとして報酬を受けているという発言は、彼らの資産の大部分を彼らが所有するバークシャー・ハサウェイの株式の実現益が占めているという意味ではない。[34]これは、彼らがバークシャーの本質的価値を上げることで報酬を得ているという意味なのだが、見方を変えれば価値の増加は株のパフォーマンスにかなり反映されている。

組織由来の旧習の存在を考えると、経営者と株主の関心が一致していなければならないとバフェットは見ている。そして、この一致は内部から出てくるものだと考えている。オーナーのように行動することはバフェットの考えの核心であり、それによって得られる金銭的な報酬（彼が圧倒的多数を持つバークシャー株からの）はボーナスでしかない。ただ、人間の本性を研究している彼ならば、もし報酬制度が間違っていれば、それが導く行動も間違っている可能性が高いと助言するかもしれない。

彼は次のような例を挙げている。

ガイコにとって、以前よりもはるかに合理的な計画を導入したことは大きな強みになります。そして、この強みは今後さらに強化されていくでしょう。私たちは、適切な報酬を通じて社員の理解を得ようとしています。（中略）正しい報酬は、私たちの考える事業の生産性やパフォーマンスの合理的な測定方法を社員に伝え、年月とともにこの考えが何千人もの社員に浸透していきます。これが彼らをゴールに向かわせる最善の方法です。[35]

ただ、経営者の報酬を株価の動きに連動させることで経営者と株主の関心を一致させることができたとしても、彼の報酬制度に欠かせない本質的価値と株価のバランスが保たれているかどうかは分からない。

これについては、効率的市場仮説がそうだとしているため、問題として取り上げられたことがない。バフェットによれば、多くの経営者が「始めから彼らの仕事は株価を常時、可能なかぎり高めるよう努力することだという前提で取り組んでいます」[36]

もし株式市場が常に効率的というわけでなければ、この前提も真実とはほど遠くなる。そして、企業が株式市場で効率的に評価されるようになるまで、あるいは評価されないかぎり、株を報酬システムの一部として使うべきではない。それまでの間は、バフェットがしているように企業のためになる行動に対して報酬を支払うべきだろう。つまり、本質的価値を基にして、その価値の変化に対して報酬を支払うようにすればよい。

ＣＥＯが注目すべきことは（必要ならば、「報酬のために」と付け加えてもよい）、株価ではなく、事業内容である。「チャーリーと私は、投資が成功だったかどうかを、毎日の、あるいは毎年の株価ではなく、業績によって判断します」。[37] 同じことはＣＥＯの報酬についても言える。これについて、バフェットは次のように記している。

ベンジャミン・グレアムは「マーケットは長期的に見れば体重計だが、短期的には投票マシーンだ」と言っていました。私にとっては、ファンダメンタルズで企業の価値の重さを測るほうが、心理学でだれが人気を集めるのかを探るよりも簡単です。[38]

バフェットは、ファンダメンタルズを使ってバークシャー・ハサウェイの本質的価値、特に既存事業の現在価値を測るほうがまだ簡単だと考えている。彼の方程式のなかでは、入ってくる資本に対してどの程度のリターンを上げるか予想するほうが難しい。[39] 平均的な企業は変化に対してバークシャー・ハサウェイほど保護されていないため、株価に正確に反映されていない本質的価値を平均的な報酬委員会が算出するのはさらに難しいとバフェットは推察している。「常に大きな変化にさらされている企業は、大きな間違いを犯す可能性も高くなります」とバフェットは言う。[40]

複合的な出来事を構成するひとつひとつのリンクが企業の運命を握っており、そこには失敗の可能性も秘められている。リンクが多ければ、いずれ失望する可能性も高くなる。ただ、本質的価値は間違いなく減っても、複合的な出来事の数とそれぞれの可能性がある程度の精度で分かっているか、バフェットのやり方のなかである程度のレンジが特定できれば、事業の評価や計画に必ずしも問題が起こるわけではない。

それぞれの変数の可能なレンジが大きければ、本質的価値の推定値のばらつきも大きくなる。ただ、これは現実を反映しているだけなので問題ではない。問題は、この現実を認めなくなるときから始まる。

バフェット自身も、「本質的価値は推定値にならざるを得ない」と認めている。彼とマンガーが別々にバークシャー・ハサウェイを査定すると、結果が一〇％程度違う場合もある。[41]そこで、ＣＥＯや取締役会はそれぞれの評価を調整して本質的価値のレンジを設定し、そこからの変化（適切な期間を決めて測定する）に対して報酬を支払うことが課題となる。

これはなかなか難しい。株式市場の株価を使って簡単に算出できるものではないからだ。それでも、「ミスターマーケットよりも正確に自分の事業の価値を理解し査定する自信がなければ、この仕事をする資格はありません」とバフェットは言う。[42]

当然のことながら、これをするためには投資家のように考えなければならない。ただし、その投資家とはウォーレン・バフェットである。彼には、そうするメリットがある。

チャーリーと私は、自分が買収しようとしている企業の価値をどうとらえたらよいのか分かっていないCEOをたくさん知っています。だから、彼らは投資銀行を雇うのです。[43]

そして、価値の方程式のとらえ方を学べば、それ以上のメリットがある。

企業経営で成功する方法を知的に考えられるようになれば、投資で成功するために必要なことが理解できなかったころよりもはるかに良い経営者になることができます。[44]

もし本質的価値と株価のバランスがとれていなければ、報酬委員会はもうひとつの奨励手段であるストックオプションを考慮するかもしれない。バフェットは、現在オプションを採用している企業に対してその構成に注意し（「留保利益や持ち越し費用など、組み込まれているべき要素が抜けていないか」[45]）、現実的な価格を設定するよう助言している。

買収提案を受けた経営者は、企業の本当の価値を示す指標として株価がいかに現実的でないかを必ず指摘します。しかし、それならばなぜその低迷した価格で自社株買いをするのでしょうか。[46]

バフェットは、子会社の経営者がバークシャーの株を保有することには反対していないが、彼自身は自分の報酬にストックオプションを入れていない。オプションを企業全体のパフォーマンスにかかわっていない人に与えてしまうと、経営者の成果に対してのみ報酬を与えたいという原則に反することになる。

「小さな仕事に一生懸命取り組んでいる人が、それによって市場価値が九〇〇億ドルの会社の株価を動かせると思うのはバカげています」とバフェットは言う（ただ、その人がほかの社員の努力にただ乗りしようとするのも危険なことだ）。しかし、彼はそのあとこう続けている。

彼らの努力によって保険契約者数や契約者の満足度は増えるかもしれません。つまり、その分に対して報酬を支払う方法が見つかれば、彼らの能力をより活用できるし、彼らも納得するでしょう。[47]

バフェットは、オプションがオーナーの利益と一致していない点を深刻な問題として重視している。

皮肉なことに、オプションは経営者とオーナーを同じ船に乗せる望ましい制度と呼ばれています。しかし、実際に、彼らが乗っている船はまったく違います。オーナーが資本コストの負担を逃れることはできませんが、固定価格のストックオプションの保有者にはその負担がありません。オーナーは上昇の可能性と下落のリスクを比較しなければなりませんが、オプション保有者には下落の心配がないのです。[48]

ストックオプションのこのような特性は、投資判断において特に危険をはらんでいる。これについては、次章でさらに詳しく述べていく。

達成可能な目標を立てる

「大手企業が、長期的に一株当たりの収益を例えば毎年一五％ずつ増やすなどと予想すれば裁判沙汰になるでしょう。これほど大きい成長率を維持できるのは、大手企業のなかでもほんの一部しかないからです」――ウォーレン・バフェット[49]

「投資家も経営者も将来に向けて踏み出さなければならないのに、彼らの多くは記憶と神経系が過去につながれたままになっています」――ウォーレン・バフェット[50]

バフェットは、自分のコア・コンピタンス領域を使ってバークシャー・ハサウェイの事業の組み合わせを決めている。基盤となる保険事業から低コストのフロート（現金）を得ることで、もし望めば「印刷業界や鉄鋼業界ではできないようなときには四分の一のスピードでも長期的な繁栄を謳歌できます」。[51] バークシャーの資産運用にこのようなファンダメンタルズを取り入れることで、バフェットは同社の本質的価値を年間約二六％（複利）で増やしてきた。

ごく最近までバフェットの長期リターンの目標値は「わずか」一五％だった。しかし、バークシャーの規模が拡大したことで、彼は成長率について過度な期待をかけないよう繰り返し主張するようになった。

バフェットは、アメリカの長期の資本収益率が平均で約一二％であることから、これを参考に目標値を設定している。このリターンの頻度は安定している。このことはひとつの真実として覚えておいてほしい。ダイナミックな自由市場経済下で生まれたこの数字は、平均以下になれば、失職を恐れる経営者によって無理やり数字が作られることで修正されるか、あるいはそれが達成できない企業は倒産によって排除され、平均以上になれば、競合他社の新規参入を招くため安定している。

株の長期リターンもほぼ同じである。十分長い期間で見れば、投資家が株で得るリターンと経営者が資本で得るリターンは一致するはずである――これがもうひとつの真実だ。「もし資本収益率が四〇年間で六％の企業の株を四〇年間保有すれば、たとえ大きい割引率で買ったとしても、リターンはやはり六％に近くなる」とマンガーは言っている。これは第1章で紹介したバフェットの指摘とよく似ている。[52] つまり、バフェットは何の根拠もなく一五％という目標を掲げているわけではない。

バフェットには、自分に預金を託している人たちに報いるために、さまざまな企業に投資した場合の平均リターンを上回らなければならないことが分かっている。

一九五六年五月五日に私のパートーナシップの創立メンバーが集まったとき、私は「基本原則」と題した短いレポートを配布しました。このなかには次のような文が書かれていました。「運用結果の良し悪しは、証券の一般的な運用結果に基づいて判断することとします」[53]

それ以来、何も変わっていない。バークシャーのファンダメンタルズと「自分のコア・コンピタンス領域」があれば、彼は平均的なCEOよりも効率的に資産を運用できると考えている。だからこそ、これまで一五％の収益率を掲げ、今はそれを修正しているのである。現時点ではこれが長期的に達成できる現実的な数字で、これまでの実績にかかわらず、毎年一五％を超える成長率を今後も維持していくのは難しいし目指すべきではないということをバフェットは苦労して株主に伝えている。そう思わない人は、「セールスマンになるべきです。ただし、数字は出さないほうがいいでしょう」とバフェットは言う。[54] そして次のような例を挙げている。

例えば、一九七〇～一九八〇年に最も利益が高かった二〇〇社を調べ、それ以降の一株当たり収益が年率一五％を超えている企業を書き出してみてください。おそらくほんの一握りでしょう。二〇〇〇年に最も利益が高かった二〇〇社のなかで、一株当たり収益がそれから二〇年間、毎年一五％ずつ成長する企業の数が一〇社に満たないことに私は大金を賭けてもかまいません。[55]

変動率を受け入れる

「チャーリーも私も、スムーズな一二％のリターンよりもでこぼこの一五％のリターンのほうを選びます」――ウォーレン・バフェット[56]

バフェットは、経営者の投資判断を評価するときは最低でも五年間の実績を見るべきだと言っている。同様に、彼は価値の創造について一年間の目標を約束するようなことはしたがらない。彼は企業の業績変動を永遠にコントロールできるとは思っていない。企業が生み出すお金の流れは一様ではない。複雑で予想のつかない世界に対応していれば、それは仕方がない。バフェットは、彼のストライクゾーンに機会が訪れるのを待つことで結果を積み上げてきた。

現在、ストライクゾーンの端のほうにたまたまあるチャンスは、業績をスムーズにするためには利用することができるが、バフェットはそうせずに不規則に巡ってくるチャンスのなかから最高のものだけを選ぶ。つまり、この方法では避けられない業績の変動を受け入れ、この姿勢が彼を優位に立たせている。

このことが最も顕著に表れているのが、バークシャー・ハサウェイの保険事業で、バフェットはこれが従来とは違うことを率直に認め、その方針に納得している。

> 私たちは典型的な保険会社のようにリスクを分散するのではなく集中させています。ほとんどの保険会社は、このような変動を財務的に許容することができません。もしできたとしても、大部分はそうしたいとは思わないでしょう。[57]
>
> 収益の大きな変動は、たとえそれが長期的に見れば十分な利益が期待できたとしても、信用格付けとＰＥＲ（株価収益率）に悪影響を及ぼします。このようなマーケットの現実によって、再保険会社はコストの高い選択をしたり、相当量の引き受けを放棄したり、（中略）大きな変動を避けるだけのために優れた案件を断ったりしています。[58]

ただ、バフェットが現在の収益を無視しているわけではない。彼も「ほとんどの場合、収益はとても重要です」と言っている。現在の収益を分析することは、コア・コンピタンス領域の境界線を維持する過程の一端でもある。「ただし、競争力をさらに高めることを犠牲にしてまで今期の収益を上げようとは思いません」[59]と付け加えている。

「私たちが知りたいのは、一ドルの費用に対してそれ以上の価値を作り出せるかどうかということだけで、もしそれができるならばなるべくたくさんのお金を使いたいと思います」[60]しかし、もしそれができなければバフェットは熱意を失う。

機会が訪れれば行動します。これまでの人生でも、たくさんのアイデアがわいてきた時期もあれば、長い間まったくわいてこない時期もありました。もし来週良いアイデアが浮かんだら何か行動を起こすかもしれませんが、浮かばなかったら何もしません。[61]

つまり、彼は常に準備を整えている。「動きが速い珍しい象を仕留めるには弾を込めた銃を常に持ち歩いていなければならない、というのが私たちの基本原則です」[62]と彼は言う。言い換えれば、資本はチャンスが来たときのために節約しておき、必要ならば調達しなければならない。

ビジネスの世界では珍しいことかもしれませんが、私たちは需要に対応するのではなく、それを見込んで資金を準備したいと思っています。企業は、貸借対照表の両側を管理することで最高の財務実績を上げることができます。これは、総資産利益率をできるだけ高くする一方で、負債コストをできるだけ低くすることを意味しています。（中略）私たちに金利を予想する能力はありませんし（いつもどおり柔軟な精神を持ち続けるだけ）、ほかのだれにもできません。そのため、私たちは状況が緊迫していないときに借りて、あとで賢く拡大するか買収する機会を見つけたいと思っています。[63]

このようなチャンスが、二〇〇二年五月に訪れた。これはバフェットがスクアーツと呼ぶローンで、実態は世界初のマイナス金利ローンである。[64]バークシャーはまず、スクアーツを使って四億ドルを調達し、債権者に年率三％の金利を支払う。一方、スクアーツの購入者は五年間、この証券の発行金額に一五％のプレミアムを乗せた金額でバークシャー・ハサウェイ株を買うことができるワラントを受け取る。ただ、この特典の代わりに、スクアーツの所有者はワラントに対して毎年三・七五％をバークシャーに支払う、という仕組みになっている。

バフェットは、「現在の金利環境では、前例に関係なくマイナスクーポンの証券は可能だと思います」[65]と語り、投資家には再び人気が高まっていたバークシャーに融資するよう勧めた。要するに、バフェットはこの絶好の機会をとらえ、低コストで将来株を発行する代わりに今、資本を調達した。それだけでなく、調達した資本を使ってコストを上回る価値を作り出すチャンスも手に入れた。ちなみに、スクアーツの仕組みは低コストのフロートと同じだが、環境が整ったときしか使えない。

スクアーツを除けば、「最初に調達してあとから買うか拡大する方針は、ほぼ確実に短期的な収益に悪影響を及ぼします」[66]とバフェットは言っている。しかし、現在の業績を犠牲にしても競争力を高めようとすることと同じで、彼は気にしていない。コア・コンピタンス領域を守り、組織由来の旧習を避けることで、彼の手元にある「使われていない」資本は短期リターンや中期リターンを目指すよりもはるかに高い本質的価値を維持することができる。「もし五年くらいの間に正しい種類の象（企業）が見つかれば、待つかいはあります」[67]とバフェットは言っている。

バークシャー・ハサウェイの株主は、バフェットが正しい象を見つけることと、そのために準備を整えていることを確信している。だからこそ、株主やスクアーツの買い手は彼が将来株価を高める準備を整えることで作りだしたオプション価値にお金を「支払う」のである。同様に、彼らは将来の競争力を期待してバークシャーの現在の価値を高める。報酬が本質的価値と連動しているＣＥＯは、ぜひバフェットのマネをすべきだろう。

バフェットは次のように結論づけている。

私たちがバークシャーの収支をでこぼこにしていることは明らかですが、まったく気にしていません。保険会社やほかの企業の多くは、決算を「スムーズ」にするために次善の戦略を選んでいます。私たちは、変動の見通しを受け入れることで、予測にこだわる場合よりも長期的なリターンを高めることができると考えています。[68]

株主パートナーを獲得する

「企業が短期的な成果や短期的な株価を重視したり、そのような意思を示したりすれば、短期的な結果を求める株主を集めることになります。もし企業が投資家を大事にしなければ、いずれ投資家たちからも大事にされなくなるでしょう」――ウォーレン・バフェット[69]

「私たちは、株主がオーナーのように考え行動する企業という意味ではほぼ間違いなくナンバーワンでしょう」――ウォーレン・バフェット[70]

バフェットは、株価が活発に動くことを望むCEOの気持ちが理解できないと言う。「そうなるのは、常に多くのオーナーが辞めているということです。学校、クラブ、教会などでメンバーが辞めることをリーダーが喜ぶ組織などあるでしょうか」[71]

もしバークシャーがそうなれば、バフェットは貯金企業（株式市場の適切な機能）としての機能を果たすことができなくなる。もしバークシャー・ハサウェイの株主の回転率がS&P五〇〇の構成銘柄に近い約一年間ならば、株主たちはバフェットの下で貯金をしているのではなく、投機をしていることになる。

しかし、バフェットは二つのことを認めている。

①「質の高い株主を得ることは簡単ではありません。（中略）株主『クラブ』のメンバーを知性やモラルや服装で選ぶわけにはいきません。つまり、株主の質を高めることは不可能に思えます」[72]

②多くの株主にとって流動性は重要です。「もちろんバークシャーのオーナーのなかにもときには売却する必要がある人や希望する人はいるでしょう」[73]

このように言うことで、バフェットは一石二鳥を狙っている。

もし私たちの会社が少人数のおとなしいパートナーと経営している非公開企業ならば、パートナーが次々に入れ替わることを望みません。しかし、それは公開会社を運営していても同じことです。[74]

しかし、もし投資家が株を売りたければ、バフェットは、「私たちの方針とパフォーマンスと情報発信によって、私たちの事業を理解し、私たちと同じ長期的な視野に立ち、私たちと同じ視点で事業を評価してくれる人に新しい株主になってほしいと思っています」[75]と言っている。

彼は、このような「方針と情報発信」を彼の「広報」[76]と呼んでいる。彼は子会社が使っている広告代理店に、人は広告を七回見ないとそのメッセージが浸透しないと言っているが、株主への対応も同じだと考えている。彼と同じ考えを持つ株主を魅了し続けることができれば、彼に会社を売った経営者たちと同様の永続性と成長性を兼ね備えた姿勢を、株主からも引き出すことができる。

そして、「同じくらい重要なことは、今後も短期的な投資家や非現実的な期待をする投資家の関心を引かないことで、そうすればバークシャーの株価はある程度事業価値に見合った水準を保つことができるでしょう」[77]とも言っている。

つまり、新しい投資家は支払った分の価値を受け取ることができるという事実に引かれて長期的な展望を持つことができる（買ったあとで上がった本質的価値は株価に反映される）。しかし短期投資家にとっては、彼らが期待する変則的な上昇は起こらない。

そのため、バフェットも「バークシャー株の一年間の回転率は、アメリカの大手企業のそれよりもはるかに低い」と言っているが、実際には三％程度しかない。この数字を算出した期間のほとんどにおいてバフェットとマンガーがバークシャーの株式の約半分を保有していることを考えれば、それ以外の株主はバークシャー株を平均一六年以上保有していることになる。

そうであれば、株主たちはバフェットが提供しようとしている効果を十分享受できる状態にある。そして、「適切に情報が提供されていれば、バークシャーの株主は長期的に素晴らし

い結果が得られるという見通しの下、利益が異常に変動してもそれを許容することができます」○[78]

「そのため、私たちは子会社のＣＥＯに、次の四半期の決算ではなく、長期的な価値が最高になるような経営をするよう奨励しています」○[79]　反対に、「上場会社の多くは、オーナーが短期の見通しや決算を重視しているため、このようなことを奨励されているＣＥＯはほとんどいません」○[80]

信頼を実らせる

「キャピタル・シティーズには素晴らしい資産があり、素晴らしい経営者がいます。そして、経営陣の管理能力は企業資本の運営と利用にも同じように及んでいます。（中略）コントロールすることで事業と資源を管理するチャンスと責任が生まれますが、私たちはそのどちらについても今以上の経営陣を提供することはできません。実際、コントロールするよりもしないほうが経営結果は良くなります」――ウォーレン・バフェット[81]

当然ながら、バフェットの「コア・コンピタンス領域」と彼の実績は、彼とバークシャーの株主の間に大きな信頼関係を生んだ。このような経験がないＣＥＯは、このような信頼を築くのに長い期間が必要だということを知っておくべきだろう。「どれほど素晴らしい才能や努力があったとしても、成し遂げるまでには時間がかかることもあります」とバフェットは言う。「早く子供がほしいからといって九人の女性を妊娠させても、一カ月で赤ん坊が生まれるわけではありません」[82]。また、CEOは信頼が一瞬で失われるということも知っておくべきだろう。「経営者が一度でもオーナーの利益に対して無神経な行動をとれば、株主は株価と価値の比率に長く苦しむことになるでしょう」[83]

また、次のようにも言っている。

買い戻しが明らかにオーナーの関心事であるにもかかわらず、それに常に背を向けている経営者は、自分で認識している以上にその動機を露呈しています。「株主の富を最大にします」というたぐいの宣伝文句をどれほど繰り返しても（中略）マーケットは彼に託された資産を正しく割り引きます。彼の心は彼の言うことを聞いていないし、マーケットもいずれ彼を見放すでしょう。[84]

正しい経営がなされているとき、バフェットは株主として経営者をコントロールする必要はないという姿勢をとっている。信頼を得たCEOは、自由に行動することを許されている。「私たちが集めた投資先として公開している企業の一流の経営者たちは、自分の会社の経営とオーナーのために長期的な価値を最大にすることに全力で取り組むことができる人たちです」[85]とバフェットは断言する。

そして、バークシャー・ハサウェイの株主たちもバフェットに対して同じような姿勢をとっている。そのため、彼は最近経営者の力量を試すような思いもかけない出来事に二つも見舞われたが、彼が最適だと考える方法で資本を管理するという決意が揺らぐことはなかった。

一九九八年六月から二〇〇〇年三月にかけて、バークシャー・ハサウェイの株価は約半分に下落した。[86]その過程で、一九八四年以来S&P五〇〇を上回ってきたパフォーマンスがすべて消滅し、バフェットのオーラに傷をつけた。彼は株主に対して次のように認めざるを得なかった。

私の在職期間中で最悪のパフォーマンスとなり、S&Pとの比較においても最低となりました。（中略）私の「唯一の課題」であるはずの資産運用の一九九九年の成績はDに違いないでしょう。[87]

そして、二〇〇一年、保険業界で最大の異常災害を引き受けていたバークシャーは、再保険部門で巨大損害を被り、バフェットは再度謝罪することになった。

どちらのケースも、型破りな失敗だった。彼もうすうす感じているように、彼は途方もなく愚かに見えた。これは彼にとっての試練だった。

フィナンシャル・タイムズ紙は、一九九九年の悲惨なパフォーマンスのあと、次のような見解を載せている。

> ああ、ウォーレン。世界一の投資家と呼ばれることもある人物が（中略）叱られた男の子のような口調で、毎年注目を集める投資家への手紙を書いている。

記事はバークシャー・ハサウェイの最大のリスクと言われていた点を正確に突いていた。

> 会長の投資の知恵と短期パフォーマンスの差がかつてないほど広がったことで、後悔している少年のような行動が、バークシャー・ハサウェイの忠実な投資家との間であつれきを生むことになれば、バフェットの心配事は増えるだろう。[88]

記事の意図は明らかだった。バフェットは、「バークシャーの収益が迷走していても、私たちはまったく気にしていません。株主パートナーが収益の変動を受け入れてくださるのであれば、私たちは安心していられます」[89]と明言している。ちなみに、前回彼が強い不快感を持ったときは、バフェット・パートナーシップを解散している。

一九六九年から三〇年以上が経過したが、バフェットは自分の立場を貫いていた。彼にはオーナーのように考える株主がついているため、バークシャー・ハサウェイの経営者として、彼もオーナーのように行動できる。委任されているから今後も理論的な判断を下していくことができるのである。

バフェットの「コア・コンピタンス領域」は、彼がバークシャーの資産を運用するために必要となる感情バランスを与えてくれる。「私にはストレスがまったくありません」[90]と彼は言う。彼は資産運用をほぼ確実なものに絞り込んで、すべてを把握している。彼には、オーナーのように行動する本質的な動機を持った経営者がいる。彼は経営者たちの動機を引き出し、強化する行動規則を考案した。そして、彼が掌握できると感じられるコア・コンピタンス領域のなかにとどまっている。

バークシャーの株主は、この方針に賛同している。彼らはバフェットに自分の貯金を喜んで託し、バフェットが彼らのために最善を尽くしていることに満足し、何も変える必要はないと思っている。

＊＊＊＊＊＊＊＊＊

バフェットのコア・コンピタンス領域は、資産運用にかかわる問題の創造的な解決策であり、特に経営者とオーナーの姿勢を一致させる役に立っている。この解決策は、必ずしも部分的な分析によって推測できるわけではなく、あくまで全体を相互に理解し合うことによってのみ機能する。

「コア・コンピタンス領域」はメンタルモデルによって抽出された。メンタルモデルはコア・コンピタンス領域を生み出し、その環境を維持したりときには変えてしまうダイナミックな過程を支えている。このとき不可欠なのが多様性で、彼はそのなかにコア・コンピタンス領域の別の可能性を見いだした。

代数学者のカール・ヤコビ（マンガーによれば、「逆にしてみる。常に逆にしてみる」[91]ということを提唱した人物）の精神に思いをはせ、バフェットはどのような行動がバークシャーの資本を破壊し、経営者とオーナーの信頼関係を壊すことになるのかと考えた。彼の結論は、「幻想のコンピタンス領域」だった。

幻想のコンピタンス領域では、重要で理解できることに集中しないため、自分が何が理解できるのかということを考えない。真実を探して自分の理解を確定しないため、すでに「理解していたこと」でよしとする。持論を逆にして自分の理解を確認しないため、自分がすでに理解していることで納得しなければならない。そして、フィードバックによって自分のモデルの精度を調べないため、結果を認めずに進めていかなければならない。

このようにあまのじゃくな行動をするのは難しい注文かもしれないが、実はそうでもない。人は幻想のコンピタンス領域を自然に構築できる。だからこそ、バフェットは自分の資産運用の方針を明示的に記述し公開しているのである。

ここで重要なのは、バフェットが人間の心の働きを知ってその逆を組み立てること（失敗の教訓を探求すること）ができなければ、コア・コンピタンス領域に適応する行動規則を見つけ、維持することもできなかったということである。

バフェットの行動を通して、第９章では彼のユーザーマニュアルのもうひとつの重要部分である幻想のコンピタンス領域の統治原則について説明していく。これによって、賢明な資産運用ではなく、視野の狭いメカニズムと結果を分析することができる。

第9章　幻想のコンピタンス領域の効力

「心理学の初歩――私は失敗の心理学と呼んでいる――を学ぶことは非常に重要だ。ここには約二〇の小さな原則があり、それが相互に作用して少し複雑になっているが、その本質は信じられないほど重要なのである。恐ろしく頭の良い人でも、このことに注意を払わなければとんでもない失敗を犯すことになる」――チャーリー・マンガー[1]

「ビジネスで成功したことよりも失敗したことを研究するほうが、得るところが多いと感じることがよくあります。（中略）パートナーのチャーリー・マンガーは、自分が知りたいのはどこで死ぬかということだけだと言っています。そうすれば、けっしてそこには行かないからです」――ウォーレン・バフェット[2]

バークシャーの繊維事業が終わりを迎えていたころ、ケン・チェースがバフェットに繊維事業を立て直し、拡大させるための綿密な計画を提示した。しかし、バフェットはそれをすべて拒否して次のようにコメントした。

繊維事業で見込める収益は幻想です。国内外の競合他社の多くが同様の支出をしようとしていますが、ある程度の数の企業がそれをすれば、せっかく削減した費用が業界の基準値になってしまいます。[3]

このように、バフェットはコア・コンピタンス領域からチェースに欠けていた見方を示している。しがらみのない外側から見た判断と、まさにその真っただ中にいる内側から見た判断の違いである。バフェットは次のように言っている。

複合企業のCEO（最高経営責任者）は、増資すれば平均五％の利益が期待できる子会社Aの余剰利益を、増資すれば一五％が期待できる子会社Bに投資すべきです。[4]

これがCEOの外部からの見方である。ここには、資本をどこに配分すべきかが明確かつ客観的に示されている。しかし、続きがある。

逆にもし複合企業のCEOによる増資の長期的な成績の利益が五％で、市場金利が一〇％の場合でもCEOは親会社株主として配当を強要するでしょうが、それは過去または業界全体の慣習に従ったにすぎません。[5]

これは内側からの見方で、将来の見通しを欠いている。

バフェットは、この内側と外側の見方を調整することを「分裂症的行動」[6]と呼んでいる。バークシャーのなかで資産を運用する人たちのリーダーとして彼に課されているのは、子会社の事業に資金を投資するときに、それぞれの経営者に外側からの視点を与えることである。もしバークシャーのなかで分裂症的行動を防ぐことができれば、チェースのときのように、組織由来の旧習が経営者に価値が創造される可能性がないところに再投資させるようなことは減る。そしてその結果、オマハに送られる余剰資金が増える。

バフェットは、このことを客観的な見方を用いて経営者たちに伝える。「ケン、それでも過去の平均を超えることはできませんよ」[7]という具合である。さらに、彼がこれを自分自身の行動に当てはめていることも注目に値する。

彼は平均への回帰のためにフランチャイズを所有し、運営している。彼が自分に合うタイプの人たちと仕事をしているのは、人間の本性はめったに変わらないからである。彼がバットを振るのは、打ちごろの球が来たときだけで、それはマーケットがだいたいにおいて効率的だからである。彼が良い企業だけを買うのは、「素晴らしい才能を持った経営者が儲かっていない企業を改善しようと挑んでも、勝つのはダメな企業のほうだからです」[8]という理由からで、彼が買収した企業を特別な方法で構築するのは、合併したあとで影響を及ぼすのは難しいからである。バフェットは、自分の行動を制限しなければ、失敗を招く確率がずっと大きくなることを知っている。そして、彼が変える前のケン・チェースや、それ以外の神経をすり減らしているたくさんの経営者たちとは違い、バフェットはバークシャーの株主に代わって財布を出す前に必ず確率を考慮する。

バフェットの外部からの見方こそが（目の前の仕事に対する客観的でグローバルな見方）、彼が資産運用者であり、リーダーであることを明示している。そして、それをもたらしているのが彼のコア・コンピタンス領域なのである。これがあれば、彼は自然の法則がもたらす結果に任せ、それを信頼することができるのである。

ほかのCEOは、部下をここまで信頼することができない。ルネサンス時代以来、資産運用にはどこか不快な部分がある。バフェットも次のように言っている。

アダム・スミスは、自由市場の見えざる手に導かれて意図しなかった行動が経済を最高に発展させたと言っています。私たちは、カジノのようなマーケットとチマチマとした投資行動が見えざる足となって経済発展の足元をすくい、遅らせていると考えています。[9]

資本主義の進化における分岐点で、私たちは知性の壁を壊したが、まだ心理と感情の壁は乗り越えておらず、やっと間に合わせのはしごを立てかけたところだ。しかし、このことに関するバフェットの洞察を共有すれば、私たちもうまく対処できるようになるだろう。

幻想のコンピタンス領域の効力

「心にはさまざまな傾向がある。いかなる物事にも単一なものとしての心に映ることはない。……われわれが同一の物事に対して泣いたり、笑ったりするのも、そのためである。パスカルの言葉を要約すれば、『人の心はひとつだが、同時にあるものを名誉に思うこともあれば恥だと思うこともある』。（中略）人の心にはものすごい力がある。しかし、それが間違った結果をもたらすこともある」――チャーリー・マンガー[10]

「私たちに強みがあるとすれば、それはコア・コンピタンス領域の中心近くで経営していることを認識しながら境界線に向かっているときです」――ウォーレン・バフェット[11]

ケン・チェースが提案したバークシャーの繊維事業に対する再建策の弱点を分析した件は、多くの経営者が価値を創造する確率が低い業界に再投資して満足する理由についてヒントをくれている。

各社の資本投資の判断は、個別に見れば費用効率が高くて合理的なものに見えます。しかし、全体として見ると、これらの計画はお互いに相殺して非合理的なものになります（パレードの見物客がみんな、つま先立ちをすればもう少しよく見えるだろうと考えるようなものです）。投資のたびにつぎ込む投資額が増えても、リターンはさほど変わりません。[12]

人は問題を考えるにあたり、広い視野ではなく、直感的に内部の見方を用いて、個別の問題として考えてしまう。しかし、バフェットは資産運用において二つの問題を見つけた経験から、このことを理解している。

最初の問題は、予測をしなければならない環境の性質にあり、二つめは判断を下す脳にある。この二つの問題が、複雑なシステムならば当然持っている不確実性をなくそうとする素晴らしい能力のなかで一緒に機能できなくなるおそれがある。

私たちが不確実性をなくそうとするのは、それが可能だからで、複雑なシステムは本質的に予想はできないが、すべてを内包している。また、不確実性をなくそうとするのはそれが必要だからで、未知の世界に一歩を踏み出すために人は運転席にいるような気分になる。そして不確実性をなくそうとするのは、人間の処理能力に限界があるからである。

雪崩のような情報に直面したら、バフェットの脳もほかの人と変わらない。彼の脳も目の前のデータのほんの一部しか処理したり対応したりすることができない。つまり、「制限付きの合理性」しかないのである。

パートナーシップを設立する前の投資経験を振り返り、バフェットは次のように言っている。

かつてニューヨークで働いていたころは、常に刺激にさらされ、普通にアドレナリンを持っている人ならばつい反応してしまうだろうと思っていました。しばらくいたらおかしな行動をとるようになっていたかもしれません。[13]

「おかしな行動」が起こりそうになったのは、彼の脳が進化によって、感情（彼のアドレナリン）と経験則に任せれば容量の限界を超えることを学んだためだった。これについては、**図表4**を参照してほしい。

感情は、私たちが欠く「不適切なものと適切なものを区別し、適切なものについては優先順位をつけるための包括的かつ合理的なメカニズム」[14]を補ってくれる。言い換えれば、感情が発達するのは、私たちが制限付きで合理的だからなのである。山のような情報が私たちの関心を引こうとしても、この仕組みがどの情報を取り込むべきかを教えてくれる。

この能力はだれもが安定的に持っているものだが、進化の過程で選択の原動力となったのは

図表4　コア・コンピタンス領域とその逆

生き残りの能力である。サバンナでは安全を守ることと仲間を作ることのために、この仕組が危険とチャンスに反応する能力のスイッチをオンにする。今日、自己防衛と繁殖はある程度保証されており、多くの人の関心事は昔とは質が違う。しかし、私たちの脳は、体の一番の目的が遺伝子を複製することだということを忘れていないため、脱工業化社会の舞台で資本を配分しなければならない場面では、感情がうまく適応できないこともある。

経験値も同様の問題を抱えている。分析によって問題をかみ砕いていくのではなく（その処理は脳に大きな負担をかける）、その代わりに私たちは近道を学んだ。この方法はさまざまな環境で試され、検証され、情報処理に役立つ認知バイアスを私たちに与えてくれた。マンガーは次のように言っている。

脳の基本的な神経ネットワークは、遺伝子と文化の幅広い変化を経て出来上がっている。ここでは近道に似た大ざっぱな見積もりが使われるが、これは良くない。[15]

これらの感情や経験値が自分自身にあることを認識し、ほかの人たちにもあることを観察したバフェットは、資産運用者として対応しなければならない大量の情報のなかから彼が合理的とする範囲に当てはまるものを選別できるようになった。「私たちのフィルターは、私たちの才能がなかったことによって起きた結果は通さない」[16]とマンガーは言う。そのため、**図表4**のバフェットのコア・コンピタンス領域はこれを構築し、維持するためのメンタルモデルに囲まれている。

バフェットの「フィルターにかけた合理性」は制限付きの合理性に対応している。これはマンガーが「極め付きの効果」[17]と名づけた状態に対して解毒剤の役割を果たす。認知バイアスと感情は単独ではなく一斉に働くことが多い。そしてそうなったとき（つまり極め付きの状態で）、これらは例えば理解できないものを「理解した」と感じる幻想のコンピタンス領域へと人々を誘い込む。こうして下した投資の判断の質と結果がどうなるかは容易に想像できるだろう。

図表5で示すとおり、これは後知恵と自信過剰から始まる。

図表5　幻想のコンピタンス領域

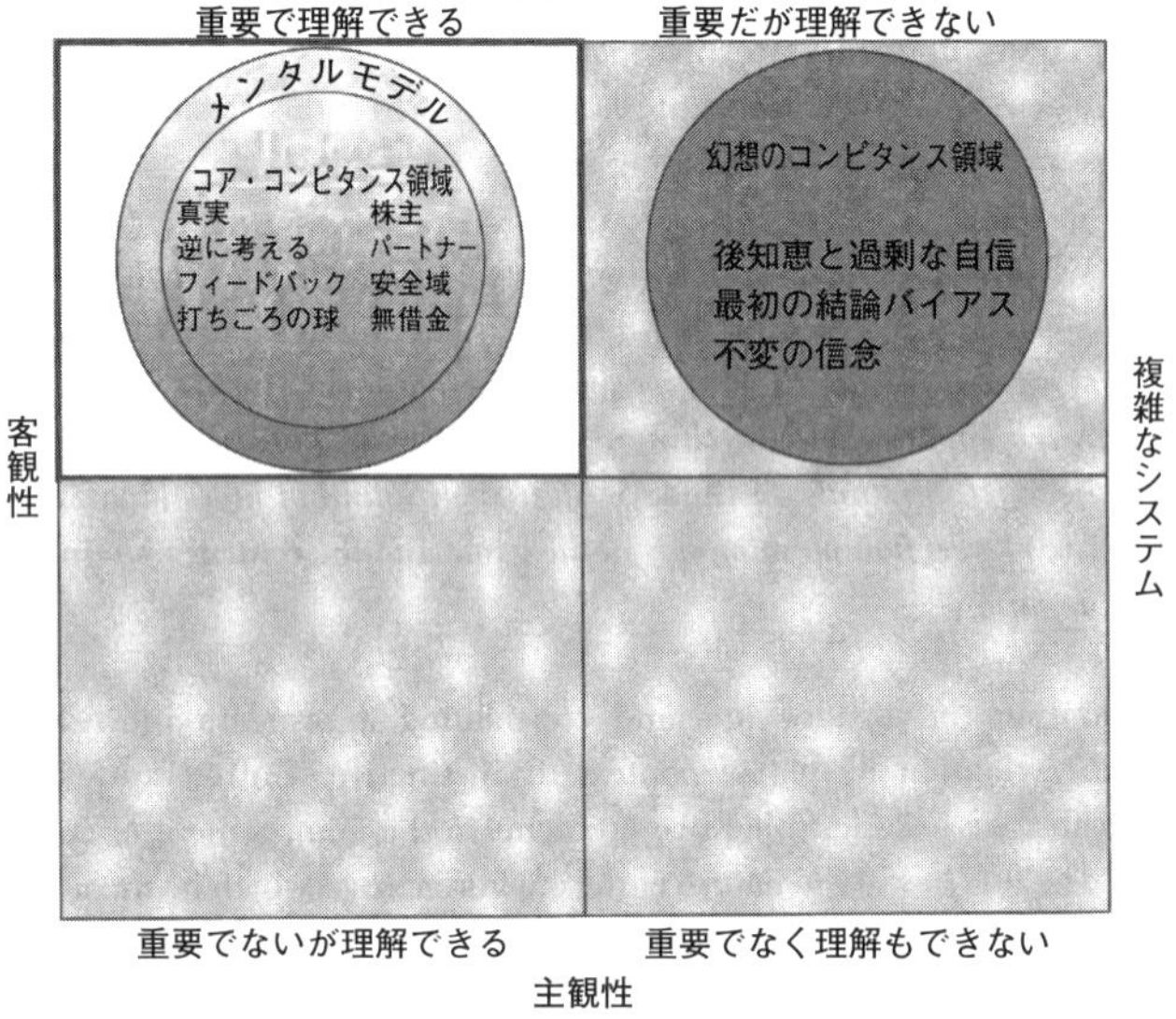

後知恵と自信過剰

「残念ながら、ビジネスの世界では常にバックミラーのほうがフロントガラスよりもはっきりと見えるものです。何年か前まで、メディア事業にかかわるだれも――貸し手もオーナーも金融アナリストも――この業界が経済悪化に苦しむことになるとは思ってもみませんでした（しかし何年かたてば、こんなことはとっくに予想していたと自分を納得させているはずです）」――ウォーレン・バフェット[18]

バフェットは、私たちをコア・コンピタンス領域を認識させる「先見の明」が簡単には得られないことを認めている。そこで必要なのが後知恵なのである。

資産運用のような複雑な適応システムは、予測はできないかもしれないがあとから説明することはできる。人間は、過去の出来事を必然的だったと考える傾向があるだけでなく、それが起こる前からある程度必然的だったとも考える。ときには自分の予測を思い出す際に勘違いをし、それは、先見の明で分かっていたことだと後知恵を誇張することさえある。[19] 私たちの記憶は、私たちが思い出すべき出来事を完璧に複製するわけではない。その代わりに、欠けている詳細をもっともらしい材料で埋めて自分の記憶を再構成していく。[20] そのため、結果が分かってしまったあとで、展開前の状態（まだ結果を知らないときの予測）を再構築するのは極めて難しい。

さらに、人間は生まれながらにパターンを見つける才能があり、それを使えば過去の出来事のなかからそれまで理解できなかったものを説明する物語を抽出することができる。ただし、この物語は利己的だ。それ以外のシナリオが示されていないため、ほかの可能性を想像するのが難しいからである。[21] このことが後知恵のバイアスを強化し、自信過剰を強く後押しする。可能性や偶発性で混乱する複雑な過去から都合の良い要素を抽出して不確実なことを削除し、単純な真実を構築すると、人はつい将来を予測する自分の能力を過大評価してしまう。驚きのない過去という考えは、驚きのない将来を連想させ、私たちは自分が本当は理解できないものを理解していると簡単に納得してしまう。[22]

バフェットは彼の判断がこのような状態に陥ることを非常に気にして次のように言っている。

歴史上の偉大な出来事を見ても、アメリカの企業の利益に最も大きい変化をもたらしたのがどれなのかまったく分かりません。（中略）三〇年前にテレビメーカーやコンピューター業界にどんなことが起こるか予測したでしょうか。もちろんしていません。[23]

そして彼は幻想のコンピタンス領域の失敗を指し、「これらの業界に熱心に参入した投資家やメーカーでさえ予測していなかったでしょう」と付け加えた。[24]

最初に結論ありきバイアス（確証バイアス）

「チャールズ・ダーウィンは、結果が自分の想定とは違ったときには必ず三〇分以内に新しい発見を書きとめておかなければならないと言っていたそうです。そうしないと、体が移植臓器を拒否するように、彼の頭が一致しない情報を拒否するからです」――ウォーレン・バフェット[25]

バフェットはコア・コンピタンス領域のなかで、自分が重要で理解できるものの根拠を逆にして、本当に理解しているかどうかを確認している。それをするのは、人は自分が理解したと思いこむと、そう自分を納得させる性質があることを知っているからである。これは「心理学で言う無意識の合理化で、最初に結論ありきバイアスとも呼ばれている」[26]とマンガーは言う。

　こうなってしまう原因のひとつに、過去の物語の仮説をあまり検証しないことがある。人は自分が納得する過去の物語が出来上がると、自分が間違っているかもしれない理由を探そうとはしなくなる。そこで、マンガーは次のように助言する。


　複数のモデルを持っておかなければならない。人の心理には現実をねじ曲げる性質があるため、もし一つか二つしか使っていないと、自分のモデルに当てはめてしまったり、当てはまると思ってしまったりしてしまう。[27]

　肯定的なフィードバックを受けると、私たちはそれが自分の能力によるものだと考え、先見の明があると思いこむ。バフェットによれば「人には自分が信じることに執着するという傾向が備わっています。それが最近の出来事に後押しされればなおさらです」[28]。

　そして失望すると、失敗は抹消される。私たちは次回修正できるように間違いを特定するか（後知恵と自信過剰によってこの過程に導びかれたことには気づかずに次回があると考える）、運が悪かったと断言する。「企業の取締役室では勝利は吹聴されますが、愚かな判断は放置されるか無理やり正当化されるかのどちらかです」[29]とバフェットは言っている。

　もし現実的ではなくても私たちの脳がうまくいくと納得する判断ルールを開発し、それに見合う証拠を探し出し、それが不適切であることを示す調査を切り捨てたり証拠を無視したりすれば、弱点に気づかないままになってしまう。[30] この複雑な「最初に結論ありきバイアス」は、資産運用者をコア・コンピタンス領域から遠ざけてしまうという問題がある。これについてバフェットは次のように言っている。

アメリカの経営者の約九九％が、ひとつのことがうまくできれば、ほかのこともうまくできると考えています。彼らは雨の中で池に浮かんでいるアヒルのようなもので、だまっていても彼らの位置はどんどん持ち上がっていきます。すると、彼らは自力で上がっているのだと思い始めます。そこで、どこか別の雨の降ってない場所に行って、ただじっとしていますが何も起こりません。すると彼らはたいていその会社のナンバーツーをクビにしたりコンサルタントを雇ったりします。彼らが、本当の理由はコア・コンピタンス領域を離れたからだということに気づくことはほとんどありません。[31]

例えば、多くの企業は内部留保の大部分を経済的な魅力がないことや「むしろ悲惨なこと」に使っている、とバフェットは記している。そしてさらに次のように続けている。

失敗を繰り返す経営者は、直近の失敗で学んだ教訓を定期的に報告しています。そして、次にまた将来の教訓のために失敗する機会を求めようとします（彼らは失敗に酔っているように見えます）。[32]

「最初に結論ありきバイアス」は、行動の変化から姿勢の変化に形を変えることもある。[33] たとえCEOが幻想のコンピタンス領域のなかで企業を経営していても、彼らは自分が理解していないことを理解していると自分に言い聞かせているのである。バフェットはそうならないように、「もしコア・コンピタンス領域のなかで欲しい物が見つからなくても対象は広げずに、ただ待ちます」[34] と断言している。

バフェットは、「変化が速い業界で運営している企業の長期的な経済性を予測することは、私たちのコア・コンピタンス領域の境界をはるかに超えています」[35] と言ってさらに断言する。

マイクロソフトやインテルが一〇年後にどうなっているかなどまったく分かりません。（中略）これから一年間を費やしてこの業界を研究しても、IT業界の分析に関してこの国で一〇〇位や一〇〇〇位どころか一万位にもなれないでしょう。[36]

ただ、これはバフェットがテクノロジー銘柄（例えばマイクロソフト）で利益を上げられないという意味ではない。彼はビル・ゲイツと親しいのである。さらに、このとき危険なのが一つや二つの銘柄で失敗することではなく、一つや二つがうまくいってエクスポージャーが膨れ上がることだということもバフェットは認識している。

「苦労しないで手に入れた大金ほど失うのが速いものはありません」[○37] バフェットは、次のようにも言っている。

もしだれかが変化の速い業界に対して予測力があると言っても（そして、株式市場の動きがそれを証明しているように見えても）、私たちはうらやましくもなければマネしようとも思いません。私たちは自分が理解できることだけを堅持していきます。私たちがもし道に迷えば、それは不注意によるもので、落ち着きをなくして合理性を希望に置き変えたからではありません。[○38]

不変の信念

「デモステネスは、『人は信じたいことを信じる』と言っているが、これは正しい。（中略）心理的な否認の程度は人によって違う。ただ、否認による誤認知は、そのあと対処しなければならない現実を書き換えてしまうことがある」――チャーリー・マンガー[39]

「ガイコのCEOを務めるトニー・ナイスリーは、理想のオーナーであり続けます。彼がやることはすべて筋が通っています。多くの経営者は想定外の出来事に遭うと希望的観測に頼ったり現実をゆがめたりするものですが、彼はけっしてそのようなことをしません」――ウォーレン・バフェット[40]

バフェットは、「私は長年、たくさんの企業の取締役を務めてきましたが、彼らは事後分析にあまり時間を割きません」と言っている。[41] しかし、彼自身はコア・コンピタンス領域のなかで、彼が理解しようとしていることを本当に理解しているのかどうか確認している。自分のモデルのなかの何かが間違っていることを彼に教えてくれる否定的なフィードバックから目をそらさないバフェットの性格がそうさせているのだろう。

企業買収について、バフェットは次のように言っている。

買収に飢えた多くの経営者たちは子供のころに読んだおとぎ話で、お姫様が蛙にキスしたら王子様になったことがいまだに忘れられないようです。お姫様が成功したように、驚くべき変貌を期待して企業という蛙にキスするため、彼らは大金を支払うのです。[42]

これらの経営者は、幻想のコンピタンス領域のなかにいる。バフェットもかつてはここにいたという。

私も経営者になったばかりのころは何匹かの蛙と付き合いました。彼らは安い蛙でした。（中略）しかし、結果はもっと高い蛙と付き合った買収者と変わりませんでした。キスしてもゲロゲロと鳴いただけだったのです。しかし、何度か失敗したあと（中略）私はかつてプロゴルファーが教えてくれた役に立つ助言を思い出しました。（中略）練習しても完璧にはなりませんが、練習すれば現状を保つことができます。[43]

これは、「最初に結論ありきバイアス」による行動の複雑形と言える。しかし、バフェットは自己分析を行って買収の仕方を完全買収に変えていった。そして、自分が正しいルールを使っていたと納得するのではなく、自分が間違ったルールを使っていたことを発見した。彼は自分の先進的な経営によって業績不振の企業を変身させられると思っていたが、フィードバックフィルターがそれはできないと教えてくれた。「それ以来、私は戦略を修正して、そこそこの企業を安く買うのではなく、良い企業を適正価格で買うことにしました」[44]

バフェットは幻想のコンピタンス領域から逃れるために、自ら行うパフォーマンスの査定に正直に取り組んだ。しかし、普通はそこで心理的な免疫システムのワナにかかる。人は幻想をコントロールしているという感覚を得るために、幻想のコンピタンス領域を必要としている。

私たちの脳は、脳が意図する行動を正当化するため、勝つための議論を作るようにデザインされていている。[45] 私たちは、自分が理性的で合理的で理解力があることをみんなに納得させて満足するとともに、自分自身もそう納得させる必要がある。私たちは答えを必要としているが、ときにはその答えは何でもよい。バフェットはこれらのことをすべて分かっている。

企業のムダを長年批判してきたバフェットだったが、一九八六年に一度それを取り下げて飛行機を買った。彼は言葉に気をつけながら株主に語った。

バークシャーが飛行機の元を取れるかどうかは議論の余地がありますが、そうなるような業績を上げていくつもりです（疑わしいかもしれませんが）。残念ながら、ベンジャミン・フランクリンがすでに私の気持ちを代弁しています。「分別がある生き物とはまことに都合が良いものだ。その気があれば、何に対しても理由を見つけたり、でっち上げたりすることができる」[46]

「このような信念が形成されると、それは不変になる。「自分自身と折り合いをつけられれば、酒場でケンカになることはほとんどありません」[47] とバフェットは記している。

製品やサービスのなかにブランドに対する忠誠心が根づいていること（思考も行動も）こそ、バフェットがフランチャイズに求めている心理かもしれない。しかし、彼はこの心理を資産運用者には望んでいない。彼が資産運用者に課す最も重要な規定は、「ほとんどの人にとって最も大事なことは（中略）どれだけ理解しているかではなく、自分が理解していないことをどれだけ現実的に定義できるかということです」[48]

この勝つための理論のサイクルと不変の信念を破る唯一の方法は、自分が万能でないことを受け入れて生きることだ。バフェットのマネをしてコア・コンピタンス領域の範囲を定めたい人は、彼のように自分の間違いを認めなければならない。

ジェネラル・リーの元会長の話を、バフェットは次のように記している。

毎年、幹部たちから「フロリダのハリケーンは例外ですが」とか「中西部の竜巻は例外ですが」、素晴らしい年でしたという報告を受けていた彼は、ついに全員を集めて新しい事業を提案しました。彼らが業績に含めたくない案件をすべて引き受ける例外保険会社です。（中略）どのような企業でも（保険でもそれ以外でも）、「例外」は用語集から削除すべきです。もし野球をするのならば、九回すべての相手の得点を記録しなければなりません。間違いを犯すたびに「例外」だと言い訳してその教訓を報告するような幹部は、唯一の大事な教訓を学んでいません。本当の間違いはその行為ではなくその人だということです。[49]

バフェットのコア・コンピタンス領域の強みは、認知と判断を客観的に伝えることができることにある。すべての経営者がここまで客観的になれるわけではない。彼らはバフェットの洞察力やデザインを持っていない。彼らがどのようなコア・コンピタンス領域を持っていたとしても、一部の判断は主観的にならざるを得ない。これを実践するときにカギとなるのは、幻想のコンピタンス領域が発達して不確実なことが出てきたときこそその主観性に気づくことであり、だからこそこのコア・コンピタンス領域は**図表5**で示した複雑なシステムに近い右端に描いてある。

情報に基づいた主観性

「私たちを含めてだれも異常災害保険の補償額の本当の確率を計算する方法を持っていません」――ウォーレン・バフェット[50]

「道具を使うときにその限界を知っておくべきなのと同じで、自分の認知装置を使うときもその限界を知っておかなければならない」――チャーリー・マンガー[51]

バフェットは、バークシャーが得意とする異常災害保険証書を作成した。これはハリケーンや地震といった大規模で規格外のリスクを引き受ける保険である。これは驚くべきことだった。

異常災害保険の適切な価格の構成要素はほかの保険と同じではないし、バフェットが通常投資判断をしているように決めることもできない。異常災害の頻度は決まっていない。そのため、彼はその発生確率を概念化するために、証拠を根拠とした考えに基づいて、これまでとは別の枠組みを導入しなければならなかった。[52] これは、頻度を知るための統計的な裏づけがない出来事について判断を下さなければならないときに自然に使う枠組みである。[53]

理論的には、これは不合理である。人間は直感的に統計を判断する。確率の方程式に新しい変数が加わったり、既存の変数の関係が変化したり、既存の変数に対する自分の理解や関係性が向上したりすれば、考えを合理的に更新する。[54] 例えば、黒い雲に覆われれば雨が降る頻度や、暑くて静かな夜に蚊に襲われる頻度など、無数の観察を基に人は自然に確率を裏づける感覚を身につけていく。[55] ただ、難点は私たちが進化させる直観は頻度が安定して発生するものが対象であり、単発の出来事が対象ではない。問題が起こって信じる度合いの枠組みができてしまうと、私たちは認知を奪う感情や経験則に従ってしまうため、それに惑わされて基本的な確率の法則を軽視することになる。

三つの特別な経験則は、私たちが主観的にならざるを得ないときに確率的結果に関する私たちの考えをゆがめる恐れがある。私たちには、顕著で可能で代表的なものに基づいて判断を下してしまう傾向がある。私たちは、意識のなかで突出していることだからとか、以前の事例を思い出したからとか、ほかのものと似ているから（例えば、見かけがアヒルのようで鳴き声もアヒルのようだから）などという理由である出来事の頻度を過大評価してしまうことがある。こうなると、自分には先見の明があると自分を納得させてしまう恐れがある。

バフェットは異常災害保険について、「予測は主観的な判断以上の基準に基づいて行ったほうがよい」[56]と考えている。さらに、彼が引き受けているイベントリスクは、重要で理解できるもののなかでも一番右側にある複雑なシステムの要素なのである。彼は次のように言っている。

災害保険のリスクは、過去の経験から単純に推定することができません。例えば、もし本当に「地球温暖化」が起こっていれば、大気の状態のほんの小さな変化が気象パターンに重大な変化を与えるなどして、災害の確率が変わってしまうからです。[57]

つまり、異常災害保険は金融分野のなかでも幻想のコンピタンス領域が潜んでいる部分で管理しているということになる。

しかし、あらかじめ警戒できる主観性は、情報に基づく主観性である。これについてバフェットは、「異常災害保険の分野で他社がどうしようと、当社が不適切な料率だと分かって引き受けることはありません」と言っている。ただ、それと同時に次のような告白もしている。

私たちは一九七〇年代初期に知らずにそのような引き受けをしてしまい、二〇年以上たった今でも当時の間違いから発生した相当額の請求を定期的に受けています。おそらくあと二〇年たってもこの件の請求はなくならないでしょう。（中略）私は初期のころの再保険の判断に積極的にかかわっており、バークシャーはこの事業に関して私のために高い事業料を支払いました。[58]

周知のとおり、判断に対するフィードバックが遅いと自信過剰に陥りやすい。幻想のコンピタンス領域は、本当に不確実な状態のときに最もはっきりと現れる。バフェットは、異常災害保険でその両方の状態に陥っていた。ただ、フィードバックが入ってくると、彼はそれを十分認識して取り組み方を変えた。

偶然のことだが、思慮に欠けたリスク判断を下してからその結果による教訓を得るまでの期間に、バフェットは認知装置の仕組みを学ぶための学校に通い、その限界について知った。幻想のコンピタンス領域のメカニズムを知ることによって、彼はコア・コンピタンス領域を構築した。そして、コア・コンピタンス領域のなかにあった不確定な条件下で判断を下すという部分を、主観的な判断を下さざるを得ない部分へと移行した。

異常災害保険は、バークシャーのなかでも突出した事業になっていった。これは、バフェットがすでにこの能力を備えた人物を見つけたからだった。それがアジット・ジェインで、バフェットによれば一九八六年に入社し、この事業をゼロから立ち上げた人物だという。

アジットは、大部分のリスクを適正に査定する能力を備えた引受人で、評価できないリスクは無視できる現実主義者で、保険料が適正なときは巨額の保険を引き受ける度胸があり、保険料が適切でなければどんな小さなリスクでも拒否する規律を持っています。これらの才能をひとつ持った人でもめったにいないのに、アジットがひとりでそのすべてを兼ね備えているのは驚くべきことです。[59]

バークシャーの異常災害保険に対するバフェットの貢献は、まずジェインそのものがコア・コンピタンス領域の要素であるということをはっきりと認識することだった。二番目は彼にふさわしい自由を与え、三番目はどれほど能力があっても、主観的な判断を下さなければならない人たちを待ちうける油断のならないワナから彼を守るために常にそばにいることだった。

分散型の管理システムのなかで、バフェットは例外的にジェインが運営する異常災害保険にかかわり、毎日のように電話で話をしている。[60]バフェットは、ジェインの認知を向上させるために外側からの見方を示している。

ジェインは、「私がかかわった案件のすべてにバフェットがかかわっている」と言っている。「危機一髪のときに、私が近づきすぎるのを彼が止めてくれました」[61]。これは、理解できないことを理解する過程を遠回しに指しており、「ときどきそれにのみ込まれてしまい、それをしなければならない合理的な理由を探します。これはとても主観的な妥協であり、気づいたときにはつるつるの坂道にいることになるのかもしれません」とジェインは言う。

バークシャー・ハサウェイ以外にこれほど幸運な経営者はめったにいない。バークシャーが大株主となっている企業の経営者たちについて、バフェットは次のように言っている。

私たちが一緒に仕事をしているのが経験豊富なCEOたちだということはよく分かっています。彼らは自分の企業をしっかりと把握していますが、ときどきは自分の考えを自分の業界や過去の決定とは関係ない人に話してみる機会を持つとよいでしょう。[62]

バフェットは、子会社の経営者たちに自分の見解を提供するというメリットを与えている。しかし、それ以外の経営者たちは視野が狭くなる危険がある。自分の業界や過去の決定と関係のない人相手に考えを試す場は株式市場しかないからだ。

視野の狭い資産運用

「高騰する株価に魅了され、それ以外のすべてを無視した投資家が企業に殺到しました。まるでウイルスがプロの投資家の間に広がったようでした。（中略）そうなると、ウイルスが引

き起こした幻覚によって、特定のセクターの株価はその基となる事業の価値から切り離されてしまいました」――ウォーレン・バフェット[63]

「シリコンバレー全体で、パソコンメーカーも、チップやサーバーやプリンターやほかのデジタル製品のメーカーも最終的な需要見積もりに大幅な誤算があったことを認めている。ルーセント、コーニング、ノーテル、ＪＤＳユニフェイズなどは投資資本に関して、ソ連のゴスプランを除けば最大の誤算によって打撃を受けた」――グランツ・インタレスト・レート・オブザーバー誌[64]

学者の投資業界に対する画期的かつ永続的な貢献は、投資家がコア・コンピタンス領域の外で生き残る方法を正式に理論化したことである。バフェットが時間と労力をかけて減らそうとしている株式特有のリスクについて、この理論は投資家たちに分散を勧めている。ただ、これは堅実な助言だが、それでも主観性を排除することはできないとバフェットは言っている。ちなみに、彼は次のように勧めている。

もし一つの取引に大きなリスクがあるときは、相互に独立したいくつかの案件のひとつとして投資すれば全体のリスクを減らすことができます。つまり、もし確率を考慮したうえでリターンが損失をはるかに上回り、いくつかの似ているが関連はない案件を一緒に取引できるならば、意識的にリスクの高い投資（実際に損失や損害を被る確率が高い取引）をするかもしれません。（中略）逆説的ではありますが「バカげた」お金の限界を認めると、それはバカげたものでなくなります[65]。

この助言を実際に導入した場合、分散することで特定のリスク分析が棚上げになってしまうという弱点がある。しかし、バフェットのフィルターを使えばけっしてそうはならない。彼は価格と価値の方程式からリスクを除外して、そのなかからいくつかを選ぶ。リスクの定量化が主観的にならざるを得なくても分散はするが、それはあくまで彼とジェインが分析過程で必要な検討項目を設定したあとに行われる。

バークシャーの異常災害保険の決定的な強みは、極めて高い競争力にある。「バークシャーは、異常災害保険を引き受けるための理想的な地位を占めています」とバフェットは言う[66]。彼によれば、巨額の資本を必要とするリスク業界で、彼らの自己資本比率は主な競合他社の「一〇倍か二〇倍」ある。そして、「想定をはるかに超える災害のあとでも確実に支払い能力と流動性があることが、バークシャーの競争優位の主な理由です」とも言っている。彼はけっして異常災害保険というカジノで賭けをしているわけではない。制限付きの合理性のなかで、これは必須条件なのである。

反対に、多くの投資家は上回らなければならないベンチマークを基にして目標を設定している。典型的な投資会社のファンドマネジャーの分散ポートフォリオ（通常の構成は、五〇〇以上の銘柄のなかから約六〇銘柄を選んだり入れ替えたりしている）には、バフェットが避けるタイプのリスクも入れざるを得ないため、主観性のカジノで賭けをすることになる。しかし、この分散戦略には問題がある。脳のフィルターは大きく開いていて、バフェットがひたすら避けている制限付きの合理性に向かってしまうのである。バフェットは次のように見ている。

経験豊富な投資のプロを大勢抱えた機関投資家は金融市場において安定力と判断力を誇っているように見えるかもしれません。しかし、それは違います。機関投資家に大量に保有され、常に管理されている銘柄の多くは、最も不適切な評価がなされています。[67]

「バリューラインの銘柄や上場銘柄の価値をすべて評価できるなどと言う人は、自分の能力をかなり過大評価していると言わざるをえません。そんなに簡単なことではないからです」とバフェットは言う。[68] バフェットのフィルターにかけた合理性を備えていないかぎり、ポートフォリオマネジャーは感情や経験則に従ってベンチマークを上回る銘柄を探す方法に引きつけられていく。彼はさらに続ける。

図表6　視野の狭い経営者と資本の不適切な配分

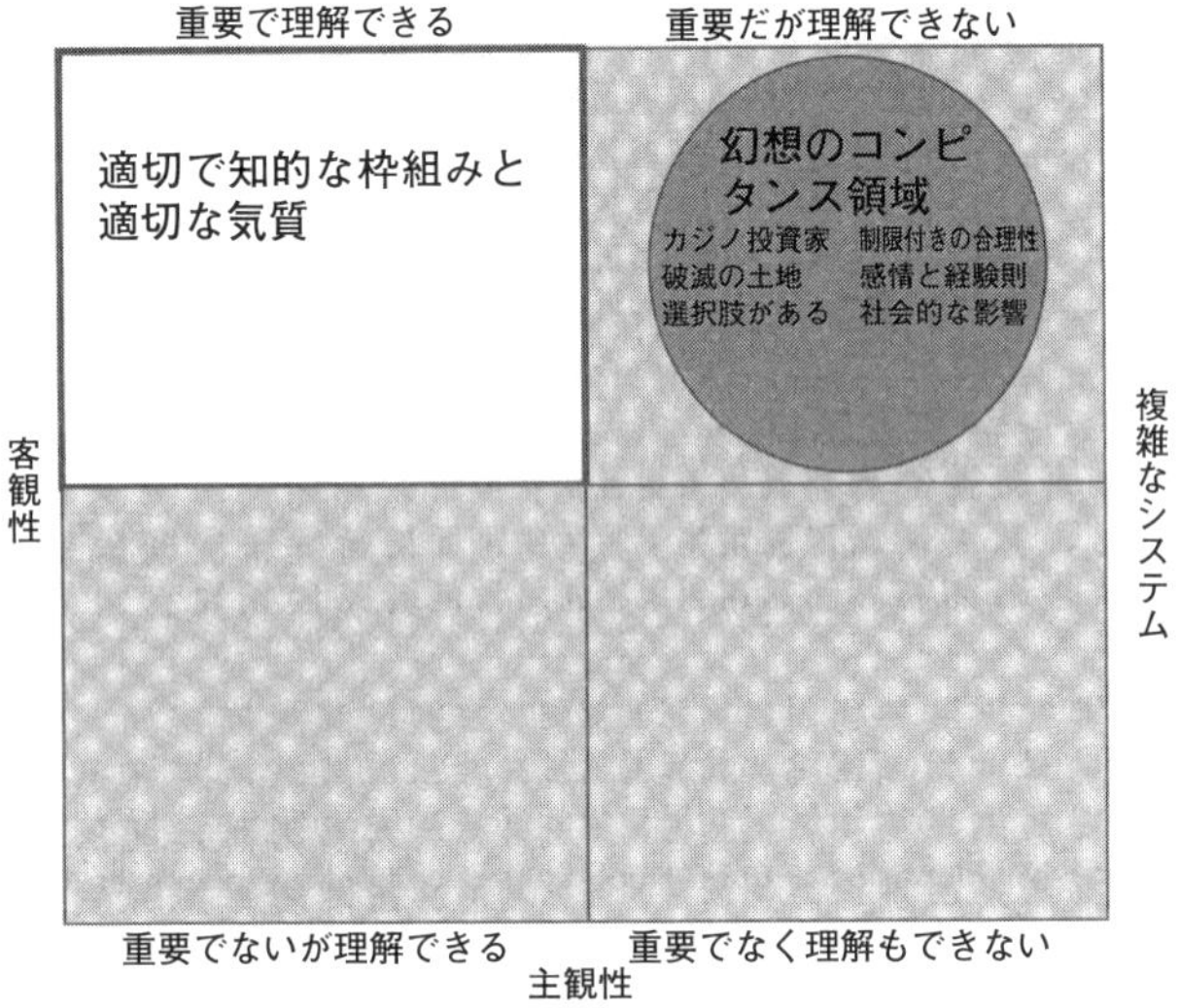

私の意見では、投資の成功は難解な式や、コンピューターのプログラムや、株やマーケットの価格動向から発せられるシグナルによってもたらされるのではありません。それよりも、事業に対する正しい判断力と、マーケットを瞬く間に駆け巡る感情から自分の考えと行動を守る能力を併せ持った投資家が成功します。[69]

しかし、もし投資家がコア・コンピタンス領域の境界を設定していなければ、価格動向から算出したシグナルに基づいたり、感染力の強い感情に従って判断を下したりすることは自然なことだろう。どちらも、**図表6**の社会的な影響が及ぼした不当な行動で、バフェットはこの原則をジョークを使って説明している。

石油の採掘者が天国に召される途中で、聖ペテロにこう告げられました。「あなたは天国に住む資格がありますが、石油関係者の住居は今はいっぱいで、あなたを受け入れることはできません」。そこで、採掘者は少し考えてから、住民に向かって一言言ってもよいかと尋ねました。聖ペテロはそれくらいならばいいだろうと考えて許可すると、採掘者は住居に向かって大声で「地獄で石油が見つかったぞ」と叫びました。すると門が開いて石油関係者が全員列をなして地獄に向かって行きました。聖ペテロが感心して採掘者を招き入れようとすると、（中略）彼は少し考えてから言いました。「やはり私もみんなと一緒に行きます。もしかしたら噂が本当になるかもしれませんから」[70]

もちろんこれは作り話だが、このような滑稽な場面は実際にもある。

「何らかの理由で、人は価値ではなく価格をきっかけに行動を起こします」とバフェットは言う。[71] このことは心理学者も暗黙のうちに認めており、別の意見を持っているように見える人がいると意見を変えずにはいられなくなるいくつかの要素を探し当てている。バフェットが「地獄の油田」ジョークでほのめかしているように、このようなことはすべて株式市場にも見られる。

①天国の門と同じように、情報の外部性は存在する。つまり、ほかの投資家の行動は、彼らが投資する株価の動きに影響を与え、それが観察者の関心を引く。さらに、効率的市場仮説に

よれば、株価のすべての動きにはファンダメンタルズ的な理由があることになっている。ここには権力者の学術的理論だけでなく経験主義（マーケットを打ち負かすことはできない）も含まれており、私たちの頭の中には権力者に従うという経験則が入っている。[72]
②評判を守る。パフォーマンスが基準を下回ると、それはすぐに数値で示され、すぐに公表され、すぐに広まる。失敗すればクビになることが容易に想像できるため、それを恐れるファンドマネジャーは、事後に簡単に言い訳できる判断を下すようになっていく。[73] これまでどおり、みんなと同じ方法で失敗した、という道を選ぶのである。
③最も重要なことは、本当に不確実性のなかで判断を下さなければならないことが多いことだ。投資家が漠然とした要素に基づいて判断を下すときは、ほかの人の行動をカギとして行動する傾向が強くなる。実際、あいまいさが増すと、例えばテクノロジー銘柄のように、社会的な影響が行動を支配する可能性も高くなる。

そのため、いくつかの会社が続けて好決算を発表すると、たとえデータがランダムだったり継続性がなかったりしても、投資家はそこに道理とパターンを見いだす。経験則の代表性バイアスが、これらの企業が成長株に間違いなく分類されるサンプル企業の一部だと投資家にささやきかけると、これらは成長株として評価される。そのうえこれらの企業が突出していて、ファンドマネジャーだけでなく投資委員会や年金基金にとっても非常に買い易く（例えば、バブル時代のニューエコノミー銘柄のようにニュースで取り上げられる銘柄や社会全体にかかわる銘柄など）、さらに株価も上がっていれば、ストライクゾーンで感情バランスは崩れてしまう。

そうなると、これは確率の問題ではなく、可能性の問題になってしまう。

また、私たちには恐れもある。これらの株は過大評価されているのではないだろうか、株価は平均に戻る確率が高いのではないだろうか、でもそうならない可能性もあるし、外れたとしてもパフォーマンスの査定期間内には下がらないかもしれない。バフェットによれば、「高名なマネーマネジャーの多くが、何年か先の事業展開を考えないで、ほんの何日か後にほかのマネーマネジャーがどう動くかということばかり気にしています」[74] 彼らはさらに考える。もしかしたら、マーケットが正しいのかもしれない。なにしろ効率的なのだから。あるいは、みんな自分が知らない何かを知っているのかもしれない。

私たちには非現実的な夢もあり、心理学では、これが人を確率が高いことよりも可能なことのほうに促すことが分かっている。[75] バフェットも、次のように記している。

実際の勝率がどれほど低くても、賞金が大きくて賭け金が小さければ、人はギャンブルに引かれる傾向が必ず強くなります。ラスベガスのカジノが大当たりを宣伝したり、州営宝くじが巨額の賞金を掲げたりしているのはそのためです。[76]

そのため、投資家は「熱心に改革を約束する一見魅惑的な事業の最高のＰＥＲ（株価収益率）に引かれます。彼らは今日の現実ではなく、将来の利益率を夢見ます」[77] そして、勝率を見失い、**図表６**のカジノ投資家になる。

しかし、行きすぎた楽観主義（幻想のコンピタンス領域のもうひとつのバイアス）によって、彼らはほかの人たちすべてを差し置いて自分だけが不利な条件を克服し、勝利をつかむと信じ込む。バフェットは二〇〇〇年に次のように記している。

将来のキャッシュフローと比較してはるかに高い株価が付いている企業では、みんながこの素晴らしいパーティーを一分たりともムダにせずに楽しもうとしています。だから参加者はみんな、馬車がかぼちゃに戻ってしまう夜中の一二時の直前に帰ろうと思っています。[78]

社会的な影響が行動に及ぼす効果を考えると、バフェットは、「ミスターマーケットは、あなたに指針を示すためではなく、奉仕するためにいるのです。（中略）もし彼の影響をまともに受けてしまったら悲惨なことになります」[79] という助言を投資家に与え、彼自身もこれを信条としている。また、彼はこの助言を、株式市場のフィードバックを基にして資本を活用するために考えを試したいＣＥＯたちにもしている。投資家がファンダメンタルズを見失って価格シグナルと瞬く間に広がる感情を基に判断を下してしまうと、非現実的な期待が戦略という犬の尻尾を振らせて問題を起こしかねない。

悲惨な影響――破滅の土地

「私は、長年にわたってほとんどの企業の決算数字をあまり信用していませんでした。私が言っているのは、明らかな不正をしていたエンロンやワールドコムのことではなく、CEOたちが利益を水増しするために使っている適法でも不適切な会計方法のことです」――ウォーレン・バフェット[80]

「チャーリーと私は、長年にわたりCEOが公表した収益目標を達成するために不経済な操作にかかわるのを見てきました」――ウォーレン・バフェット[81]

過大評価されている株に織り込まれた期待に応えようという経営というゲームは、通常短期間であればうまくいく。この幻想のコンピタンス領域はCEOと株主の両方に長期的な意欲と相互支援的な容認を促し、そこでは利害は一致している。投資家の期待に応える業績を一貫して上げている企業は、そうでない企業よりも高い評価を受けている。そして経営者も投資家も好意的なフィードバックを受ける。[82] そのため、期待に応えるための経営はＣＥＯの世界で風土病のようなものになってしまった。[83] 偶然では説明できないほど多くの企業が直線的な収益を上げている。

しかし、真実に反する企業の好調な業績をマーケットが織り込めば、企業は期待に応えるための会計処理は経済的にどんどん難しくなる。非線形的な世界で、平均回帰を無視した速さで収益を直線的に増やしていけば、価値の方程式は驚異的な効果を生む。これによって予想とその見かけの精度の両方が向上するが、この幻想は資本配分が長期的な株主価値を最大にするためではなく、直線的に調整されないと維持できないのは逆説的だ。そして、経営へのしわ寄せが長く続けば、本質的価値が損なわれていく可能性は高まる。

「高めの予測には、保証のない楽観主義を広めるという問題だけでなく、ＣＥＯの行動を蝕んでいくというさらに大きな問題があります」とバフェットは言う。[84]

最近、ジレットのＣＥＯに指名されたジェームズ・キルツは、このゲームを放棄した。彼は就任前にこの種の企業行動がジレットが過去に行ってきた経営の過ちと業績不振の原因だということを正しく認識し、それに「破滅の土地」と名づけたのだ。この言葉は、**図表6**にこれを明確にする要素と一緒に書き込んである。

破滅の土地のなかの経営者の行動はバフェットのそれとは逆になっている。

①企業が資本を現在可能なチャンスに配分せざるを得なければ、最高のチャンスを待った場合よりも資本収益率は低くなる。
②企業が環境ではなく、期待に合わせて変わっていけば、進化的な健全性が衰えて生き残りが難しくなる。[85]
③業績を演出しようとすると、許容できる受託者の行動範囲を超える場合が多い。[86]

バフェットは一九九八年に次のようにまとめている。

最近、高潔という概念が失われています。大手企業の多くは今でも誠実に対処していますが、優秀な経営者――喜んで子供の配偶者や遺言状の受託者にしたいような人物――でもウォール街が望むであろう数字に合わせて決算を操作してもかまわないと考える人が相当数いて、しかもその数は増えています。実際、多くのＣＥＯが、このような操作は問題がないどころか、義務だとすら考えているのです。[87]

驚くべきことだが、本当だ。「もし株式市場の動きを試してみれば、これが本質的に宝くじと変わらないことが分かると思います。[88] しかし、非現実的な支払いにつながる制度は、オーナーにとってムダなだけでなく、経営者に求められる目的に集中した行動も妨げることになります」[89]とバフェットは主張する。

ストックオプションも間違った行動をもたらす。これは、通常オーナーにはない報酬を経営者に提示するもので、これを報酬制度に組み込むと、経営者に投資資本の配分と可能なことに集中した場合の確率を見失わせることになる。「人は少しずつお金持ちになることよりも、来週当たるかもしれない宝くじのほうに期待するようです」とバフェットは見ている。[90]

そして、自身については次のように告白している。

宝くじがプレゼントならば喜んで受け取りますが、自分ではけっして買いはしません。（中略）実際、ストックオプションが頻繁に提供されている事業計画のオーナーにはなりたくありません。[91]

ある調査によれば、オプションになじんだ経営者は、投資資本の配分においてそうではない経営者よりも大きいリスクをとるという結果が出ている。[92] **図表6**のオプションを持っているCEOは、自分が経営する会社を感情バランスがとれていないギャンブラーを受け入れるプロジェクトに変え、報酬をゆっくりと受け取る感情バランスがとれたオーナーは拒否する傾向がある。カジノタイプの投資家によって株価が上がるなかで、彼らはストックオプションに対する期待に見合うか、超えるか、できれば上回ることを期待して、破滅の土地で賭け金を上げていく。このようにして、視野の狭い経営者と図表6の誤った投資資本配分（バフェットの適正で知的な枠組みと適正な気質の正反対にある）は完成する。

「長期的に見れば、実質的な経済性よりも会計結果を気にしている経営者は、結局どちらもほとんど達成できません」[93]とバフェットは結論づける。バフェットは株主との関係で公正さと誠実さを重視している。「公正さは経営者である私たちにも恩恵をもたらします。人を公然と欺くCEOは、いずれ自身が欺かれることになります」とバフェットは言う。[94]

達成不可能なことと達成可能なこと

「経営者がすべきことは、基本をしっかりと押さえてあとは気をそらさないことです。ラルフ（シャイ）は正しい目標を設定したあと自分が何をすべきかをけっして忘れません」——ウォーレン・バフェット[95]

「K&Wは長年にわたって好調を維持してきましたが、一九八五～一九八六年にかけて達成できることを無視して達成できないものを追求したため、ひどくつまずきました」——ウォーレン・バフェット[96]

幻想のコンピタンス領域は、不確実性に直面したときに自然に発生する現象で、道理に反している。

昨日はうまくいった判断ルールが今日はうまくいかないとき、幻想のコンピタンス領域のなかで経営者が求めるコントロール感は消滅してしまう。彼は自分の間違いの元を突き止めることができず、途方にくれる。バフェットは、「企業の経営者が投資資本の配分において無力感を覚えたとき（中略）問題が生じます」[97]と言う。この脆弱性のなかで、このような経営者は自身のバイアスと感情によって、あるいは別の性質のバイアスを持った助言者によって株式市場に簡単に操られてしまう。これが企業を破滅させる誘惑の言葉なのである。

バフェットは、このような状態に陥ったことを自覚しているＣＥＯに、強力な取締役会の受け入れを助言している。

> 取締役の数は比較的少なくし（例えば一〇人以下）、大部分を外部の人にします。外部取締役は、ＣＥＯのパフォーマンスの基準を設定し、彼を入れずに定期的に集まり、その基準に照らしてパフォーマンスを評価すべきです。取締役の必要条件は、ビジネス手腕があり、仕事に関心があり、オーナーの姿勢を持っていることです。[98]

取締役会は、経営者の内部の見方に外部の見方を加えてバランスをとるために設定されている。「取締役は、あらゆる方法で長期利益を伸ばそうとするオーナーがひとり欠席しているかのように行動すべきです」とバフェットは言う。取締役は、独立性と同時に誠実さも持っていなければならない。「もしどちらかが欠けていれば、（中略）株主の長期利益のために活動していると主張しながら破壊行為をすることにもなりかねません」[99]

構成と奨励が適正になされた取締役会による集団意思決定は、「制限付きの合理性に適応でき、異なる知識や関心や能力を持つ複数の個人の意見を統合できるシステムかもしれない」[100]とUCLA法科大学院のスティーブン・ベインブリッジは言う。もしそうならば、バフェットはCEOを幻想のコンピタンス領域からコア・コンピタンス領域に移させたいのだろう。

たくさんのフィルターを備えたバフェットのコア・コンピタンス領域は、制限付きの合理性に対する順応可能な選択肢で、人々が切望するコントロールを提供し、失敗から守ってくれる。このなかではバフェット自身がワンマン資本市場で、株式市場が経営者に提供すべき資産運用のフィードバックを自身で提供している。

バフェットは、自分自身の取締役会であり、第三者的立場で永続的な見方ができ、経営者たちに影響を及ぼそうと意図している。

彼には、これを自力でできる認知力がある。彼がこれを「ハッピーゾーン」[101]と呼んでいるのも不思議はない。

ただ、ここにバークシャー・ハサウェイの将来に向けた課題がある。バフェットが辞めたとき、だれか別の人や団体が資産運用と資産運用者の監督という二つの役目を担わなければならない。本書の締めくくりとして、このことを考えてみよう。

第10章　将来理解できること

「私が死んだら、私の保有している株は、もし妻のスージーが生存していればすべて彼女に譲渡し、もし彼女が先に亡くなれば基金に譲渡します。（中略）私の保有する株式が妻か基金に譲渡されたとき、バークシャーは第三者の統治に委ね、関心は強いが経営はしないオーナーとオーナーのために仕事をする経営者という態勢になります。その時期に備えて、何年か前にスージーを取締役に選出し、一九九三年には息子のハワードも取締役に就任しました。私の家族が将来の経営者になることはありませんが、もし私の身に何かあれば、二人が支配権を行使します。ほかの取締役の多くも相当数のバークシャー株を保有しており、それぞれがオーナーとしての強い姿勢で臨んでいます」――ウォーレン・バフェット[1]

「時代遅れになるような原則は、原則ではありません」――ウォーレン・バフェット[2]

一九九一年、バフェットはニュースインクの記者に「木陰に座っていられるのは、ずっと前にだれかが木を植えたおかげです」[3]と語った。もしバークシャー・ハサウェイの現在の株主がバフェットの先見の明の恩恵を受けているならば、将来の見通しはどうかと考えるのは当然だろう。

バークシャー・ハサウェイの会長兼CEO（最高経営責任者）としてのバフェットの能力には、統率力と資産運用という二つの役割の組み合わさり、それにオーナーのように行動する誠実さが加わっている。すべてのCEOのあるべき姿を具体化すればこうなるのだろう。しかし、バフェットがいなくなればこの知恵もなくなってしまう。一般には、バフェットのあとはガイコのCIO（最高投資責任者）のルー・シンプソンがバークシャーの資産運用を引き継ぐのではないかと言われている。彼は、一九七九年以来ガイコの株式ポートフォリオを任されており、投資は「バークシャーと同じような保守的で集中的な手法を用いている」とバフェットが評している。そうなると、CEOはこの人しかいない。

しかし、この想定は疑わしい。バフェットはシンプソンについてバークシャーの「殿堂入りの人材」だと評価し、「彼がいるおかげで、チャーリーと私に万が一のことがあっても、バークシャーの投資に関しては即座に素晴らしいプロの対応がなされます」[4]と保証している。しかし、それ以上は言っていない。

つまり、シンプソンが自社の投資だけではなくバークシャー全体の投資資本の配分まで責任を担うのかは明らかではない。CEOとして、バフェットは多数の選択肢のなかから資金の配分先を決めており、株式市場を通じて部分的に所有することはそのひとつでしかない。バフェットは部分的な買収や完全買収や既存の子会社への再投資、資本を株主に還元することなどを区別していない。ただ、最善のところに資金を投入するだけなのである。シンプソンがバークシャーの株式投資を管理するかどうかは別として、一人の人間が株式の価値とほかのすべての選択肢との相対的なメリットを総合的に判断することは不可欠だろう。現在、この地位に近いのは、エグゼクティブジェットのリッチ・サントゥーリとアジット・ジェインだと考えられる。

さらに、本書で紹介したモデルに敬意を表して、バークシャー・ハサウェイの将来に関する私の考えは、私が理解できることに限定することにする。そのために、先の質問にあった二つの要素で、本書のタイトルにもあるリーダーシップの課題と資産運用の課題について述べていくことにする。このなかには、バフェットが過去には頼っていたマーケットの非効率性も含まれている。

リーダーシップ

「あなたがトラックにひかれたら、この会社はどうなるのですか」――さまざまな人からバフェットに寄せられる質問[5]

一〇年前に、バークシャー・ハサウェイの将来に関して最も多かった質問は、バフェットが事故で亡くなった場合についてだった。しかし、バフェットが年を重ねるにつれ、この質問はもっと繊細かつ差し迫ったものに形を変えていった。私が知るかぎりで、「あなたが亡くなったり認知症になったりしたら、この会社はどうなるのか」については何も語られていない。

バフェットは、個人としてだれよりもこの問題に敏感になっているだろうが、経営者としてもこの件を熟考し、計画を準備している。「全体として見れば、私たちは『トラック』に備えています」[6]

バフェットは、企業の所有と支配が分離すれば、オーナーの利益を代表する取締役会がオーナーのように考えることが必要だと分かっている。バフェットがいなくなったあとのバークシャー・ハサウェイの取締役会が、オーナーのように考えることはほぼ間違いないだろう。彼らは、このことについて熟知しており、バフェットの考えを共有している。彼らが、この原則を同様に理解しているCEOを監督することになる。

バークシャー・ハサウェイは企業統治の点では安全な状態にある。バフェットはすでに経営を引き継ぐ人材を見つけてある。名前はまだ封印してあるが、適当なときに公開されるだろう。この手紙は、次のように始まっている。「昨日、私は死にました。これは私にとって間違いなく悪いニュースですが、私たちの会社にとっては違います」[7]（彼は、書き出しが「あと一度脈を測ってください」[8]だと言うときもある）。封筒のなかの名前が読み上げられても、バークシャー・ハサウェイは何も変わらない。バフェットはほかとは比べようがない企業文化を作り上げ、そこで彼は生き続ける。これまでオーナーのように行動してきた経営者は、将来もオーナーのように行動する。それが献身的な人たちの性質なのである。

しかし、前途には重要な課題がある。もしかすると、彼の継承計画の最大の弱点は、その秘密主義（ほかに適当な言葉が見つからない）かもしれない。バフェットのCEOの地位の核となるのは、彼のリーダーとしての人格にある。際立った信念、誠実さ、基準、そして申し分のない公正さである。バフェットがすでに後継者を選んでいるということは、その人物も同様の資質を持っているのだろう。ただ、それがだれだか明かされていない以上、後継者がバフェットと同じ信頼を得ることはできない。

GEのジャック・ウェルチは後継者選びを公開し、三人の候補者を数年間競わせた。これによって、GEの株主や社員は次のリーダーを見極める時間ができた。そしてジェフ・イメルトがウェルチからCEOを引き継いだとき、みんな彼のことを知っていたし、関係者はすでに彼の考えを理解していた。

バークシャー・ハサウェイのリッチ・サントゥーリとアジット・ジェイン（もし二人のどちらかがなるのであれば）は、どちらも素晴らしい評価を得ている。どちらでもバフェットの承認を得れば信頼はさらに増すはずだ。しかし、バークシャーの株主や社員のなかで、バフェットについて知っているのと同じようにこの二人について知っている人がどれほどいるだろうか。

バークシャーの子会社の経営者同士は、面識がない人たちもいる。もちろん株主との交流もないだろう。

バフェットが株主や社員から引き出した献身的姿勢の大きな要素は、彼個人にある。みんなバフェットだからついてきたのであり、株主が信頼しているのはバフェット個人なのである。子会社の経営者たちが喜ばせたいのもバフェットだ。このような存在に簡単に取って変わることはだれにもできない。ＣＥＯの風格は、年月をかけて模範と改良によって築いていくものなのである。

バークシャーの差し迫ったリスクは、その間に正しい人材を組織に引きつける力が低下することだろう。バフェットの買収戦略は、すでにオーナーのように行動しているか、その資質を持った経営者に理想の地を約束することで成立してきた。もしバークシャーの魅力がバフェットと共に消えてしまえば、同社の競争力もなくなってしまう。バークシャーの次期ＣＥＯには、最低でも子会社の経営者の手綱を離して自由を提供する技量が求められる。

また、そこまで差し迫ったリスクではないが、後継に関してはバフェットがＣＥＯであろうとなかろうと起こるもうひとつの課題がある。バークシャーの子会社の多くは、家族経営の二代目が経営している。このような企業では、世代の引き継ぎごとに失敗のリスクがある。三代目になったときに、家族のなかに必要な経営能力がある人材がいなければ、初代と二代目を突き動かしてきた本質的な動機は失われてしまうことが多い。

バフェットは現在の経営者たちに、これについては時間をかけてよく考えるように要望している。彼は、後継者の名前とその人物の長所と短所、そしてそれ以外の候補者の名前を書面で定期的に提出するようすべての経営者に義務づけている。バフェットは「あなた方の考えをずっと記憶しておくことはできないので、書面で下さい」[9]と言っているが、これが理由ではないだろう。

判断結果とその理由を書面で提出することによって、経営者たちは同じことを頭の中で考えるだけの場合よりも熟考を強いられる。[10]彼らは自分に自信があり、代わりを見つけるのは難しいと考えているが、決めたことを簡単に変えられないことも分かっている。バークシャーの経営者たちは後継者選びに関してバフェットと同じくらい熱心に取り組んでおり、それが世代交代のリスクをある程度軽減させていると考えられる。

資産運用

「何もしないことが最も難しいと思います」――ウォーレン・バフェット[11]

バークシャー・ハサウェイの将来についてひとつ言えることは、ある程度の規模まで成長してしまうと、そのあとの成長率には数学的に限度があるということだ。第1章では、もしバークシャー・ハサウェイが過去と同じペースで成長すれば、アメリカ経済をのみ込む規模になってしまうと書いた。しかしそれは不可能だ。現在から二〇三二年までのどこかの時点で、バークシャーの成長率は経済成長率やその構成企業の平均成長率に近づくはずである。

この事実は避けることができない。株主の観点から言えば、バークシャーの査定においてこのことは割り引いておくべきだろう。

バフェットの資産運用能力によって、バークシャーは平均以上の成長率を数学的に可能な年数よりも長く続けていくだろう。実際、数学的に見て究極的に不可能なことがバフェットの経営の才能によって実現する恐れがある。

ただ、それが実現したときにバフェットがまだ経営者でいれば問題はない。この現実を最初に認めたのも彼だった。

> 一五分ごとに分裂するバクテリアの運命について、カール・セーガンが楽しい説明をしています。（中略）彼らは、一時間で四回、一日で九六回分裂します。バクテリアの重さは一グラムの一兆分の一程度ですが、無性分裂を一日繰り返すと、その子孫を合わせた重さは山くらいになり、（中略）二日たてば太陽よりも重くなります。そして、ほどなく宇宙のすべてがバクテリアに埋め尽くされてしまいます。しかし、心配はないとセーガンは言います。このような指数繁殖は必ず何らかの障害によって妨げられるからです。食料がな

くなったり、お互いを淘汰したり、公共の場で繁殖するのを恥ずかしがるようになったりするのです。[12]

重要なことは、バフェットがコア・コンピタンス領域の明らかな真実を否定しないことである。彼はバークシャーがその潜在力の限界に達したら、それを超えてまで成長しようとはしない。そのような試みは価値を破壊するだけだからだ。もし彼が後継計画を適切に行えば、次のCEOも同様に現実を受け入れるかもしれない。バークシャーが余剰資金を再投資して平均以上のリターンを長期間にわたって達成できる限界に達したら、一歩下がってみるべきなのかもしれない。水門を開ければ、通常はオマハに入ってくる多くの資金がさまざまな方向に流れ出ていくだろう。

ただ、バフェットの後継者にとっては、それまでの期間のほうがさらに難しいかもしれない。バフェットのコア・コンピタンス領域の本質は、すべきことがなければ何もしないでいられるということでもある。もし幻想のコンピタンス領域の中心に何かが見えれば、それを支配したいという衝動が起こり、何かせずにはいられなくなる。

近代において、何かを間違ってもそれが死に至ることはあまりないが、石器時代には違った。私たちは、「間違っても何とかなる」ことで、最も基本的な生き残りの本能であるリスクを許容しないことを忘れつつある。しかし、バフェットは人間の回路にあるこの要素をけっして失わない。彼は、結果がほぼ確実でなければバークシャーの資本をリスクにさらさない。彼は数量化が不可能なリスクはすべて致命的になる可能性があるものとして扱う。後継者がバフェットの資産運用の質を目指すためには、同様にする必要がある。

市場の効率性

「もし市場が効率的ならば、私は今ごろ街角で物乞いをしているでしょう」——ウォーレン・バフェット[13]

資本主義はまだ若い。知識とは利益のために不確実性に立ち向かうこと（資本主義の本質）だが、これが人類に与えられたのはルネッサンス時代以降でしかない。私たちは過去四五〇年程度をこの能力を磨くことに費やし、そのうちの七〇年程度で、資本主義の表現でもある企業の価値を理解するようになった。[14]

バフェットが小さく始めた事業は大きく成長し、彼の能力を試す難しい環境に置かれている。さまざまな知的発展によってマーケットはますます効率的になっていく。本書で何か主張するとしたら、コア・コンピタンス領域が幻想のコンピタンス領域を一掃し、フィルターにかけた合理性が制限付きの合理性に置き換われば、資産運用の間違いはさらに減るだろうということだ。打ちごろの球は少なくなり、その間隔も空いてしまうが、それを待つバッターの数は増える。バークシャーの成長機会が数学的に尽きるように、人間もその状態が変わらないかぎり、頼りとする自然（この言葉をあえて使う）のチャンスも奪われてしまう。

何世紀にもわたってギャンブルが確率の理解を深めてきたことについて、この分野の研究をしてきたイアン・ハッキングは数世紀前に目を向け、「確率の知識がほとんどない人にしか一週間でガリア全域を征服することなどできない」[15]と推測する。

バフェットについても似たようなことが言えるかもしれない。知識のバリアを拡大したが心理と感情の謎はまだ解明されていないこの資本主義の時代に、彼はそれを理解した人物として突出している。彼は次のように言っている。

私は正しい時期に、正しい場所、つまり資本を配分する能力が重視される国で生まれました。私はこの社会に適合しています。卵巣宝くじ（バフェットの造語）で、「資本配分者――アメリカ合衆国」と書いてある当たりを引き当てたのです。[16]

ウォーレン・E・バフェットのような人物は二度と出てこないかもしれない。今のうちに彼から大いに学んでおこう。

3 Kilpatrick, p1063; NewsInc., January 1991.
4 Letter to the shareholders, Berkshire Hathaway Annual Report, 1995.
5 Letter to the shareholders, Berkshire Hathaway Annual Report, 1990.
6 Letter to the shareholders, Berkshire Hathaway Annual Report, 1993.
7 Devon Spurgeon (2000) "Irreplaceable CEO plans to replace himself with a trio," *Wall Street Journal*, October 17.
8 *Ibid*.
9 ロバート・P・マイルズ著『最高経営責任者バフェット』(パンローリング)
10 Cialdini, pp82–3 and 85.
11 Letter to the shareholders, Berkshire Hathaway Annual Report, 1984.
12 Letter to the shareholders, Berkshire Hathaway Annual Report, 1989.
13 Kilpatrick, p1073.
14 Bernstein.
15 Hacking, p3.
16 Kilpatrick, p1084.

69 Letter to the shareholders, Berkshire Hathaway Annual Report, 1987.
70 Letter to the shareholders, Berkshire Hathaway Annual Report, 1985.
71 Lowe, *Wit and Wisdom*, p97.
72 Cialdini, p213.
73 Hilton.
74 Letter to the shareholders, Berkshire Hathaway Annual Report, 1987.
75 Lowenstein *et al.*
76 Lowe, *Wit and Wisdom*, p106.
77 Letter to the shareholders, Berkshire Hathaway Annual Report, 1987.
78 Letter to the shareholders, Berkshire Hathaway Annual Report, 2000.
79 Letter to the shareholders, Berkshire Hathaway Annual Report, 1987.
80 Warren E. Buffett (2002) "Who really cooks the books?", *New York Times*, July 25.
81 Letter to the shareholders, Berkshire Hathaway Annual Report, 2000.
82 See Patricia Dechow and Douglas Skinner (2000) "Earnings management: Reconciling the view of accounting academics, practitioners, and regulators," February, www.ssrn.com, for a discussion of this issue.
83 Jeffrey Abarbanell and Reuven LeHavey (1999) "Can stock recommendations predict earnings management and analysts' earning forecast errors?," May, www.ssrn.com.
84 Letter to the shareholders, Berkshire Hathaway Annual Report, 2000.
85 This observation was inspired by John Kay, *Financial Times* columnist and a guest speaker at Merrill Lynch's "Corporate Finance versus Corporate Strategy: What Creates Shareholder Value?," Merrill Lynch Global, 20 May, 2002.
86 This is not to suggest that this is what happened at Gillette.
87 Letter to the shareholders, Berkshire Hathaway Annual Report, 1998.
88 *OID* (2000) vol. XV, nos 3 & 4, December 18.
89 Letter to the shareholders, Berkshire Hathaway Annual Report, 1996.
90 Lowe, p107.
91 Letter to the shareholders, Berkshire Hathaway Annual Report, 1985.
92 Shivaram Rajgopal and Terry J. Sherlin (2001) "Empirical evidence on the relation between stock option compensation and risk taking," October, www.ssrn.com.
93 Letter to the shareholders, Berkshire Hathaway Annual Report, 1981.
94 Letter to the shareholders, Berkshire Hathaway Annual Report, 1983.
95 Letter to the shareholders, Berkshire Hathaway Annual Report, 1994.
96 Letter to the shareholders, Berkshire Hathaway Annual Report, 1987.
97 *OID* (2001) vol. XVI, nos 4 & 5, year end edn.
98 Letter to the shareholders, Berkshire Hathaway Annual Report, 1993.
99 Letter to the shareholders, Berkshire Hathaway Annual Report, 1993.
100 Stephen M. Bainbridge (2001) "Why a Board? Group Decisionmaking in Corporate Governance," UCLA School of Law Research Paper no. 01-3, April; (2002) *Vanderbilt Law Review*, vol. 55, pp1–55.
101 Letter to the shareholders, Berkshire Hathaway Annual Report, 1994.

第10章

1 Letter to the shareholders, Berkshire Hathaway Annual Report, 1993.
2 Kilpatrick, p1060; annual meeting 1988.

26 *OID* (1997) vol. XII, no. 3, December 29.
27 Extracts from Munger's lecture at the University of Southern California on "Investment expertise as a subdivision of elementary, worldly wisdom," *OID* (1995) vol. X, nos 1 & 2, May 5.
28 Loomis.
29 Letter to the shareholders, Berkshire Hathaway Annual Report, 2000.
30 Hillel J. Einhorn (1998) "Learning from experience and suboptimal rules in decision making," in Daniel Kahneman, Paul Slovic, and Amos Tversky (eds), *Judgment under Uncertainty: Heuristics and Biases*, Cambridge University Press, pp268–86.
31 *OID* (1990) vol. V, no. 3, April 18.
32 Letter to the shareholders, Berkshire Hathaway Annual Report, 1984.
33 スコット・プラウス著『判断力——判断と意思決定のメカニズム』（マグロウヒル・エデュケーション）
34 Lowe, *Wit and Wisdom*, p119.
35 Letter to the shareholders, Berkshire Hathaway Annual Report, 1999.
36 *OID* (1998) vol. XIII, nos 3 & 4, September 24.
37 Letter to the shareholders, Berkshire Hathaway Annual Report, 2000.
38 Letter to the shareholders, Berkshire Hathaway Annual Report, 1999.
39 *OID* (1998) vol. XIII, nos 1 & 2, March 13.
40 Letter to the shareholders, Berkshire Hathaway Annual Report, 2000.
41 *OID* (1998) vol. XIII, nos 3 & 4, September 24.
42 Letter to the shareholders, Berkshire Hathaway Annual Report, 1992.
43 Letter to the shareholders, Berkshire Hathaway Annual Report, 1992.
44 Letter to the shareholders, Berkshire Hathaway Annual Report, 1992.
45 ロバート・ライト著『モラル・アニマル』（講談社）
46 Letter to the shareholders, Berkshire Hathaway Annual Report, 1986.
47 Letter to the shareholders, Berkshire Hathaway Annual Report, 1985.
48 Letter to the shareholders, Berkshire Hathaway Annual Report, 1989.
49 Letter to the shareholders, Berkshire Hathaway Annual Report, 1985.
50 Letter to the shareholders, Berkshire Hathaway Annual Report, 1993.
51 *OID* (1995) vol. X, nos 1 & 2, May 5.
52 Ian Hacking (1984) *The Emergence of Probability*, Cambridge University Press, p1.
53 *Ibid.*
54 ロバート・G・ハグストローム著『バフェットのポートフォリオ』（ダイヤモンド）
55 スティーブン・ピンカー著『心の仕組み——人間関係にどう関わるか』（日本放送出版協会）
56 Letter to the shareholders, Berkshire Hathaway Annual Report, 1990.
57 Letter to the shareholders, Berkshire Hathaway Annual Report, 1992.
58 Letter to the shareholders, Berkshire Hathaway Annual Report, 1995.
59 Letter to the shareholders, Berkshire Hathaway Annual Report, 1999.
60 ロバート・P・マイルズ著『最高経営責任者バフェット』（パンローリング）
61 *Ibid.*, p76.
62 Letter to the shareholders, Berkshire Hathaway Annual Report, 1989.
63 Letter to the shareholders, Berkshire Hathaway Annual Report, 2000.
64 *Grant's Interest Rate Observer* (2001) vol. 19, no. 15, August 3, p2.
65 Letter to the shareholders, Berkshire Hathaway Annual Report, 1993.
66 Letter to the shareholders, Berkshire Hathaway Annual Report, 1993.
67 Letter to the shareholders, Berkshire Hathaway Annual Report, 1985.
68 Lowe, *Wit and Wisdom*, p119.

77 Letter to the shareholders, Berkshire Hathaway Annual Report, 1988.
78 Letter to the shareholders, Berkshire Hathaway Annual Report, 1986.
79 Letter to the shareholders, Berkshire Hathaway Annual Report, 1998.
80 Letter to the shareholders, Berkshire Hathaway Annual Report, 1998.
81 Letter to the shareholders, Berkshire Hathaway Annual Report, 1977.
82 Letter to the shareholders, Berkshire Hathaway Annual Report, 1985.
83 Letter to the shareholders, Berkshire Hathaway Annual Report, 1982.
84 Letter to the shareholders, Berkshire Hathaway Annual Report, 1984.
85 Letter to the shareholders, Berkshire Hathaway Annual Report, 1985.
86 Berkshire's price fall measured from intraday high to intraday low.
87 Letter to the shareholders, Berkshire Hathaway Annual Report, 1999.
88 Andrew Hill (2000) "Buffett deserves D grade," *Financial Times*, March 13.
89 Letter to the shareholders, Berkshire Hathaway Annual Report, 1996.
90 *OID* (2001) vol. XVI, nos 4 & 5, year end edn.
91 *OID* (1997) vol. XII, no. 3, December 29.

第9章

1 *OID* (1995) vol. X, nos 1 & 2, May 5.
2 Lowe, p22.
3 Letter to the shareholders, Berkshire Hathaway Annual Report, 1985.
4 Letter to the shareholders, Berkshire Hathaway Annual Report, 1984.
5 Letter to the shareholders, Berkshire Hathaway Annual Report, 1984.
6 Letter to the shareholders, Berkshire Hathaway Annual Report, 1984.
7 Lowenstein, p132.
8 Letter to the shareholders, Berkshire Hathaway Annual Report, 1989.
9 Letter to the shareholders, Berkshire Hathaway Annual Report, 1983.
10 *OID* (1995) vol. X, nos 1 & 2, May 5.
11 Letter to the shareholders, Berkshire Hathaway Annual Report, 1999.
12 Letter to the shareholders, Berkshire Hathaway Annual Report, 1985.
13 Kilpatrick, p1062.
14 Bryan Jones (2001) *Politics and the Architecture of Choice: Bounded Rationality and Governance*, University of Chicago Press.
15 *OID* (1995) vol. X, nos 1 & 2, May 5.
16 *OID* (1998) vol. XIII, nos 3 & 4, September 24.
17 *OID* (1998) vol. XIII, nos 1 & 2, March 13.
18 Letter to the shareholders, Berkshire Hathaway Annual Report, 1991.
19 Baruch Fischoff (1998) "For those condemned to study the past: Heuristics and biases in hindsight," in Daniel Kahneman, Paul Slovic, and Amos Tversky, *Judgment under Uncertainty: Heuristics and Biases*, Cambridge University Press, pp335–54.
20 スコット・プラウス著『判断力――判断と意思決定のメカニズム』(マグロウヒル・エデュケーション)
21 Richard A. Crowell, Vice Chairman (1994) "Cognitive bias and quantitative investment management," PanAgora Asset Management, Inc., December.
22 Fischoff.
23 Letter to the shareholders, Berkshire Hathaway Annual Report, 1993.
24 Letter to the shareholders, Berkshire Hathaway Annual Report, 1993.
25 Carol Loomis (2001) "Warren Buffett," *Fortune*, December 10.

29 Letter to the shareholders, Berkshire Hathaway Annual Report, 1985.
30 Letter to the shareholders, Berkshire Hathaway Annual Report, 1983.
31 Letter to the shareholders, Berkshire Hathaway Annual Report, 1984.
32 *OID* (2000) vol. XV, nos 3 & 4, December 18.
33 Letter to the shareholders, Berkshire Hathaway Annual Report, 1986.
34 Letter to the shareholders, Berkshire Hathaway Annual Report, 1984.
35 *OID* (2000) vol. XV, nos 3 & 4, December 18.
36 Letter to the shareholders, Berkshire Hathaway Annual Report, 1998.
37 Letter to the shareholders, Berkshire Hathaway Annual Report, 1987.
38 Letter to the shareholders, Berkshire Hathaway Annual Report, 1987.
39 *OID* (2001) vol. XVI, nos 4 & 5, year end edn.
40 Letter to the shareholders, Berkshire Hathaway Annual Report, 1987.
41 Letter to the shareholders, Berkshire Hathaway Annual Report, 1990.
42 Letter to the shareholders, Berkshire Hathaway Annual Report, 1987.
43 *OID* (2001) vol. XVI, nos 4 & 5, year end edn.
44 *Ibid.*
45 Letter to the shareholders, Berkshire Hathaway Annual Report, 1985.
46 Letter to the shareholders, Berkshire Hathaway Annual Report, 1985.
47 *OID* (2000) vol XV, nos 3 & 4, December 18.
48 Letter to the shareholders, Berkshire Hathaway Annual Report, 1985.
49 Letter to the shareholders, Berkshire Hathaway Annual Report, 2000.
50 Letter to the shareholders, Berkshire Hathaway Annual Report, 1980.
51 Letter to the shareholders, Berkshire Hathaway Annual Report, 1987.
52 *OID* (1995) vol. X, nos 1 & 2, May 5.
53 Letter to the shareholders, Berkshire Hathaway Annual Report, 2001.
54 Letter to the shareholders, Berkshire Hathaway Annual Report, 1983.
55 Letter to the shareholders, Berkshire Hathaway Annual Report, 2000.
56 Letter to the shareholders, Berkshire Hathaway Annual Report, 1986.
57 Letter to the shareholders, Berkshire Hathaway Annual Report, 1990.
58 Letter to the shareholders, Berkshire Hathaway Annual Report, 1998.
59 Letter to the shareholders, Berkshire Hathaway Annual Report, 1998.
60 Letter to the shareholders, Berkshire Hathaway Annual Report, 1998.
61 Lowe, p111.
62 Letter to the shareholders, Berkshire Hathaway Annual Report, 1987.
63 Letter to the shareholders, Berkshire Hathaway Annual Report, 1987.
64 Berkshire Hathaway Inc. news release, "Berkshire Hathaway issues first ever negative coupon security," May 22, 2002, www.berkshirehathaway.com.
65 *Ibid.*
66 Letter to the shareholders, Berkshire Hathaway Annual Report, 1987.
67 Letter to the shareholders, Berkshire Hathaway Annual Report, 1987.
68 Letter to the shareholders, Berkshire Hathaway Annual Report, 1994.
69 Letter to the shareholders, Berkshire Hathaway Annual Report, 1979.
70 Letter to the shareholders, Berkshire Hathaway Annual Report, 1983.
71 Letter to the shareholders, Berkshire Hathaway Annual Report, 1988.
72 Letter to the shareholders, Berkshire Hathaway Annual Report, 1983.
73 Letter to the shareholders, Berkshire Hathaway Annual Report, 1988.
74 Letter to the shareholders, Berkshire Hathaway Annual Report, 1988.
75 Letter to the shareholders, Berkshire Hathaway Annual Report, 1988.
76 Letter to the shareholders, Berkshire Hathaway Annual Report, 1983.

第8章

1 Letter to the shareholders, Berkshire Hathaway Annual Report, 1994.
2 Letter to the shareholders, Berkshire Hathaway Annual Report, 1984.
3 Kilpatrick, p1068.
4 *OID* (2001) vol. XVI, nos 4 & 5, year end edn.
5 Quoted in John Mayo, deputy chief executive of Marconi (2002) "Exploding some Marconi myths," *Financial Times*, January 18.
6 Letter to the shareholders, Berkshire Hathaway Annual Report, 1982.
7 Letter to the shareholders, Berkshire Hathaway Annual Report, 1982.
8 David Schkade, Cass Sunstein, and Daniel Kahneman, "Deliberating about dollars: The severity shift," John M. Olin Law & Economics Working Paper No. 95 (2nd Series).
9 Letter to the shareholders, Berkshire Hathaway Annual Report, 1984.
10 *OID* (2001) vol. XVI, nos 4 & 5, year end edn.
11 Lowe, *Wit and Wisdom*, p119.
12 Re the following discourse, Fuller and Jensen make essentially the same point; see Joseph Fuller and Michael C. Jensen, "Just say no to Wall Street," Amos Tuck School of Business at Dartmouth College, Working Paper no. 02-01; and Negotiation, Organization and Markets Unit, Harvard Business School, Working Paper no. 02-01, www.ssrn.com.
13 Letter to the shareholders, Berkshire Hathaway Annual Report, 1988.
14 Letter to the shareholders, Berkshire Hathaway Annual Report, 1985.
15 Letter to the shareholders, Berkshire Hathaway Annual Report, 2000.
16 Letter to the shareholders, Berkshire Hathaway Annual Report, 1998.
17 Letter to the shareholders, Berkshire Hathaway Annual Report, 2000.
18 Letter to the shareholders, Berkshire Hathaway Annual Report, 1979.
19 Letter to the shareholders, Berkshire Hathaway Annual Report, 1979.
20 Letter to the shareholders, Berkshire Hathaway Annual Report, 1988.
21 Letter to the shareholders, Berkshire Hathaway Annual Report, 1983.
22 Letter to the shareholders, Berkshire Hathaway Annual Report, 1998.
23 Letter to the shareholders, Berkshire Hathaway Annual Report, 1998.
24 Letter to the shareholders, Berkshire Hathaway Annual Report, 1998.
25 Letter to the shareholders, Berkshire Hathaway Annual Report, 2000.
26 Buffett also illustrates the mistake of anchoring using the following from *Fortune*: "Several times every year a weighty and serious investor looks long and with profound respect at Coca-Cola's record, but comes regretfully to the conclusion that he is looking too late. The specters of saturation and competition rise before him." But Buffett delights in pointing out that this article was written in 1938. "It's worth noting," he continues, "that in 1938 The Coca-Cola Co. sold 207 million cases of soft drinks... and in 1993 it sold about 10.7 billion cases, a 50-fold increase in physical volume from a company that in 1938 was already dominant in its very major industry. Nor was the party over in 1938 for an investor: Though the $40 invested in 1919 in one share had (with dividends reinvested) turned into $3,277 by the end of 1938, a fresh $40 then invested in Coca-Cola stock would have grown to $25,000 by yearend 1993."
27 *OID* (2001) vol. XVI, nos 2 & 3, December 24.
28 Letter to the shareholders, Berkshire Hathaway Annual Report, 1996.

46 Kilpatrick, pp1066, 1070.
47 *OID* (1998) vol. XIII, nos 3 & 4, September 24.
48 Letter to the shareholders, Berkshire Hathaway Annual Report, 1999.
49 Letter to the shareholders, Berkshire Hathaway Annual Report, 1998.
50 *OID* (1995) vol. X, nos 1 & 2, May 5.
51 Letter to the shareholders, Berkshire Hathaway Annual Report, 1993.
52 *OID* (2001) vol. XVI, nos 4 & 5, year end edn.
53 *Ibid*.
54 Letter to the shareholders, Berkshire Hathaway Annual Report, 1997.
55 Letter to the shareholders, Berkshire Hathaway Annual Report, 1997.
56 Letter to the shareholders, Berkshire Hathaway Annual Report, 1984.
57 Letter to the shareholders, Berkshire Hathaway Annual Report, 1984.
58 Letter to the shareholders, Berkshire Hathaway Annual Report, 1986.
59 Letter to the shareholders, Berkshire Hathaway Annual Report, 1984.
60 George Lowenstein, Elke Weber, Christopher H. See, and Edward Welch (2001) "Risk as feelings," *Psychological Bulletin*, no. 127, pp267–86.
61 Letter to the shareholders, Berkshire Hathaway Annual Report, 2000.
62 ジョセフ・ルドゥー著『エモーショナル・ブレイン――情動の脳科学』(東京大学出版会)

63 Lowe, *Wit and Wisdom*, p116.
64 ロジャー・ローウェンスタイン著『ビジネスは人なり　投資は価値なり――ウォーレン・バフェット』(総合法令出版)
65 Forgas, p4.
66 ロジャー・ローウェンスタイン著『ビジネスは人なり　投資は価値なり――ウォーレン・バフェット』(総合法令出版)
67 *Ibid*.
68 Kilpatrick, p1064.
69 ロジャー・ローウェンスタイン著『ビジネスは人なり　投資は価値なり――ウォーレン・バフェット』(総合法令出版)
70 ロジャー・ローウェンスタイン著『ビジネスは人なり　投資は価値なり――ウォーレン・バフェット』(総合法令出版) と Kilpatrick
71 Lowe, *Wit and Wisdom*, p30.
72 Denis J. Hilton (2001) "The psychology of financial decision-making: Applications to trading, dealing, and investment analysis," *Journal of Psychology and Financial Markets*, vol. 2, no. 1, pp37–53.
73 Letter to the shareholders, Berkshire Hathaway Annual Report, 1996.
74 *OID* (2001) vol. XVI, nos 4 & 5, year end edn.
75 Letter to the shareholders, Berkshire Hathaway Annual Report, 1990.
76 Letter to the shareholders, Berkshire Hathaway Annual Report, 1990.
77 Letter to Berkshire shareholders discussing 2001 third quarter earnings results, November 9, 2001.
78 ロバート・G・ハグストローム著『バフェットのポートフォリオ』(ダイヤモンド)
79 Letter to the shareholders, Berkshire Hathaway Annual Report, 1983.
80 *OID* (1998) vol. XIII, nos 1 & 2, March 13.
81 Kilpatrick, p1060.
82 Letter to the shareholders, Berkshire Hathaway Annual Report, 1987.
83 Letter to the shareholders, Berkshire Hathaway Annual Report, 1989.
84 Letter to the shareholders, Berkshire Hathaway Annual Report, 1989.
85 Letter to the shareholders, Berkshire Hathaway Annual Report, 1989.
86 Letter to the shareholders, Berkshire Hathaway Annual Report, 1992.
87 Letter to the shareholders, Berkshire Hathaway Annual Report, 2000.
88 Bernstein, p5.
89 ロバート・P・マイルズ著『最高経営責任者バフェット』(パンローリング)

13 *Ibid.*, p1070.
14 Edgar E. Peters (1999) *Patterns in the Dark: Understanding Risk and Financial Crisis with Complexity Theory*, Wiley; concept, not inference, p45.
15 Letter to the shareholders, Berkshire Hathaway Annual Report, 1984.
16 Lowe, *Wit and Wisdom*, p96.
17 Letter to the shareholders, Berkshire Hathaway Annual Report, 1999.
18 Letter to the shareholders, Berkshire Hathaway Annual Report, 1989.
19 *OID* (2001) vol. XVI, nos 4 & 5, year end edn.
20 Speech at Miramar Sheraton Hotel, Santa Monica, CA, October 14, 1998, to a meeting of the Foundation of Financial Officers Group.
21 This school of thought belongs to Baruch Spinoza and is taken from Daniel T. Gilbert, Douglas S. Krull and Patrick S. Malone (1990) "Unbelieving the unbelievable: Some problems in the rejection of false information," *Journal of Personality and Social Psychology*, vol. 59, no. 4, October, pp601–13.
22 *OID* (1998) vol. XIII, nos 1 & 2, March 13.
23 *OID* (1997) vol. XII, no. 3, December 29.
24 *Ibid.*
25 ロジャー・ローウェンスタイン著『ビジネスは人なり　投資は価値なり――ウォーレン・バフェット』（総合法令出版）
26 *OID* (1998) vol. XIII, nos 1 & 2, March 13.
27 Letter to the shareholders, Berkshire Hathaway Annual Report, 2000.
28 Letter to the shareholders, Berkshire Hathaway Annual Report, 1986.
29 *OID* (2001) vol. XVI, nos 4 & 5, year end edn.
30 Dennis Dittrich, Werner Guth, and Boris Maciejovsky (2001) "Overconfidence in Investment Decision: An Experimental Approach," CESifo Working Papers No. 626, December, www.ssrn.com.
31 Lowe, *Wit and Wisdom*, pp116, 119.
32 Letter to the shareholders, Berkshire Hathaway Annual Report, 1992.
33 Letter to the shareholders, Berkshire Hathaway Annual Report, 1988.
34 Letter to the shareholders, Berkshire Hathaway Annual Report, 1992.
35 2000. In this quote Buffett is extemporizing on his observation that the equation for value is, in fact, over 2,600 years old and can be attributed to Aesop and "his enduring, though somewhat incomplete, investment insight was 'a bird in the hand is worth two in the bush.'"
36 Letter to the shareholders, Berkshire Hathaway Annual Report, 1993.
37 Peters, p166.
38 ロバート・G・ハグストローム著『バフェットのポートフォリオ』（ダイヤモンド）
39 Letter to the shareholders, Berkshire Hathaway Annual Report, 1996.
40 Letter to the shareholders, Berkshire Hathaway Annual Report, 1996.
41 Letter to the shareholders, Berkshire Hathaway Annual Report, 1987.
42 *OID* (2001) vol. XVI, nos 2&3, December 24.
43 Letter to the shareholders, Berkshire Hathaway Annual Report, 1997.
44 ロバート・G・ハグストローム著『バフェットのポートフォリオ』（ダイヤモンド）
45 Letter to the shareholders, Berkshire Hathaway Annual Report, 1993.

28 *OID* (2001) vol. XVI, nos 4 & 5, year end edn.
29 Letter to the shareholders, Berkshire Hathaway Annual Report, 1989.
30 Berkshire Hathaway Inc. & General Re Corp. Joint Proxy Statement/Prospectus August 12, 1998.
31 Letter to the shareholders, Berkshire Hathaway Annual Report, 1997.
32 Letter to the shareholders, Berkshire Hathaway Annual Report, 1998.
33 *Grant's Interest Rate Observer*, vol. 16, no. 15, July 31, 1998, quoting Daniel S. Pecaut, president of Pecaut & Co.
34 Letter to the shareholders, Berkshire Hathaway Annual Report, 2000.
35 Letter to the shareholders, Berkshire Hathaway Annual Report, 2000.
36 Letter to the shareholders, Berkshire Hathaway Annual Report, 1984.
37 *OID* (2001) vol. XVI, nos 4 & 5, year end edn.
38 Letter to the shareholders, Berkshire Hathaway Annual Report, 1987.
39 Letter to the shareholders, Berkshire Hathaway Annual Report, 1987.
40 Welch with Byrne, p126.
41 ロジャー・ローウェンスタイン著『ビジネスは人なり　投資は価値なり――ウォーレン・バフェット』（総合法令出版）
42 *Ibid.*, p216.
43 Letter to the shareholders, Berkshire Hathaway Annual Report, 1987.
44 Carol J. Loomis (2001) "The value machine: Warren Buffett's Berkshire Hathaway is on a buying binge. You were expecting stocks?" *Fortune*, February 19.
45 Letter to the shareholders, Berkshire Hathaway Annual Report, 1977.
46 Letter to the shareholders, Berkshire Hathaway Annual Report, 1978.
47 ロバート・P・マイルズ著『最高経営責任者バフェット』（パンローリング）
48 Letter to the shareholders, Berkshire Hathaway Annual Report, 1988.
49 *OID* (2000) vol. XV, nos 3 & 4, December 18.
50 Adam Levy (2001) "Where's the fizz?" *Bloomberg Markets*, December, p37.
51 Andrew Hill (2002) "Companies warm to Warren's view," *Financial Times*, July 16.
52 Lowe, *Wit and Wisdom*, p29.
53 Letter to the shareholders, Berkshire Hathaway Annual Report, 1986.

第7章

1 Norman Johnson (2000) *What a Developmental View Can Do for You (or The Fall of the House of Experts)*, CSFB Thought Leader Forum.
2 *OID* (1998) vol. XIII, nos 3 & 4, September 24.
3 *OID* (2001) vol. XVI, nos 4 & 5, year end edn.
4 Letter to the shareholders, Berkshire Hathaway Annual Report, 1990.
5 Ed Lamont (1999) "Cherry Coke with the FT: Honcho with a wealth of good fortune," *Financial Times*, May 15.
6 Letter to the shareholders, Berkshire Hathaway Annual Report, 1994.
7 Per Bak (1996) *How Nature Works: The Science of Self-Organized Criticality*, Copernicus, p61.
8 Letter to the shareholders, Berkshire Hathaway Annual Report, 1994.
9 ロバート・G・ハグストローム著『バフェットのポートフォリオ』（ダイヤモンド）
10 Kilpatrick, p1079.
11 *Ibid.*, p1074.
12 Letter to the shareholders, Berkshire Hathaway Annual Report, 1987.

58 Cialdini, p257.
59 Letter to the shareholders, Berkshire Hathaway Annual Report, 1984.
60 Letter to the shareholders, Berkshire Hathaway Annual Report, 1985.
61 Letter to the shareholders, Berkshire Hathaway Annual Report, 1985.
62 Letter to the shareholders, Berkshire Hathaway Annual Report, 1985.
63 Lowenstein, pp295–6 (Lowenstein reports $100 million in premium income from this ploy, not the $50 million Buffett reported).
64 Letter to the shareholders, Berkshire Hathaway Annual Report, 1996.
65 Letter to the shareholders, Berkshire Hathaway Annual Report, 1987.

第6章

1 *OID* (1998) vol. XIII, nos 1 & 2, March 13.
2 W. James (1890) *The Principles of Psychology* (Vol. 1), Henry Holt, quoted in Carolin Showers, "Self-organization in emotional contexts," in Joseph P. Forgas (ed.) *Feeling and Thinking: The Role of Affect in Social Cognition*, Cambridge University Press, p283.
3 Letter to Berkshire Shareholders discussing 2001 third quarter earnings results, November 9, 2001.
4 *Ibid.*
5 Letter to the shareholders, Berkshire Hathaway Annual Report, 1999.
6 Weston M. Hicks and Christine W. Lai (1998) "General Re and Berkshire Hathaway: In the big leagues," Sanford Bernstein Research, June 26.
7 Letter to the shareholders, Berkshire Hathaway Annual Report, 1982.
8 Letter to the shareholders, Berkshire Hathaway Annual Report, 1982.
9 Letter to the shareholders, Berkshire Hathaway Annual Report, 1982.
10 Berkshire Hathaway Inc. & General Re Corp. Joint Proxy Statement/Prospectus, August 12, 1998.
11 *Ibid.*
12 Gary K. Ransom, Conning & Company, November 22, 1999.
13 Berkshire Hathaway Inc. & General Re Corp. Joint Proxy Statement/Prospectus August 12, 1998.
14 Letter to the shareholders, Berkshire Hathaway Annual Report, 1985.
15 Letter to the shareholders, Berkshire Hathaway Annual Report, 1999.
16 Letter to the shareholders, Berkshire Hathaway Annual Report, 1999.
17 Letter to the shareholders, Berkshire Hathaway Annual Report, 2000.
18 Letter to the shareholders, Berkshire Hathaway Annual Report, 1977.
19 Letter to Berkshire Shareholders discussing 2001 third quarter earnings results, November 9, 2001.
20 *Ibid.*
21 Letter to the shareholders, Berkshire Hathaway Annual Report, 1999.
22 Letter to the shareholders, Berkshire Hathaway Annual Report, 1987.
23 ロジャー・ローウェンスタイン著『ビジネスは人なり　投資は価値なり――ウォーレン・バフェット』（総合法令出版）
24 Welch with Byrne, p225.
25 Letter to the shareholders, Berkshire Hathaway Annual Report, 1990.
26 Letter to the shareholders, Berkshire Hathaway Annual Report, 1984.
27 Letter to the shareholders, Berkshire Hathaway Annual Report, 1980.

17 *Ibid.*
18 Letter to the shareholders, Berkshire Hathaway Annual Report, 1989.
19 Letter to the shareholders, Berkshire Hathaway Annual Report, 1989.
20 Letter to the shareholders, Berkshire Hathaway Annual Report, 1987.
21 Letter to the shareholders, Berkshire Hathaway Annual Report, 1977.
22 *OID* (1998) vol XIII, nos 1 & 2, March 13.
23 Cialdini, p251.
24 *Ibid.*, p262.
25 Principle taken from Pinker, pp393–6.
26 Letter to the shareholders, Berkshire Hathaway Annual Report, 1990.
27 Letter to the shareholders, Berkshire Hathaway Annual Report, 1984.
28 Letter to the shareholders, Berkshire Hathaway Annual Report, 1980.
29 Letter to the shareholders, Berkshire Hathaway Annual Report, 1984.
30 Letter to the shareholders, Berkshire Hathaway Annual Report, 1982.
31 Kilpatrick, p1058.
32 Letter to the shareholders, Berkshire Hathaway Annual Report, 1980.
33 Letter to the shareholders, Berkshire Hathaway Annual Report, 1989.
34 Lowenstein, p72.
35 The Coca-Cola observation is from Lowenstein, p199.
36 Lowenstein, p26, Norma Jean Thrust was the friend; the comment with regard to Mr. Buffett's stocks, p78.
37 *Ibid.*, pp228–9.
38 Letter to the shareholders, Berkshire Hathaway Annual Report, 1979.
39 Letter to the shareholders, Berkshire Hathaway Annual Report, 1979.
40 Lowenstein, p87, reports that when Buffett's wife Susie spent $15,000 on home furnishings he griped to Bill Billig, a golfing friend: "Do you know how much that is if you compound it over twenty years?"
41 スティーブン・ピンカー著『心の仕組み――人間関係にどう関わるか』（日本放送出版協会）
42 ロジャー・ローウェンスタイン著『ビジネスは人なり　投資は価値なり――ウォーレン・バフェット』（総合法令出版）
43 スコット・プラウス著『判断力――判断と意思決定のメカニズム』（マグロウヒル・エデュケーション）
44 *Ibid.*
45 Letter to the shareholders, Berkshire Hathaway Annual Report, 1984.
46 Kilpatrick, p1064.
47 Letter to the shareholders, Berkshire Hathaway Annual Report, 1998.
48 Letter to the shareholders, Berkshire Hathaway Annual Report, 1980.
49 Michael Jensen and William Meckling (1994) "The nature of man," *Journal of Applied Corporate Finance*, vol. 7, no. 2, Summer, pp4–19 (revd July 1997).
50 Letter to the shareholders, Berkshire Hathaway Annual Report, 1986.
51 Letter to the shareholders, Berkshire Hathaway Annual Report, 1990.
52 Letter to the shareholders, Berkshire Hathaway Annual Report, 1986.
53 Letter to the shareholders, Berkshire Hathaway Annual Report, 1978.
54 *OID* (1998) vol. XIII, nos 1 & 2, March 13.
55 Speech at Miramar Sheraton Hotel, Santa Monica, CA, October 14, 1998, to a meeting of the Foundation of Financial Officers Group, reprinted in *OID* (1998) vol. XIII, no. 7, Patient Subscriber's Edition.
56 Memo to the managers of Berkshire Hathaway, September 26, 2001, www.berskhirehathaway.com.
57 Letter to Berkshire shareholders discussing 2001 third quarter earnings results, November 9, 2001.

72 Letter to the shareholders, Berkshire Hathaway Annual Report, 1999.
73 Letter to the shareholders, Berkshire Hathaway Annual Report, 1986.
74 *OID* (1998) vol. XIII, nos 3 & 4, September 24.
75 Letter to the shareholders, Berkshire Hathaway Annual Report, 1994.
76 Letter to the shareholders, Berkshire Hathaway Annual Report, 1982.
77 *OID* (1998) vol. XIII, nos 3 & 4, September 24.
78 Letter to the shareholders, Berkshire Hathaway Annual Report, 1982.
79 Stuart Oskamp (1998) "Overconfidence in case-study judgments," in Daniel Kahneman, Paul Slovic, and Amos Tversky (eds), *Judgment under Uncertainty: Heuristics and Biases*, Cambridge University Press, pp287–93.
80 *OID* (1998) vol. XIII, nos 3 & 4, September 24.
81 Letter to the shareholders, Berkshire Hathaway Annual Report, 1982.
82 Letter to the shareholders, Berkshire Hathaway Annual Report, 1997.
83 Letter to the shareholders, Berkshire Hathaway Annual Report, 1982.
84 Letter to the shareholders, Berkshire Hathaway Annual Report, 1982.
85 Cialdini, p244.
86 ロバート・P・マイルズ著『最高経営責任者バフェット』（パンローリング）
87 Kilpatrick, p1079.
88 Letter to the shareholders, Berkshire Hathaway Annual Report, 2000.
89 Letter to the shareholders, Berkshire Hathaway Annual Report, 2000.
90 Letter to the shareholders, Berkshire Hathaway Annual Report, 2000.
91 Kilpatrick, p1069.
92 Elisabeth Marx (2001) "Shock of the alien can sink a merger," *Financial Times*, April 5.

第5章

1 Letter to the shareholders, Berkshire Hathaway Annual Report, 1979.
2 Nigel Nicholson (1998) "How hardwired is human behavior?" *Harvard Business Review*, July–August.
3 Letter to the shareholders, Berkshire Hathaway Annual Report, 1977.
4 1987.
5 Letter to the shareholders, Berkshire Hathaway Annual Report, 1982.
6 Letter to the shareholders, Berkshire Hathaway Annual Report, 1997.
7 Letter to the shareholders, Berkshire Hathaway Annual Report, 1987.
8 Welch with Byrne, p71.
9 Extract from Munger's lecture at the University of Southern California on "Investment expertise as a subdivision of elementary, worldly wisdom," *OID* (1995) vol. X, nos 1 & 2, May 5.
10 Letter to the shareholders, Berkshire Hathaway Annual Report, 1990.
11 Letter to the shareholders, Berkshire Hathaway Annual Report, 1990.
12 Letter to the shareholders, Berkshire Hathaway Annual Report, 1989.
13 Letter to the shareholders, Berkshire Hathaway Annual Report, 1989.
14 Letter to the shareholders, Berkshire Hathaway Annual Report, 1985.
15 1981.
16 Letter to Berkshire Shareholders discussing 2001 third quarter earnings results, November 9, 2001.

27 Letter to the shareholders, Berkshire Hathaway Annual Report, 1986.
28 Letter to the shareholders, Berkshire Hathaway Annual Report, 1986.
29 Letter to the shareholders, Berkshire Hathaway Annual Report, 2000.
30 Letter to the shareholders, Berkshire Hathaway Annual Report, 1983.
31 Letter to the shareholders, Berkshire Hathaway Annual Report, 1986.
32 Kilpatrick, p1074.
33 Reported in Ernst Fehr and Klaus M. Schmidt (2000) "Theories of fairness and reciprocity: Evidence and economic applications," CESifo Working Paper Series No. 403; University of Zurich Institute for Empirical Research Working Paper no. 75, December.
34 *Ibid*.
35 Letter to the shareholders, Berkshire Hathaway Annual Report, 1980.
36 ロバート・P・マイルズ著『最高経営責任者バフェット』(パンローリング)
37 Welch with Byrne, p247.
38 Kilpatrick, p499.
39 Letter to the shareholders, Berkshire Hathaway Annual Report, 1991.
40 Letter to the shareholders, Berkshire Hathaway Annual Report, 1988.
41 Letter to the shareholders, Berkshire Hathaway Annual Report, 2000.
42 リチャード・ブロディ著『ミーム――心を操るウイルス』(講談社)

43 Letter to the shareholders, Berkshire Hathaway Annual Report, 1999.
44 Letter to the shareholders, Berkshire Hathaway Annual Report, 1985.
45 Letter to the shareholders, Berkshire Hathaway Annual Report, 1989.
46 Letter to the shareholders, Berkshire Hathaway Annual Report, 2000.
47 Letter to the shareholders, Berkshire Hathaway Annual Report, 1990.
48 Letter to the shareholders, Berkshire Hathaway Annual Report, 1998.
49 Letter to the shareholders, Berkshire Hathaway Annual Report, 1990.
50 Letter to the shareholders, Berkshire Hathaway Annual Report, 1990.
51 Letter to the shareholders, Berkshire Hathaway Annual Report, 1990.
52 Letter to the shareholders, Berkshire Hathaway Annual Report, 1995.
53 Letter to the shareholders, Berkshire Hathaway Annual Report, 1994.
54 Letter to the shareholders, Berkshire Hathaway Annual Report, 1982.
55 Letter to the shareholders, Berkshire Hathaway Annual Report, 1998.
56 Letter to the shareholders, Berkshire Hathaway Annual Report, 1995.
57 Letter to the shareholders, Berkshire Hathaway Annual Report, 1990.
58 Letter to the shareholders, Berkshire Hathaway Annual Report, 1990.
59 Cialdini, p140.
60 Lowe, *Wit and Wisdom*, pp102–3.
61 Letter to the shareholders, Berkshire Hathaway Annual Report, 1989.
62 Letter to the shareholders, Berkshire Hathaway Annual Report, 1996.
63 Cialdini, pp85–92.
64 Letter to the shareholders, Berkshire Hathaway Annual Report, 1989.
65 ロバート・P・マイルズ著『最高経営責任者バフェット』(パンローリング)
66 *Ibid*., p191.
67 Berkshire Hathaway news release, July 2, 2002.
68 Letter to the shareholders, Berkshire Hathaway Annual Report, 1999.
69 Letter to the shareholders, Berkshire Hathaway Annual Report, 1978.
70 Letter to the shareholders, Berkshire Hathaway Annual Report, 1989.
71 Letter to the shareholders, Berkshire Hathaway Annual Report, 1999.

64 ハーシュ・シェフリン著『行動ファイナンスと投資の心理学』(東洋経済新報社)

65 *Ibid.*
66 Letter to the shareholders, Berkshire Hathaway Annual Report, 1994.
67 Letter to the shareholders, Berkshire Hathaway Annual Report, 1990.
68 Richard T. Pascale, Mark Millemann, and Linda Gioje (2000) *Surfing the Edge of Chaos: The New Laws of Nature and the New Laws of Business*, Texere.
69 Letter to the shareholders, Berkshire Hathaway Annual Report, 1995.
70 The principle involved here is articulated in Brune S. Frey and Reto Jegery (2000) "Motivation crowding theory: A survey of empirical evidence," CESifo Working Paper Series no. 245, January.
71 ロバート・P・マイルズ著『最高経営責任者バフェット』(パンローリング)
72 Letter to Berkshire Shareholders discussing 2001 third quarter earnings results, November 9, 2001.
73 Letter to the shareholders, Berkshire Hathaway Annual Report, 1984.
74 Letter to the shareholders, Berkshire Hathaway Annual Report, 2000.
75 Letter to the shareholders, Berkshire Hathaway Annual Report, 2000.
76 Letter to the shareholders, Berkshire Hathaway Annual Report, 1999.

第4章

1 Letter to the shareholders, Berkshire Hathaway Annual Report, 1987.
2 Letter to the shareholders, Berkshire Hathaway Annual Report, 1999.
3 Letter to the shareholders, Berkshire Hathaway Annual Report, 1981.
4 Letter to the shareholders, Berkshire Hathaway Annual Report, 1982.
5 Lowe, *Wit and Wisdom*, p85.
6 Kilpatrick, p1071; *U.S. News & World Report*, June 20, 1994.
7 Letter to the shareholders, Berkshire Hathaway Annual Report, 1982.
8 Kilpatrick, p1069.
9 Letter to the shareholders, Berkshire Hathaway Annual Report, 1987.
10 Memo to Berkshire Hathaway managers ("The All-Stars"), September 26, 2001.
11 Letter to the shareholders, Berkshire Hathaway Annual Report, 1991.
12 Letter to the shareholders, Berkshire Hathaway Annual Report, 1985.
13 Kilpatrick, p1083.
14 Letter to the shareholders, Berkshire Hathaway Annual Report, 1991.
15 Letter to the shareholders, Berkshire Hathaway Annual Report, 1996.
16 Letter to the shareholders, Berkshire Hathaway Annual Report, 1991.
17 Letter to the shareholders, Berkshire Hathaway Annual Report, 2000.
18 Letter to the shareholders, Berkshire Hathaway Annual Report, 1996.
19 Kilpatrick, p287.
20 *Ibid.*, p287.
21 Letter to the shareholders, Berkshire Hathaway Annual Report, 1986.
22 *OID* (2001) vol. XVI, nos 4 & 5, year end edn.
23 *Ibid.*
24 Letter to the shareholders, Berkshire Hathaway Annual Report, 1996.
25 Letter to the shareholders, Berkshire Hathaway Annual Report, 1991.
26 Welch with Byrne, p54.

23 *OID* (1998) vol. XIII, nos 3 & 4, September 24.
24 ロジャー・ローウェンスタイン著『ビジネスは人なり　投資は価値なり――ウォーレン・バフェット』（総合法令出版）
25 Letter to the shareholders, Berkshire Hathaway Annual Report, 1994.
26 ロバート・P・マイルズ著『最高経営責任者バフェット』（パンローリング）
27 Donald C. Langevoort (2001) "Monitoring: The Behavior Economics of Inducing Agents' Compliance with Legal Rules," USC Center for Law, Economics & Organization, Research Paper No. C01-7, Georgetown University Law Center Business, Economics, and Regulatory Policy, Law and Economics Research Paper No. 276121, June 26.
28 *Ibid*.
29 Robert B. Cialdini (1993) *Influence: The Psychology of Persuasion*, Quill William Morrow, p92–9.
30 *OID* (1995) vol. X, nos 1 & 2, May 5.
31 *OID* (1999) vol. XIV, nos 2 & 3, December 10.
32 ロバート・P・マイルズ著『最高経営責任者バフェット』（パンローリング）
33 Letter to the shareholders, Berkshire Hathaway Annual Report, 1995.
34 Letter to the shareholders, Berkshire Hathaway Annual Report, 1999.
35 Letter to the shareholders, Berkshire Hathaway Annual Report, 1999.
36 Memo from Warren Buffett to the Berkshire Hathaway Managers ("The All-Stars"), August 2, 2000, quoted in Miles, p358.
37 Letter to the shareholders, Berkshire Hathaway Annual Report, 1999.
38 Mitchell Resnick (1994) "Changing the centralised mind," *Technology Review*, July.
39 Edgepace.com.
40 Welch with Byrne, pp201–2.
41 Letter to the shareholders, Berkshire Hathaway Annual Report, 1994.
42 Letter to the shareholders, Berkshire Hathaway Annual Report, 1994.
43 Letter to the shareholders, Berkshire Hathaway Annual Report, 1985.
44 Welch with Byrne, p190.
45 *Ibid*., p190.
46 *Ibid*., p190.
47 *Ibid*., p387.
48 Letter to the shareholders, Berkshire Hathaway Annual Report, 1994.
49 ロバート・P・マイルズ著『最高経営責任者バフェット』（パンローリング）
50 Kilpatrick, p1064.
51 News release, "Berkshire Hathaway Inc. and General Re Corporation to Merge," June 19, 1998, www.berkshirehathaway.com.
52 Alice Schroeder, CIBC Oppenheimer, June 22, 1998.
53 Letter to the shareholders, Berkshire Hathaway Annual Report, 1994.
54 Letter to the shareholders, Berkshire Hathaway Annual Report, 1994.
55 Letter to the shareholders, Berkshire Hathaway Annual Report, 1991.
56 Letter to the shareholders, Berkshire Hathaway Annual Report, 1985.
57 Letter to the shareholders, Berkshire Hathaway Annual Report, 1994.
58 Letter to the shareholders, Berkshire Hathaway Annual Report, 1985.
59 Letter to the shareholders, Berkshire Hathaway Annual Report, 1985.
60 Letter to the shareholders, Berkshire Hathaway Annual Report, 1996.
61 *Berkshire Hathaway Owner's Manual*, 1996.
62 Letter to the shareholders, Berkshire Hathaway Annual Report, 1983.
63 Letter to the shareholders, Berkshire Hathaway Annual Report, 1985.

38 *Ibid.*
39 ロジャー・ローウェンスタイン著『ビジネスは人なり　投資は価値なり――ウォーレン・バフェット』（総合法令出版）
40 William H. Calvin (1998) "The emergence of intelligence," *Scientific American Presents*, vol. 9, no. 4 (Nov.), pp44–51.
41 Rasmussen.
42 *Ibid.*
43 *OID* (1995) vol. X, nos 1 & 2, May 5.
44 Calvin.
45 Extracts from Munger's lecture at the University of Southern California on "Investment expertise as a subdivision of elementary, worldly wisdom," *OID* (1995) vol. X, nos 1 & 2, May 5.
46 Taken from Lowe, p62.
47 Brent Schlender (1998) "Gates and Buffett: The Bill and Warren Show," *Fortune*, July 20.
48 For a version of rewiring see Robert Hagstrom (2000) *Latticework: The New Investing*, Texere.
49 *OID* (1997) vol. XII, no. 3, December 29.
50 ジャネット・ロウ著『ウォーレン・バフェット自分を信じるものが勝つ！――世界最高の投資家の原則』（ダイヤモンド）
51 ジャネット・ロウ著『ウォーレン・バフェット自分を信じるものが勝つ！――世界最高の投資家の原則』（ダイヤモンド）

第３章

1 Letter to the shareholders, Berkshire Hathaway Annual Report, 1994.
2 Taken from Kevin Kelly (1995) *Out of Control: The New Biology of Machines*, Fourth Estate, p163.
3 Letter to the shareholders, Berkshire Hathaway Annual Report, 1995.
4 Letter to the shareholders, Berkshire Hathaway Annual Report, 1995.
5 Stephen Schneider (2001) "Boardroom rejects command and control," *Financial Times*, June 26.
6 スティーブン・ピンカー著『心の仕組み――人間関係にどう関わるか』（日本放送出版協会）
7 Letter to the shareholders, Berkshire Hathaway Annual Report, 1993.
8 Letter to the shareholders, Berkshire Hathaway Annual Report, 1989.
9 ロバート・P・マイルズ著『最高経営責任者バフェット』（パンローリング）

10 Letter to the shareholders, Berkshire Hathaway Annual Report, 1984.
11 Lowe, *Wit and Wisdom*, p80.
12 Letter to the shareholders, Berkshire Hathaway Annual Report, 1989.
13 Letter to the shareholders, Berkshire Hathaway Annual Report, 1995.
14 Letter to the shareholders, Berkshire Hathaway Annual Report, 1985.
15 Letter to the shareholders, Berkshire Hathaway Annual Report, 1987.
16 Letter to the shareholders, Berkshire Hathaway Annual Report, 1987.
17 Letter to the shareholders, Berkshire Hathaway Annual Report, 1997.
18 Letter to the shareholders, Berkshire Hathaway Annual Report, 1992.
19 Letter to the shareholders, Berkshire Hathaway Annual Report, 1997.
20 Welch with Byrne, p377.
21 Letter to the shareholders, Berkshire Hathaway Annual Report, 1993.
22 ロバート・P・マイルズ著『最高経営責任者バフェット』（パンローリング）

33 Warren E. Buffett (2002) "Who really cooks the books?", *New York Times*, July 25.

第2章

1 Adam Smith (1776) An Inquiry into the Nature and Causes of the Wealth of Nations, Modern Library; quoted in Benjamin W. Hermalin and Michael S. Weisbach (forthcoming) "Boards of directors as an endogenously determined institution: A survey of the economic literature," *FRBNY Economic Policy Review*.
2 Brent Schlender (1998) "Gates and Buffett: The Bill and Warren Show," *Fortune*, July 20.
3 Letter to the shareholders, Berkshire Hathaway Annual Report, 1989.
4 Letter to the shareholders, Berkshire Hathaway Annual Report, 1987.
5 Letter to the shareholders, Berkshire Hathaway Annual Report, 1989.
6 Letter to the shareholders, Berkshire Hathaway Annual Report, 1989.
7 Welch with Byrne, p45.
8 Letter to the shareholders, Berkshire Hathaway Annual Report, 1989.
9 Lowe, *Benjamin Graham on Value Investing*, p134.
10 *Ibid*.
11 ロジャー・ローウェンスタイン著『ビジネスは人なり　投資は価値なり――ウォーレン・バフェット』(総合法令出版)
12 *Ibid*.
13 *Ibid*., p58.
14 *Ibid*., p49.
15 *Ibid*., p5.
16 Letter to the shareholders, Berkshire Hathaway Annual Report, 1987.
17 Kilpatrick, p1074.
18 *Ibid*., p198.
19 ロジャー・ローウェンスタイン著『ビジネスは人なり　投資は価値なり――ウォーレン・バフェット』(総合法令出版)
20 *Ibid*., p129.
21 Letter to the shareholders, Berkshire Hathaway Annual Report, 1978.
22 Letter to the shareholders, Berkshire Hathaway Annual Report, 1979.
23 Letter to the shareholders, Berkshire Hathaway Annual Report, 1985.
24 Letter to the shareholders, Berkshire Hathaway Annual Report, 1985.
25 スコット・プラウス著『判断力――判断と意思決定のメカニズム』(マグロウヒル・エデュケーション)
26 *OID* (1998) vol. XIII, nos 1 & 2, March 13.
27 Letter to the shareholders, Berkshire Hathaway Annual Report, 1985.
28 Letter to the shareholders, Berkshire Hathaway Annual Report, 1989.
29 Letter to the shareholders, Berkshire Hathaway Annual Report, 1977.
30 Letter to the shareholders: Berkshire Hathaway Annual Report, 1983.
31 Letter to the shareholders, Berkshire Hathaway Annual Report, 1983.
32 Lowenstein, p118.
33 *Ibid*., p106.
34 *Ibid*.
35 *Ibid*.
36 Robert Lenzner and David S. Fondiller (1996) "The not-so-silent partner," *Forbes*, Jan 22.
37 Jim Rasmussen (1999) *Sunday World-Herald*, Omaha, Nebraska, May 2.

注釈

第1章

1 *Outstanding Investor Digest (OID)* (1998) vol. XIII, nos 3 & 4, September 24.
2 *OID* (2000) vol. XV, nos 3 & 4, December 18.
3 Janet Lowe (1996) *Benjamin Graham on Value Investing: Lessons from the Dean of Wall Street*, Penguin USA, p30.
4 *OID* (2001) vol. XVI, nos 4 & 5.
5 Letter to the shareholders, Berkshire Hathaway Annual Report, 2000.
6 Andrew Kilpatrick (2001) *Of Permanent Value: The Story of Warren Buffett*, updated and expanded edn, McGraw-Hill, p1087.
7 Letter to the shareholders, Berkshire Hathaway Annual Report, 1985.
8 Letter to the shareholders, Berkshire Hathaway Annual Report, 1986.
9 Berkshire Hathaway Annual Report, 2000.
10「ロケットに給油する」という表現は、ロジャー・ローウェンスタイン著『ビジネスは人なり　投資は価値なり――ウォーレン・バフェット』（総合法令出版）より引用
11 Email response to material sent to Mr. Buffett for his perusal.
12 Lowe, p86.
13 Lowe, p209.
14 ロジャー・ローウェンスタイン著『ビジネスは人なり　投資は価値なり――ウォーレン・バフェット』（総合法令出版）
15 Letter to the shareholders, Berkshire Hathaway Annual Report, 2000.
16 Inference made by Buffett at Berkshire Hathaway annual meeting, May 1999.
17 Jack Welch with John A. Byrne (2001) *Jack: What I've Learned Leading a Great Company and Great People*, Headline, p54.
18 *Ibid.*, p393.
19 Letter to the shareholders, Berkshire Hathaway Annual Report, 1979.
20 Welch with Byrne, p84.
21 *Ibid.*, p204.
22 Letter to the shareholders, Berkshire Hathaway Annual Report, 1986.
23 Kilpatrick, p1061.
24 Welch with Byrne, p4.
25 *Ibid.*, p225.
26 ジャネット・ロウ著『ウォーレン・バフェット自分を信じるものが勝つ！――世界最高の投資家の原則』（ダイヤモンド）
27 Letter to the shareholders, Berkshire Hathaway Annual Report, 1988.
28 Letter to the shareholders, Berkshire Hathaway Annual Report, 1985.
29 Letter to the shareholders, Berkshire Hathaway Annual Report, 1988.
30 Letter to the shareholders, Berkshire Hathaway Annual Report, 1988.
31 Letter to the shareholders, Berkshire Hathaway Annual Report, 1993.
32 Testimony of Chairman Alan Greenspan, *Federal Reserve Board's Semiannual Monetary Policy Report to the Congress* before the Committee on Banking, Housing, and Urban Affairs, U.S. Senate, July 16, 2002.

■著者紹介

ジェームズ・オラフリン（James O'Loughlin）

イギリスの大手保険会社で、360億ドル以上の資産を管理するコオペラティブ・インシュランス・ソサエティーのインベストメント・マネジャー兼グローバル・エクイティ・ストラテジーの責任者。イギリスのウィラル在住。

■監修者紹介

長尾慎太郎（ながお・しんたろう）

東京大学工学部原子力工学科卒。日米の銀行、投資顧問会社、ヘッジファンドなどを経て、現在は大手運用会社勤務。訳書に『魔術師リンダ・ラリーの短期売買入門』『タートルズの秘密』『新マーケットの魔術師』『マーケットの魔術師【株式編】』（いずれもパンローリング、共訳）、監修に『バーンスタインのデイトレード入門』『高勝率トレード学のススメ』『フルタイムトレーダー完全マニュアル』『新版　魔術師たちの心理学』『ロジカルトレーダー』『コナーズの短期売買実践』『システムトレード 基本と原則』『脳とトレード』『ザFX』『一芸を極めた裁量トレーダーの売買譜』『FXメタトレーダー4 MQLプログラミング』『裁量トレーダーの心得 初心者編』『裁量トレーダーの心得 スイングトレード編』『内なる声を聞け』『ラリー・ウィリアムズの短期売買法【第２版】』『コナーズの短期売買戦略』『株式売買スクール』『損切りか保有かを決める最大逆行幅入門』『FXスキャルピング』『続マーケットの魔術師』『株式超短期売買法』など、多数。

■訳者紹介

井田京子（いだ・きょうこ）

翻訳者。主な訳書に『ワイルダーのテクニカル分析入門』『トゥモローズゴールド』『ヘッジファンドの売買技術』『投資家のためのリスクマネジメント』『トレーダーの心理学』『スペランデオのトレード実践講座』『投資苑３　スタディガイド』『トレーディングエッジ入門』『千年投資の公理』『ロジカルトレーダー』『チャートで見る株式市場200年の歴史』『フィボナッチブレイクアウト売買法』『ザFX』『相場の黄金ルール』『内なる声を聞け』『FXスキャルピング』（いずれもパンローリング）などがある。

2013年２月４日　初版第１刷発行

ウィザードブックシリーズ ⑳③

バフェットの経営術
――バークシャー・ハサウェイを率いた男は投資家ではなかった

著　者　ジェームズ・オラフリン
監修者　長尾慎太郎
訳　者　井田京子
発行者　後藤康徳
発行所　パンローリング株式会社
〒160-0023　東京都新宿区西新宿 7-9-18-6F
TEL 03-5386-7391　FAX 03-5386-7393
http://www.panrolling.com/
E-mail　info@panrolling.com
編　集　エフ・ジー・アイ（Factory of Gnomic Three Monkeys Investment）合資会社
装　丁　パンローリング装丁室
組　版　パンローリング制作室
印刷・製本　株式会社シナノ

ISBN978-4-7759-7170-3

ウィリアム・J・オニール

ウィザードブックシリーズ 179

オニールの成長株発掘法【第4版】

定価 本体3,800円+税　ISBN:9784775971468

大暴落をいち早く見分ける方法

アメリカ屈指の投資家がやさしく解説した大化け銘柄発掘法！投資する銘柄を決定する場合、大きく分けて２種類のタイプがある。世界一の投資家、資産家であるウォーレン・バフェットが実践する「バリュー投資」と、このオニールの「成長株投資」だ。

ウィザードブックシリーズ 71

オニールの相場師養成講座

定価 本体2,800円+税　ISBN:9784775970331

今日の株式市場でお金を儲け、守るためのきわめて常識的な戦略。市場に逆らわず、地に足の着いた経験に裏付けられたルールに従って利益を増やす。

ウィザードブックシリーズ 93

オニールの空売り練習帖

定価 本体2,800円+税　ISBN:9784775970577

売る方法を知らずして、買うべからず
売りの極意を教えます！
オニールが空売りの奥義を明かす。

ベンジャミン・グレアム

ウィザードブックシリーズ 10

賢明なる投資家

定価 本体3,800円+税　ISBN:9784939103292

市場低迷の時期こそ、
威力を発揮する「バリュー投資のバイブル」

ウォーレン・バフェットが師と仰ぎ、尊敬したベンジャミン・グレアムが残した「バリュー投資」の最高傑作！ だれも気づいていない将来伸びる「魅力のない二流企業株」や「割安株」の見つけ方を伝授。

ウィザードブックシリーズ 44

証券分析【1934年版】

定価 本体9,800円+税　ISBN:9784775970058

研ぎ澄まされた鋭い分析力、実地に即した深い思想、そして妥協を許さない決然とした論理の感触。時を超えたかけがえのない知恵と価値を持つメッセージ。

ウォーレン・バフェット

アメリカ合衆国の著名な投資家、経営者。世界最大の投資持株会社であるバークシャー・ハサウェイの筆頭株主であり、同社の会長兼 CEO を務める。金融街ではなく地元オマハを中心とした生活を送っている為、敬愛の念を込めて「オマハの賢人」(Oracle of Omaha) とも呼ばれる。

ウィザードブックシリーズ4

バフェットからの手紙

定価 本体1,600円+税　ISBN:9784939103216

「経営者」「起業家」「就職希望者」のバイブル

究極・最強のバフェット本――この1冊でバフェットのすべてがわかる
投資に値する会社こそ、21世紀に生き残る!
20世紀最高の投資家が明かすコーポレート・ガバナンス、成長し続ける会社の経営、経営者の資質、企業統治、会計・財務とは?

ウィザードブックシリーズ 189

バフェット合衆国

定価 本体1,600円+税　ISBN:9784775971567

バークシャーには「バフェット」が何人もいる!

ウォーレン・バフェットの投資哲学は伝説になるほど有名だが、バークシャー・ハサウェイの経営者たちについて知る人は少ない。バークシャーの成功に貢献してきた取締役やCEOの素顔に迫り、身につけたスキルはどのようなものだったのか、いかにして世界で最もダイナミックなコングロマリットの一員になったのかについて紹介。

ウィザードブックシリーズ 116

麗しのバフェット銘柄

定価 本体1,800円+税　ISBN:9784775970829

投資家ナンバー１になった
バフェットの芸術的な選別的逆張り投資法とは

ビル・ゲイツと並ぶ世界的な株長者となったバフェットの選別的な逆張り投資法とは、下降相場を徹底的に利用したバリュー投資であり、本書ではそれを具体的に詳しく解説。

マーク・ダグラス (Mark Douglas)

トレーダー育成機関であるトレーディング・ビヘイビアー・ダイナミクス社社長。自らの苦いトレード体験と多くのトレーダーたちの経験を踏まえて、トレードで成功できない原因とその克服策を提示。最近は大手商品取引会社やブローカー向けに、心理的テーマや手法に関するセミナーを開催している。

本国アメリカよりも熱烈に迎え入れられた『ゾーン』は刊行から10年たった今も日本の個人トレーダーたちの必読書であり続けている！

ゾーン　オーディオブックあり

定価 本体2,800円+税
ISBN:9784939103575

規律とトレーダー　オーディオブックあり

定価 本体2,800円+税
ISBN:9784775970805

アリ・キエフ (Ari Kiev)

スポーツ選手やトレーダーの心理ケアが専門の精神科医。ソーシャル・サイキアトリー・リサーチ・インスティチュートの代表も務め、晩年はトレーダーたちにストレス管理、ゴール設定、パフォーマンス向上についての助言をし、世界最大規模のヘッジファンドにも永久雇用されていた。2009 年、死去。

世界最高のトレーダーのひとりであるスティーブ・コーエンが心酔して自分のヘッジファンドであるSACキャピタルに無期限で雇った！

トレーダーの心理学

定価 本体2,800円+税
ISBN:9784775970737

アリ・キエフのインタビューを収録！

マーケットの魔術師［株式編］増補版

定価 本体2,800円+税
ISBN:9784775970232

成功の秘訣が分かる

マーケットの魔術師たちに学ぶ

ジャック・D・シュワッガー (Jack D. Schwager)

現在、マサチューセッツ州にあるマーケット・ウィザーズ・ファンドとＬＬＣの代表を務める。著書にはベストセラーとなった『マーケットの魔術師』『新マーケットの魔術師』『マーケットの魔術師［株式編］』（パンローリング）がある。
また、セミナーでの講演も精力的にこなしている。

ウィザードブックシリーズ201

続マーケットの魔術師

トップヘッジファンドマネジャーが明かす成功の極意

定価 本体 2,800 円+税　ISBN:9784775971680

『マーケットの魔術師』シリーズ 10年ぶりの第4弾！ 先端トレーディング技術と箴言が満載！「驚異の一貫性を誇る」これから伝説になる人、伝説になっている人のインタビュー集。

ウィザードブックシリーズ13

新マーケットの魔術師

米トップトレーダーたちが語る成功の秘密

定価 本体2,800円+税　ISBN:9784939103346

高実績を残した者だけが持つ圧倒的な説得力と初級者から上級者までが必要とするヒントの宝庫。

ウィザードブックシリーズ19

マーケットの魔術師

米トップトレーダーが語る成功の秘訣

定価 本体2,800円+税　ISBN:9784939103407

世界中から絶賛されたあの名著が新装版で復刻!ロングセラー。投資を極めたウィザードたちの珠玉のインタビュー集。